CARTULAIRE

DU CHAPITRE DE

SAINT-AVIT D'ORLÉANS

PUBLIÉ

Par G. VIGNAT

MEMBRE DE LA SOCIÉTÉ ARCHÉOLOGIQUE ET HISTORIQUE DE L'ORLÉANAIS.

ORLÉANS

H. HERLUISON, LIBRAIRE-ÉDITEUR

17, Rue Jeanne-d'Arc, 17.

1886.

COLLECTION DES CARTULAIRES DU LOIRET

II

CARTULAIRE DE SAINT-AVIT D'ORLÉANS

Fontainebleau. — M. E. Bourges imp. breveté.

Emplacement
du Séminaire d'Orléans
avant sa construction et la démolition
de la Collégiale de Saint-Avit
et des maisons environnantes.

Rue des Bons Enffans

- La maison acquise de Léonard Géry
- Jardin que tenoit Ignace Follet appartenant aux enffans Girauldon et Claude Muret
- Cour de la maison de Girauldon et Muret
- Maison de Sainct Avy vacante
- La maison acquise de la veufve Poisson
- La maison acquise de la veufve Leblond
- Maison de Girauldon et Muret
- La maison appartenant à Ignace Follet
- Maison acquise d'Elizabeth Boisgier
- Maison de Sainct-Avy réunie au domaine du Séminaire
- Derrière de l'église
- Allée et Place de l'église Sainct-Avy
- Maison de la Chevecerie Sainct-Avy
- Maison de Damien Payen
- Cour de Damien Payen
- Maison de Damien Payen

Rue Sainct-Thomas (alias des Bons Enffans)

Rue de Sainct-Georges

- A. Maison appartenant à Aubry orfebvre au lieu de Charbonnier (tenue de Sainct-Avy)
- B. Les Larousse propriétaires
- C. Les Larousse et Charles Besnier
- D. Les enffans Menon
- E. La maison appartenant à Anne Denys, ses frère et sœur
- F. Maison de la veufve Michel Boullard (qu'elle tient de Sainct-Avy)
- G. Pommeret huissier
- Jehan Bruère
- M.e Pierre Charton Chapelain
- Jehan Bruère R.
- H. Maison des Caillots appartenant au Sieur Besnard où demeure le Sieur Pisseau

Rue à aller du cloître Sainct-Avy à l'Évêché

Rue de la Serpente

- La Serpente
- O. Maison et jardin du Chapitre Saincte-Croix exploitée par le Sieur de Chanrenault.
- N. Maison du Séminaire (Chapitre de Sainct-Avy) exploitée par Jehan Chastine.
- M. Maison et jardin du Jeu de paulme du Rousseau appartenant à Jehan Bruère.
- Bail présent Michel Dubois aux Desroches
- Antiennement le Jeu des Caillots
- J. La veufve du Sieur Couvreur Noël
- Place de la veufve Lecreux
- L. Maison et cour de la veufve Lecreux et Jacques Levassor.

Rue de l'Évêché

Escurie de l'Évêché

Reproduit d'après deux croquis originaux déposés aux Archives départementales, par le soussigné.

Rue de la Croix autrement de Bourbon blanc.

	Pisseau

N°. Maison du Séminaire (Chapitre de Sainct-Avy) exploitée par Jehan Chasline	M. Maison et jardin du Jeu de paulme du Rousseau appartenant à Jehan Bruère.	La Serpente	J.
		Bail présent Michel Dubois aux Desroches	La veufve du Sieur Couvreur Noël
		Antiennement le Jeu des Caillots	Place de la veufve Lecreux
		Maison et cour de la veufve Lecreux et Jacques Levassor.	L.

Rue de l'Evêché

Escurie de l'Evêché

Reproduit d'après deux croquis originaux déposés aux Archives départementales, par le soussigné.

CARTULAIRE

DE SAINT-AVIT D'ORLÉANS

INTRODUCTION

I. — *Le Cartulaire de Saint-Avit à la Bibliothèque nationale.*

Le Cartulaire de Saint-Avit appartient aujourd'hui à la Bibliothèque nationale. Il est classé, au département des Manuscrits, sous le n° 12886 du fonds latin. Avant la refonte en une seule et même série des manuscrits de cette catégorie, de provenances diverses, il occupait le n° 446 du fonds de Saint-Germain.

Voici à la suite de quelles circonstances ce manuscrit, distrait des anciennes archives du chapitre de Saint-Avit, aujourd'hui déposées aux archives départementales du Loiret, a été transporté à Paris.

Pierre du Cambout de Coislin, évêque d'Orléans, ayant voulu fonder un séminaire dans cette ville, demanda et obtint la suppression canonique du chapitre de Saint-Avit, et l'affectation de ses biens au nouvel établissement qu'il voulait doter en même temps que créer. Or, Pierre du Cambout était, par sa mère, petit-fils du chancelier Séguier. Il avait hérité de la bibliothèque de ce dernier, l'une des plus riches de France en manuscrits. Jugea-t-il, qu'après l'extinction du chapitre de Saint-Avit, le Cartulaire de cette église n'avait plus d'intérêt pour le nouvel établissement? Le manuscrit lui fût-il offert comme témoignage de gratitude par les successeurs des chanoines? Ou bien, trouvé à sa mort parmi ses livres, fut-il réintégré par ses héritiers, qui l'en crurent distrait, dans sa grande bibliothèque? Je ne sais. Toujours est-il qu'au lieu de suivre les titres de propriété remis au séminaire, le Cartulaire de Saint-Avit alla prendre place dans la fameuse bibliothèque *Séguérienne* ou *Coislinienne,* dont il dut désormais partager toutes les vicissitudes.

A la mort de l'évêque d'Orléans, ses livres passèrent à Henri-Charles du Cambout, duc de Coislin, pair de France, évêque de Metz, etc... Bien qu'ils représentassent certainement une valeur considérable, ce prélat eut la générosité et le désintéressement de les léguer aux Bénédictins de Saint-Germain-des-Prés, qui en prirent définitivement possession en 1735.

C'est ainsi qu'on voit encore figurer sur le premier folio du Cartulaire l'*ex-libris* bien connu de cette célèbre collection : *Ex Bibliotheca* Mss. COISLINIANA, *olim* SEGUERIANA, *quam Illust.* HENRICUS DU CAMBOUT, *dux* DE COISLIN, *par Franciæ, episcopus Metensis, etc. Monasterio Sancti Germani à Pratis legavit. An.* M. DCC. XXXII.

Montfaucon qui dressa le catalogue des manuscrits de Saint-Germain-des-Prés, imprimé dans sa *Bibliotheca Bibliothecarum,* signale ainsi celui qui nous occupe : Vol. 126. *Chartulare ecclesiæ Sancti Aviti Aurelianensis.*

Le 19 août 1794, un terrible incendie dévora la bibliothèque des Bénédictins de Saint-Germain. Au nombre des manuscrits qui échappèrent à ce grand désastre, se trouva heureusement le Cartulaire de Saint-Avit. L'année suivante, en vertu d'une décision du Comité de l'instruction publique, du 23 avril 1795, il était transporté avec les précieuses épaves de cette célèbre collection à la Bibliothèque nationale qui le possède actuellement[1].

Dès l'année 1855, le Cartulaire de Saint-Avit avait été signalé par M. Léopold Delisle à l'attention de la Société archéologique de l'Orléanais. En le publiant, je suis heureux de répondre à un désir exprimé depuis si longtemps par l'éminent membre de l'Institut.

---

1. Voyez *Le cabinet des manuscrits de la Bibliothèque nationale,* par Léopold Delisle, t. II, p. 46, et *Les anciennes bibliothèques de Paris,* par Alfred Flancklin, t. I, p. 117.

II. — *Description du Cartulaire.*

D'après une pagination récente à l'encre, le Cartulaire de Saint-Avit se compose actuellement de 117 feuillets en parchemin, mesurant en moyenne, 0^m 304 de hauteur sur 0^m 200 de largeur, c'est-à-dire que son aspect est celui d'un grand in-4°. La reliure moderne, en maroquin du Levant, est signée : *Ottman-Duplanil,* 1854. Au dos on lit : Bibliothèque impériale. Chartul. S. Aviti Aurelianens. Au-dessous de ces derniers mots figure l'N couronné ou chiffre impérial.

Un calendrier, qui a servi en même temps de martyrologe et de nécrologe ou obituaire, occupe les vingt-trois premiers folios. Il s'ouvre par la date du 17 janvier, ce qui prouve qu'un folio au moins a disparu. Cette lacération, dont on ne saurait préciser l'époque, est à coup sûr antérieure à l'entrée du volume dans la bibliothèque de Saint-Germain, puisque c'est sur le folio coté aujourd'hui 1 qu'a été collé l'*ex-libris* cité précédemment. On a en même temps écrit, sur la marge du haut, pour servir de titre, la mention suivante : *Chartularium Sancti Aviti Aurelianensis scriptum prima manu circa finem* xiii *seculi vel ineunte seculo* xiv*, cui premittitur kalendarium seu necrologium ejusdem ecclesiæ.*

Le martyrologe a été écrit vers le milieu du xiii° siècle à l'encre rouge et noire. Au commencement de chaque mois deux initiales ornées, KL, rouges et bleues, indiquent le jour des calendes.

Le nécrologe ne paraît avoir été tenu régulièrement au courant que jusqu'au xv° siècle. A partir de cette époque, il n'a reçu que de très rares mentions, dont la plus récente est de 1596.

Le calendrier finit au milieu du folio 23, dont la seconde moitié est occupée par une note portant la date de 1271 (ce qui prouve que ce calendrier a été écrit au moins avant cette année), et une charte de 1338 insérée ci-dessous à la page 113.

Le verso du folio 23 est resté blanc.

Au folio 24 commence, avec rubrique à l'encre rouge, un relevé de différents revenus du chapitre, qui se termine à la moitié du verso du folio 25.

Cette seconde moitié, ainsi que le recto du feuillet suivant, sont occupés par des notes datées de 1263, 1267, 1294, et la copie d'une charte de 1338 portant la suscription de G..., doyen de Saint-Avit.

Le verso du folio 26 et le recto du folio 27 sont remplis par le dénombrement des terres sur lesquelles se percevait la dîme de Troigny. Le verso de ce dernier feuillet, resté blanc, a servi à inscrire diverses notes de 1314, 1328, 1332, et un compte du champart de Rouvray-Sainte-Croix.

Au folio 28, sans autre titre qu'un sommaire de la charte écrit sur la marge, commence le Cartulaire proprement dit ou copie des chartes, avec le n° I d'un foliotage qui se poursuit jusqu'au folio 115, paginé iiii^{xx}x (90).

Cette partie, écrite au plus tôt en 1315, a été continuée par diverses mains jusqu'à la fin du XVI° siècle. Elle se termine au folio 40 v°, et semble avoir été destinée à recevoir les titres concernant l'organisation et la discipline intérieure du chapitre; toutefois ce classement n'a pas été bien rigoureusement suivi.

La copie des anciennes chartes ne reprend qu'au folio 51, les onze feuillets laissés inoccupés à dessein ont été, dans la suite, remplis en partie et à diverses époques ainsi qu'il suit :

Le folio 41 et le recto du folio 42 sont restés absolument blancs. Au verso de ce dernier commence une série de notes, ou espèce de journal, se poursuivant depuis l'année 1350 jusqu'à 1583. La dernière note inscrite occupe à peine le quart du verso du folio 43, dont le reste, ainsi que le recto du folio 44 et la première moitié du verso de ce dernier, sont demeurés blancs. La seconde partie de ce verso est occupée par la fondation, faite par le chanoine Bauclat, d'un *mandé* ou lavement des pieds, le Jeudi-Saint. L'office de cette cérémonie, noté en plain-chant, remplit les folios 45 et 46.

Le folio 47 est blanc; son verso a reçu une charte de Lebert, doyen de Sainte-Croix, de 1221, et la copie tronquée d'une transaction de 1339 entre le chapitre de Saint-Avit et son chevecier.

Le folio 48 comprend des notes diverses, et son verso, avec le recto du folio 49, l'énumération des charges du chevecier, suivie de deux notes de 1596 et 1605.

Le verso du folio 49 et le folio 50 en entier (ancien XXIII) sont blancs.

La copie des chartes reprend avec le folio 51. Celles-ci traitent des diverses possessions du chapitre, et sont classées assez régulièrement, suivant les lieux qu'elles concernent. L'écriture de cette partie est une belle minuscule, très soignée et d'une conservation parfaite. Des rubriques à l'encre rouge indiquent les principales divisions, et le sommaire de chaque titre est inscrit en marge. Il y a très peu d'abréviations. La première pièce, qui est une bulle du pape Alexandre III, et la suivante, sont malheureusement tronquées. En effet, en observant le foliotage ancien, on remarque que les deux folios xxv et xxvi manquent.

Ce numérotage présente plus loin une singularité qui mérite d'être notée, car elle indiquerait qu'il a été exécuté avant que les feuilles de parchemin ne fussent reliées et remplies par le copiste. Du folio LXXVI (aujourd'hui 102), on passe aux folios IIII^{xx}IIII et IIII^{xx}v, bien que le sens de la pièce se suive exactement. Ensuite vient le folio LXXVII, et le numérotage régulier se poursuit jusqu'au chiffre IIII^{xx}III, duquel on passe à IIII^{xx}vi. Là encore le sens se continue correctement. C'est donc avant qu'ils ne fussent écrits et en rassemblant les cahiers de parchemin, pour les relier, que les folios IIII^{xx}IIII et IIII^{xx}v ont été enlevés de leur place et mis par erreur entre les folios LXXVI et LXXVII.

La copie des chartes toutes écrites par la même main, sauf les trois dernières, se termine avec le verso du folio 111.

Les six derniers feuillets sont remplis par des comptes, des notes, des formules de serment pour les chanoines, chapelains, etc..., le tout dans un pêle-mêle indiquant que ces pages et leurs marges n'ont pas été remplies à la suite, mais à des époques différentes et par diverses mains, au fur et à mesure des besoins.

Enfin sur le verso du dernier folio figure un répons noté, en l'honneur de saint Avit, faisant allusion à l'un des miracles racontés dans la vie de ce saint.

Livre toujours ouvert, le Cartulaire de Saint-Avit est donc parvenu jusqu'à nous sans avoir jamais été rempli. Pages blanches et muettes, que ne pouvez-vous retracer à notre œil quelques scènes du grand drame qui valut à la France une libératrice, au ciel une sainte et une martyre!

III. — *Plan de cette publication.*

On conviendra aisément, d'après ce qui vient d'être dit, qu'il était impossible de reproduire le Cartulaire de Saint-Avit tel qu'il est, page par page, en publiant les documents dans l'ordre où ils se présentent dans l'original. On a vu, en effet, qu'on passe à chaque instant d'une charte à un compte, d'un compte à un lambeau de journal, puis à un office noté, etc... Il fallait donc, tout en respectant les grandes divisions ébauchées, établir un classement qui permît au lecteur de tirer quelque profit des documents qu'on lui présentait. Voici celui qui a été adopté.

1° D'abord figure le martyrologe ou nécrologe, Necrologium, pour lequel aucun remaniement n'était nécessaire et qui est exactement reproduit tel qu'il est[1].

2° Sous le titre Privilegia sont classées les bulles, chartes et privilèges concernant les diverses possessions du chapitre, suivant l'ordre des lieux.

3° Les Statuta comprennent les chartes qui ont pour objet la réglementation intérieure du chapitre, sa constitution canonique; puis les formules de serment, modes d'intronisation des nouveaux chanoines.

4° Tout ce qui concerne les rentes et revenus du chapitre avec leur classification a été réuni sous le titre de Redditus, ainsi que les comptes de recette et de dépense.

5° Sous la rubrique Annotata passim in codice, on a rassemblé et classé par ordre de date toutes les notes écrites un peu partout, souvent sur les marges, qui constituent une sorte de journal.

6° Enfin, dans un Appendix, on donne quelques pièces omises dans le Cartulaire ou postérieures à sa confection.

Ces diverses divisions feront l'objet d'un examen sommaire dans une courte introduction.

---

1. Dans la présente publication, tout ce qui n'est pas de l'écriture primitive est précédé d'un astérisque (*). Cette observation ne s'applique qu'au martyrologe.

IV. — *Le martyrologe ou nécrologe.*

Le calendrier perpétuel, qui a servi de cadre au martyrologe, reproduit les dispositions généralement adoptées au xiii° siècle, c'est-à-dire la division du mois en nones, ides et calendes, la lettre dominicale et le nombre d'or; mais ce dernier, si l'on prend comme type le calendrier donné par l'*Art de vérifier les dates,* présente, comme chiffre et comme position dans le mois, des variantes qui ont été notées avec soin. Les quelques maladresses du scribe qui retranche ici un jour, en ajoute là un autre, sont tellement flagrantes qu'elles mériteraient à peine d'être signalées, si l'une d'elle n'avait entraîné certains historiens, les Bénédictins entre autres, dans une erreur qui sera rectifiée plus bas.

Le martyrologe, outre la nomenclature des fêtes mobiles, présente un nombre de saints nécessairement restreint. Ils sont choisis parmi ceux qui étaient spécialement honorés dans la contrée, ou dont le culte avait fait l'objet d'une fondation particulière. Je citerai saint Vincent, saint Benoît, saint Georges, saint Martin, saint Sanson, saint Laurent, saint Mamert, saint Vrain, saint Éloi, saint Étienne. Les saints de l'église d'Orléans, inscrits au jour où l'église célèbre encore aujourd'hui leur fête, sont seulement représentés par saint Euverte, saint Aignan, saint Mesmin, saint Avit, saint Liphard, saint Chéron du pays chartrain.

La fête de la Conception de la Vierge ne figurait pas primitivement au martyrologe. Son inscription paraît dater du commencement du xiv° siècle, époque à laquelle la célébration de cette fête, alors d'observance libre, suscita à Paris d'ardentes querelles entre les théologiens. Ses détracteurs lui valurent, comme toujours, de chauds partisans au nombre desquels il faut mettre, à Orléans, un certain Jacques Bonami, chanoine de Saint-Avit. Ce fut à lui qu'on dût l'inscription de cette fête au martyrologe de son église; il voulut qu'une distribution de vingt sous fût faite en ce jour et qu'on ajoutât à la collecte, à la secrète et à la postcommunion de la Vierge, une oraison propre pour lui, sous la même terminaison *Per Dominum*. Cette dernière condition ne serait plus admise aujourd'hui, comme contraire à toutes les règles de la liturgie.

J'ai dit que le nécrologe n'avait pas été tenu sérieusement au courant au delà du xiv° siècle, à moins qu'il ne faille attribuer son silence, à peu près complet à partir du xv°, au défaut de fondations et à un grand ralentissement dans le zèle des donateurs. En dehors des chanoines qui en remplissent la majeure partie, les seuls personnages marquants qu'on y trouve sont les suivants.

D'abord Marguerite de Provence, femme de saint Louis, qualifiée de reine de Jérusalem et de Sicile, dont le service anniversaire, fondé par son chapelain, Jehan Bouchier, se célébrait le 17 avril, bien que cette princesse mourût le 20 décembre (1293), suivant les auteurs de l'*Art de vérifier les dates*.

Ensuite Louis VII, roi de France, mort le 18 septembre, auquel j'attribuerai la mention : *Sic obiit Ludovicus rex...*, inscrite le 19 du même mois[1], mais longtemps après sa mort à en juger par le caractère de l'écriture.

Puis Charles le Bel et Jehanne, sa femme, qui avaient donné quarante livres pour la réfection du clocher de Saint-Avit, détruit par la foudre, « *ad refectionem campanilis fulguris ictu destructi.* » L'intervention généreuse des princes dans cette circonstance fut due à un certain Guillaume Morin, aumônier du Roi, qui est inscrit comme ayant donné une somme égale pour le même objet (à moins qu'il ne s'agisse des mêmes quarante livres qu'il fut simplement chargé de faire parvenir à leur destination).

Les services anniversaires de ces trois bienfaiteurs se célébraient successivement les 16, 17 et 18 juillet; et, comme la mort de Charles le Bel, entre autres, arriva le 1er février, il est permis de croire que la date choisie fut celle du désastre qui avait été la cause de la royale munificence; c'était une manière d'en consacrer le souvenir à sa date.

L'inscription au nécrologe eut lieu entre la mort de Charles le Bel (1er février 1328), et celle de Jehanne d'Évreux (4 mars 1371); car, pour cette

---

1. L'anniversaire de ce roi est inscrit le même jour (19) dans le Cartulaire de Saint-Spire, de Corbeil, publié par E. Coüard-Luys dans les *Mémoires de la Société archéologique de Rambouillet*.

dernière princesse on devait célébrer une messe du Saint-Esprit qui serait convertie, après son décès, en un anniversaire. Cette condition se trouve reproduite chaque fois qu'un service est fondé du vivant d'un bienfaiteur : *Missa de Sancto Spiritu pro N..., et post ejus mortem in anniversario convertetur.*

Si l'on passe des princes de la terre aux princes de l'église, on remarquera aux dates suivantes la mention de six évêques d'Orléans : Manassès de Garlande *(Manasses major)*, 26 octobre; Manassès de Seignelay, 28 septembre; Guillaume de Bucy, 30 août; Robert de Courtenay, 5 mars; Gilles de Patay, 4 septembre; Raoul Grosparmi, 17 septembre.

En reportant au 30 août la date de la mort de Guillaume de Bucy, je rectifie l'erreur commise par les Bénédictins et ceux qui ont écrit d'après eux, erreur aussi facile à rectifier du reste qu'à comprendre. En effet le scribe, dans l'original, a numéroté x le IIIe jour des calendes de septembre, c'est-à-dire l'avant-dernier jour du mois d'août. Or le x des calendes de septembre correspond bien au 23 août; mais c'est le III qu'il faut lire, et par conséquent le 30 août.

Quant à Robert de Courtenay, il est à remarquer que son service fut fondé par son chapelain, Jehan Bouchier, qu'on a déjà vu figurer avec le titre de chapelain de la reine Marguerite de Provence. Ce Jehan Bouchier fonda également le 22 septembre, en qualité de chanoine d'Arras, un service pour Guillaume d'Issy, devenu évêque de cette ville après avoir été doyen du chapitre de Sainte-Croix d'Orléans. Son propre anniversaire est inscrit au 5 mai et celui de ses père et mère au 19 juin. Une somme de dix livres donnée au chapitre de Saint-Avit lui avait suffi pour obtenir l'inscription au nécrologe de ces divers services, inscription faite dans des termes qui prouvent qu'il avait été tenu en haute estime par d'importants personnages.

En dehors des noms que je viens de citer, peu surgissent qui méritent une mention spéciale. J'ajouterai cependant ceux de Raoul du Refuge, docteur en droit et de Jean Salvat ou *Salvati,* qui professait les langues hébraïques et chaldaïques à Orléans au XIVe siècle.

V. — *Le chapitre de Saint-Avit et ses Statuts*[1].

Saint Avit, après avoir été abbé de Micy, quitta cette abbaye pour aller fonder un monastère à *Piciacum*, Poissy-lès-Chateaudun, où il mourut vers 530. Il avait de son vivant manifesté le désir d'être inhumé à Orléans; mais, lorsque les Orléanais vinrent réclamer son corps, les Dunois refusèrent énergiquement de le livrer. Les deux partis allaient en venir aux mains, quand un personnage du nom d'*Eleusus* parvint à rétablir la paix en stipulant que les Dunois conserveraient un bras et une main du saint, tandis que les Orléanais emporteraient le reste du corps.

Les saintes reliques furent rapportées triomphalement à Orléans et déposées au nord, à cent pas des murailles de la ville : *Ibique Sanctum in locum centum ab urbe gressibus distantem tumulant*[2]. C'est bien l'emplacement de l'ancienne église de Saint-Avit, dans l'origine hors des murs.

Grâce à la pieuse générosité des fidèles, un sanctuaire s'élevait déjà pour abriter le précieux dépôt, quand un événement fortuit vint donner à cette construction des proportions inattendues. Childebert, roi de Paris, partant pour aller chasser d'Aquitaine les Visigoths, passa par Orléans, vint prier sur le tombeau de saint Avit et fit le vœu, s'il était vainqueur, de contribuer à l'édification du monument : *Pollicitatur ut si ab iisdem partibus Ejus intercessione rediret prospere, libenter accresceret et venustaret fabricam Suæ ecclesiæ*[3]. Il fut exaucé et s'empressa d'exécuter son vœu en confiant la direction des travaux à un personnage notable de son entourage nommé Wado : *Hujus vero edificationis curæ quemdam suorum prefecit procerum*

---

1. L'abbé de Torquat a publié, en 1853, une *Histoire de saint Avit, de l'église et du chapitre de Saint-Avit et des séminaires d'Orléans*, imprimée en partie dans le t. II, p. 323 des *Mémoires de la Société archéologique de l'Orléanais*. Ces divers sujets sont sommairement traités. Le chanoine Hubert, dans son *Histoire manuscrite d'Orléans* (Bibliothèque d'Orléans, ms. 436, I, p. 299), consacre quelques lignes au chapitre de Saint-Avit, qu'il prétend avoir été fondé par Louis VII. Il appuie son opinion sur une charte de ce roi, de 1142, qui ne me paraît autre que le pariage conclu avec le chapitre (n° 40) et qui n'implique en rien la fondation de ce chapitre par le roi.

2. Bollandistes.

3. *Ibid.*

custodem, vocabulo Wadonem[1]. C'est assez dire que la construction dut recevoir tous les perfectionnements dont l'art était susceptible à cette époque[2].

La basilique était certainement terminée en 585. C'est un contemporain, Grégoire de Tours, qui nous en apporte la preuve indiscutable. Racontant en effet le voyage que fit à Orléans le roi Gontran, la vingt-quatrième année de son règne (c'est-à-dire en 585), le jour de la fête de la Translation des reliques de saint Martin[3], le grand historien des Gaules ajoute : *Mane autem facto, dum rex loca sanctorum orationis gratia visitaret, ad metatum nostrum advenit. Erat enim ibi* BASILICA SANCTI AVITI, *abbatis, cujus in libro miraculorum meminimus*[4]. « Le lendemain matin le Roi, allant faire sa » prière au tombeau des saints, vint à mon logis. Là, en effet, se trouvait la » Basilique de Saint-Avit dont j'ai parlé au livre des miracles. »

On remarquera l'emploi du mot *basilique*. Or, si comme l'affirme Ducange, ce terme a toujours signifié au VI° et au VII° siècle *église abbatiale,* par opposition au mot *ecclesia* employé pour désigner les églises *paroissiales* ou *cathédrales*[5], il faudrait en conclure qu'une communauté de clercs avait été fondée, peut-être par Childebert, pour veiller à la garde du dépôt sacré.

C'est, du reste, l'opinion de la plupart des historiens d'Orléans. Du Molinet, auteur des *Réflexions sur les chanoines,* cite même, en s'appuyant sur une lettre d'Étienne de Tournay, Saint-Avit comme un exemple d'une abbaye de clercs sécularisée plus tard et convertie en collégiale : « *Tres aliæ abbatiæ clericorum, quæ in eadem civitate sunt, scilicet Sancti Petri*

---

1. Bollandistes.
2. La crypte découverte en 1852, dans le jardin du séminaire, appartient-elle à la construction primitive? C'est l'avis de MM. Lenormant, de Buzonnière (*Mémoires de la Société archéologique de l'Orléanais*, t. II, p. 159) et de Viollet-le-Duc (*Dictionnaire d'architecture*). D'autres archéologues, tels que MM. Ramé, de Caumont et l'abbé de Torquat concluent simplement que cette crypte appartient à une époque se rapprochant du IX° siècle et postérieure à l'invasion des Normands.
3. 4 juillet.
4. Grégoire de Tours, liv. VII, n° 1.
5. Optime probatum fuit, inquit (Mabillonius), a D. Valesio in sua contra D. de Launoy de basilicis dissertatione, Basilicam sexto et septimo seculo apud Gallos semper significasse monachorum ecclesiam, cathedrales et parrochiales ecclesias appellatas fuisse ecclesias. (DUCANGE, au mot *Basilica*.)

Virorum, Sancti Petri Puellarum et Sancti Aviti, qui sont aujourd'hui trois églises collégiales[1]. »

L'époque de cette sécularisation ne saurait être précisée d'une manière absolue; elle est postérieure à la lettre écrite par Étienne de Tournay, mort en 1203, et d'un autre côté Manassès II, évêque d'Orléans de 1207 à 1220, paraît être le dernier prélat qui ait porté le titre d'abbé de Saint-Avit. En 1213, il abandonna définitivement au chapitre les maisons de l'abbaye situées près de l'église et qu'il détenait comme abbé[2].

Le chapitre, d'une médiocre importance, se composait, au temps de La Saussaye et d'après son propre témoignage, d'un doyen, d'un chevecier, de dix chanoines et quatre chapelains[3]. Le revenu de chaque prébende était devenu bien modeste; il est évalué, dans un document authentique de 1635, à cent livres pour les chanoines, et seulement à soixante-treize livres pour le chevecier à cause des grandes charges qu'il avait à supporter[4]. On ne sera donc pas étonné de voir bien des chanoines de Saint-Avit pourvus, en outre de leur canonicat, d'autres bénéfices, voire même d'un autre canonicat.

Les revenus des biens destinés à fournir à chaque chanoine le montant de

1. Du Molinet, *Sixième réflexion sur les chanoines*. — Dans une charte de 1150 figurent à la fois Manassès, évêque d'Orléans, abbé de Saint-Avit, Jehan, doyen de la même église, et tout le couvent : *Manasses, Beati Aviti dictus abbas, et Johannes ejusdem ecclesie decanus totusque conventus.* Plus bas les chanoines sont appelés *Claustrales canonici.* (Voy. ci-dessous, p. 117.)

2. Charte nº 64.

3. Hæc basilica etiam non hodie Decanum, Capicerium, Canonicos numero decem et Capellanos habet quatuor.(La Saussaye, *Annales ecclesiæ Aurelianensis,* lib. III, cap. x.)

4. « Nous doyen et chanoines et chapitre de l'église Saint-Avy d'Orléans, assemblez et capitulans en nostredit chapitre à la manière accoustumée, certifions à tous ceulx qu'il appartiendra que les chanoineries et prébendes de la dicte église sont de la valeur de cent livres ou environ; et pour le regard de la chanoinie joincte à la chefcerie, au moyen des grandes charges qu'elle est subjette d'en tenir par la transaction passée avec ledit chapitre, scavoir est de fournir le luminaire pendant l'année pour le divin service, le pain et vin pour les messes qui se celebreront, etc..., ne peult valoir tant en revenu que... la dicte chevecerie que la somme de soixante et seize livres. En foy de quoi nous avons fait signer le présent par Me Théodore Vérac, advocat, notaire apostolique, nostre greffier et secrétaire de nostre dit chapitre le vingt-troisième d'avril 1615. » *(Signé)*: Leras, greffier. *(Arch. dép. du Loiret,* fonds de Saint-Avit.)

sa prébende, au lieu de former une seule masse, étaient divisés en plusieurs catégories qui empruntaient leur nom au mode de distribution. Ainsi, outre les *Gros Fruits*, il y avait les revenus du *Pain*, du *Service*, des *Matines communes*, des *Bourses d'hiver* et *d'été*, de la *Confrérie*. Par conséquent chacune de ces catégories avait ses biens distincts et à elle propres. On en verra le détail dans le Cartulaire, au chapitre des revenus. Le *Pain*, par exemple, possédait quatre livres et demie de rentes à prélever sur les *Matines communes*, plus la dîme d'un clos valant quatre livres et demie de rentes ou environ et cinq maisons. Souvent les donateurs précisaient même à quelle catégorie de revenus ils voulaient que les biens par eux donnés fussent affectés; on lit dans le nécrologe au 27 juin : *Obitus Petri de Acheriis, in quo distribuuntur* XXII *solidos qui capiuntur supra Panem, quia contulit Pani* XXII *libras que converse fuerunt in utilitatem Panis*. De même, suivant le revenu auquel était empruntée la distribution à faire pour un anniversaire, on ajoutait dans le nécrologe : *Panis debet, Confratria debet, Servicium debet*. La répartition et, par suite, l'administration du temporel ne laissaient donc pas que d'être assez compliquées.

Quelques modifications y étaient apportées de temps à autre par les évêques. En 1254, Guillaume de Bucy, évêque d'Orléans, réforma la coutume abusive qui consistait à ne plus rien payer de sa prébende à un chanoine, ou plutôt à ses héritiers, dès qu'on avait appris sa mort, et même, si le sac de blé du défunt était trouvé plein, à emporter ce sac dans le grenier du chapitre pour reverser le grain sur le tas commun : *Et si saccus ejus impletus esset, in granario statim versaretur et reponeretur in acervo*. Mais, disait l'évêque, avec la sainte Écriture, le mercenaire mérite son salaire et le laboureur sa part de la moisson : *Dignus est operarius mercede sua et laborantem agricolam oportet de fructibus percipere*. En conséquence, il voulut que tout ce qui resterait dû au chanoine défunt, ayant accompli son temps de résidence, pour compléter le revenu annuel de sa prébende, fût remis à ses exécuteurs testamentaires, ou à l'évêque s'il était mort intestat; sans préjudice, bien entendu, du droit qu'avait le chapitre de consacrer à l'entretien de l'église le revenu entier d'une année de chaque prébende vacante[1].

1. Charte n° 90.

Un peu plus tard, en 1312, un autre évêque d'Orléans, Milon, ayant été informé que le revenu du *Pain* ne suffisait plus à en assurer la distribution, statua que tout nouveau chanoine payerait en argent comptant au *Pain, ad opus Panis,* la somme de quarante sous parisis, avant d'en rien recevoir[1].

Le même évêque sévit, en 1315, contre les chanoines de Saint-Avit et autres bénéficiés qui, débiteurs envers le chapitre, négligeaient de s'acquitter. Il voulut qu'ils fussent privés de toute distribution jusqu'à leur complète libération. Il décida de même que tout nouveau chanoine, qui n'aurait pas payé, pour la chape qu'il devait fournir, quarante sous sur ses *Gros Fruits,* serait privé de cette distribution jusqu'à ce que le chapitre se fût couvert, en prélevant une valeur égale sur les *Fruits* apportés dans son grenier d'Orléans.

Milon voulut que l'observance de ses statuts fût jurée sur les saints Évangiles. Le Cartulaire nous a, du reste, conservé la formule du serment imposé au nouveau chanoine, ainsi que la cérémonie de son intronisation[2].

Le nouveau chanoine doit jurer :

D'observer, conserver et défendre les statuts, anciens privilèges, droits, libertés et coutumes approuvées de l'église Saint-Avit; et de recourir, lorsqu'il y a doute, à l'église-mère[3];

De ne révéler à personne les secrets du chapitre;

De ne rien recevoir, avant de l'avoir gagné, et de restituer dans les quarante jours ce qu'il aurait reçu indûment;

De payer sur les premiers *Gros Fruits* qu'il percevra une chape de soie, ou quarante sous parisis;

De payer soixante sous au *Pain,* avant de manger le pain du chapitre auquel sa prébende lui donne droit;

D'observer les statuts de Milon, évêque d'Orléans, contre les débiteurs de l'église;

---

1. Charte n° 92.
2. Voy. ci-dessous, p. 132 et 133.
3. *Et in dubiis ad majorem ecclesiam matricem reccurre.* Il s'agit sans doute ici de l'église cathédrale de Sainte-Croix.

D'observer et défendre les autres statuts de Milon et des évêques d'Orléans;

De ne pas souffrir que le *Pain* ou le revenu du *Pain* soit diminué ni converti en un autre usage.

Voici maintenant le mode d'intronisation :

Au nom du chapitre un des anciens chanoines dit au récipiendaire : « Vous, N..., je vous donne l'investiture du canonicat et de la prébende que possédait dans cette église N..., par la tradition du livre quant au spirituel, et par la tradition du pain et de l'argent quant au temporel ». Alors le nouveau chanoine va déposer sur le grand autel le livre, le pain et l'argent. Ensuite il retourne au chapitre, où il est admis à donner le baiser de paix aux chanoines en commençant par les plus anciens. De là, le plus ancien chanoine va l'installer à la place qu'il doit occuper au chœur et à celle qui lui est assignée au chapitre, s'il est dans les ordres. Un notaire doit être requis pour dresser acte de tout ce qui précède.

On a vu que les dignités du chapitre se réduisaient à deux : celle de doyen et celle de chevecier. Avant la sécularisation complète des chanoines, il y eut à la fois un abbé et un doyen, ainsi qu'il résulte des termes suivants d'une charte de 1150 (p. 117) : *Manasses, Dei gracia Aurelianensis ecclesie minister humilis, Beati Aviti* DICTUS ABBAS, et *Johannes ejusdem ecclesie* DECANUS, *totusque conventus*[1].

Le doyen devait jurer :

De soutenir partout l'honneur de l'église de Saint-Avit;

D'observer, conserver et défendre les droits, revenus et libertés du décanat, de ne rien aliéner et de faire restituer autant que possible tout ce qui aurait pu l'être;

D'observer, conserver et défendre les droits et libertés du chapitre;

De garder et de ne jamais révéler à personne les secrets du chapitre, duquel il devait même prendre l'avis chaque fois qu'il en aurait été requis.

Le second dignitaire, le chevecier, avait des fonctions tellement multiples que les charges l'emportaient, ce semble, de beaucoup sur l'honneur. De là

---

1. Cf. Charte, n° 40.

entre lui et le chapitre, de fréquentes difficultés qu'une dernière transaction, confirmée par-devant notaire en 1418, vint terminer en définissant dans les plus grands détails toutes ses fonctions et ses charges.

Il devait :

Faire célébrer le service divin à toutes les fêtes annuelles, savoir : La Résurrection, la fête de Saint-Georges, l'Ascension, la Pentecôte, l'Eucharistie, les fêtes de Saint-Avit d'été et d'hiver, l'Assomption, la Nativité, la Conception et la Purification de la Vierge, la Toussaint, Noël et l'Épiphanie;

Fournir au chapitre un clerc suffisant et capable;

Faire porter la croix par ledit clerc chaque fois que le chapitre ferait la procession tant au dedans qu'au dehors de l'église;

Recevoir, après inventaire, tous les ornements, livres et joyaux de l'église, les garder soigneusement, les montrer ou livrer chaque fois qu'il plairait au chapitre, enfin les restituer, également après inventaire, lorsqu'il se démettrait de son bénéfice;

Faire ouvrir et fermer les portes de l'église aux heures compétentes et veiller à sa garde jour et nuit, en dressant au besoin des embuscades;

Faire sonner les cloches suivant la solennité des fêtes et la volonté du chapitre;

Fournir le pain, le vin et l'eau pour les messes, ainsi que l'encens, tenir l'église propre et faire blanchir les nappes d'autel, aubes et autres linges;

Accompagner la châsse renfermant le corps de saint Avit chaque fois qu'elle serait portée processionnellement avec les autres corps saints de la ville d'Orléans, en partageant avec le chapitre les offrandes reçues pendant la durée de la procession;

Fournir à chaque chanoine, le jour de la fête de saint Avit d'été, un cierge de tel poids qu'il y en ait six à la livre;

Payer au chapitre, à chaque fête de saint Avit d'hiver et d'été, six sols parisis;

Fournir au chapitre de l'église d'Orléans, à certaines processions, deux cierges et lui payer à la Saint-Avit d'été trente sols parisis[1];

---

1. Cette prestation en argent remplaçait un repas que le chevecier devait autrefois servir au chapitre de Sainte-Croix (voy. p. 127).

Fournir tout le luminaire de l'année, et le jour de la Purification à chaque chanoine un cierge pesant un quarteron.

Le chevecier était, en outre, curé de Saint-Georges, paroisse dont le service se faisait à un autel de l'église Saint-Avit[1]. Il était donc obligé à la résidence personnelle comme ayant charge d'âme; il devait en outre ne célébrer les offices paroissiaux qu'à l'autel paroissial, en choisir les heures de manière à ne troubler en rien les offices canoniaux, et ne jamais faire sonner le glas, même pour ses paroissiens, sans le consentement du chapitre.

La paroisse de Saint-Georges fut en 1632, après enquête régulière[2], distraite de la collégiale de Saint-Avit et unie à la paroisse de Saint-Michel.

Il y avait enfin, pour compléter le personnel du chapitre, quatre chapelains dont les autels étaient sous les vocables suivants :

Notre-Dame;

Saint Pierre et saint Paul;

Saint Jean, saint André et sainte Catherine;

Saint Nicolas.

Les chapelains devaient obéissance au chapitre, sans la permission duquel ils ne pouvaient s'absenter plus de huit jours de la ville d'Orléans; ils devaient faire une semaine au grand autel; chaque semaine, se lever trois fois

---

1. Quelques auteurs ont pensé que le corps de saint Avit, lorsqu'il fut apporté à Orléans, fût déposé dans une église consacrée à saint Georges, nom qu'elle perdit bientôt pour prendre celui du saint orléanais.

2. Voici un extrait de l'enquête : « Etienne Cordier, maistre paulmier, demourant en la paroisse de Saint-Vincent, aagé de soixante-quinze ans ou environ..., dépose par serment, que de lui avons pris au cas requis et accoustumé, qu'il y a trente ans ou environ qu'il est sorty de la paroisse Saint-Georges en laquelle il a demouré seulement quatre ans, et à présent demoure en la paroisse de Saint-Vincent, proche ladite paroisse de Saint-Georges, depuis quatre ans en ça; scait que ladite paroisse est de peu d'étendue, dans laquelle il y a fort peu d'habitants; que pour tout service le curé de la dite paroisse ne doit dire qu'une messe les dimanches et fêtes de commandement, laquelle est dite basse; que l'on ne fait en icelle aulcun catéchisme, prédication ni autre service divin que ladite messe; ne scait le revenu de ladite cure ni de la fabrique; et est tout ce qu'il sçait; et a déclaré ne scavoir escripre, ne signer. »

Un autre témoin n'estime pas qu'il y ait plus de six-vingts communians en ladite paroisse.

la nuit pour assister aux matines depuis le commencement jusqu'à la fin, et dire trois messes à leur autel pour le repos de l'âme des fondateurs.

Chaque chapellenie avait, bien entendu, ses biens et ses revenus à elle propres[1].

Le chapitre de Saint-Avit, ainsi constitué, eut sans doute, malgré la médiocrité relative de ses revenus, prolongé sa paisible existence jusqu'à la grande Révolution, qui supprima tous les établissements de ce genre, si des désastres, dus en partie à la situation de son église hors des murs, n'étaient venus hâter sa fin. En 1428, à l'approche des Anglais, les habitants d'Orléans furent forcés de démolir eux-mêmes tous les édifices situés en dehors de leurs murs, et l'église de Saint-Avit fut de ce nombre. Relevée de ses ruines, non évidemment sans de grands sacrifices pécuniaires, elle fut rasée une seconde fois, en 1562, par les protestants.

Les chanoines déclaraient eux-mêmes, deux ans après, dans un procès-verbal authentique, « qu'en l'année 1562, les troubles et guerres regnans en la ville d'Orléans plus que en aultre ville du royaulme, ils auroient esté spoliez de leurs biens meubles et immeubles, leurs maisons abattues, chassez hors de la ville et contrainctz abandonner leurs dictz biens; ladicte église Sainct-Avy totalement ruinée et saccagée, tellement qu'il n'y a aucune apparence d'église ni d'aulcun hostel, chose toute notoire; les calices, croix, châsses, chappes, linges et aultres ustancilles d'icelle, lettres, tiltres, pappiers, etc..., raviz et emportez; et encore partie de leur domaine aliénée par l'édict du Roi[2]. »

Ils se mirent cependant de nouveau à l'ouvrage et relevèrent encore une fois leur église si non en totalité, du moins en partie. Le devis des travaux avait été dressé dès l'année 1567[3]; les lignes qui précèdent en sont extraites; mais ces travaux ne furent probablement exécutés que plus tard et incomplètement. En 1569 on voit encore les chanoines capituler dans une des chapelles de Sainte-Croix, « à cause de la ruine de leur église. »

1. La chapelle de Notre-Dame avait été fondée par *Aalez* (n° 83); et celle de Saint-Jean, Saint-André et Sainte-Catherine par maître Jehan de Saint-Maurice, chanoine de Saint-Avit, aux frais duquel elle avait même été édifiée (n° 82).
2. Procès-verbal de la visite des ruines de l'église de Saint-Avit, p. 190.
3. Appendix, p. 190.

Épuisé par tant d'efforts, à demi-ruiné, privé du dépôt sacré confié à sa garde[1], le chapitre de Saint-Avit était entré au XVIIe siècle dans la voie de la décadence. « L'office canonial, dit l'abbé de Torquat, avait été singulière-
» ment modifié ; la messe ne se chantait plus que le dimanche et les jours
» de fête, l'Invention et l'Exaltation exceptées, et elle se chantait à sept
» heures du matin ; tous les autres jours le semainier disait une messe basse
» et à l'heure qui lui convenait. Les vêpres ne se célébraient que le samedi,
» le dimanche, la veille et le jour même des fêtes annuelles, à une heure ;
» un *obit* pour les chanoines défunts et trois ou quatre autres fondés par
» des personnes étrangères au chapitre, complétaient le nombre des offices
» conservés. »

En présence de cet état de choses, Pierre du Cambout de Coislin, évêque d'Orléans, qui voulait doter son diocèse d'un séminaire, fut amené naturellement à l'idée de consacrer à son entretien les revenus du chapitre languissant. Il obtint de Louis XIV des lettres patentes, données à Saint-Germain-en-Laye, en mars 1667, par lesquelles le Roi décrétait la suppression du chapitre de Saint-Avit, et l'union de ses biens au nouvel établissement. Le séminaire fut donc mis en possession de tout ce qui avait appartenu au chapitre, y compris le cloître, l'église et les maisons environnantes. L'évêque n'eut qu'à acheter quelques maisons et à demander, ce qui lui fut accordé, la suppression des deux petites rues Saint-Georges et de la Serpente[2], pour former le bel enclos occupé de nos jours par les bâtiments et jardins du grand séminaire d'Orléans. L'église de Saint-Avit, soit en raison de son mauvais état, soit à cause de la difficulté de l'approprier à un nouvel usage, fut complètement rasée.

L'accord entre Pierre du Cambout de Coislin et les chanoines n'avait pas été sans présenter quelques difficultés. Elles furent définitivement tranchées

---

1. L'auteur de l'*Histoire de Saint-Avit* pense que les reliques du célèbre abbé de Poissy et de Micy avaient été jetées au vent ou livrées aux flammes (p. 17).

2. Voir le plan. D'après ce plan, le nom de *la Serpente* appartenait alors à une petite ruelle située entre les rues Saint-Georges et de l'Évêché, parallèle à toutes les deux et paraissant se transformer à son extrémité, vers la rue du Bourdon-Blanc, en un simple passage pour les piétons.

dans une transaction passée par-devant notaire le 9 juillet 1668[1]. Il y fut stipulé que chaque chanoine jouirait d'une pension viagère de cent cinquante livres, libre de toute charge, en attendant qu'il fut pourvu d'un bénéfice équivalent; que le service divin continuerait à être célébré dans l'église comme de coutume sans que les anciens chanoines fussent tenus d'y assister; que les baux consentis par le chapitre seraient maintenus; enfin, qu'au cas où les *séminaristes* viendraient à abandonner leur établissement, les chanoines rentreraient de plein droit dans la possession et la jouissance de leurs biens et revenus.

Cette dernière clause n'eut jamais lieu d'être appliquée. Loin de là; doté en outre des biens du prieuré de Notre-Dame-des-Champs de Paris (1671) et de ceux du chapitre de Saint-Pierre-le-Puellier d'Orléans (1775), le nouveau séminaire prospéra, rendant les plus éminents services, sous la direction des Sulpiciens, jusqu'au jour où la grande Révolution vint lui enlever tout son patrimoine si légitimement acquis.

VI. — *Les privilèges et les biens du chapitre.*

On sait que les abbayes et les chapitres avaient, au moyen âge, la coutume de se faire confirmer dans la possession de leurs biens, droits et prérogatives par des bulles, lesquelles édictaient les peines spirituelles les plus graves contre ceux qui oseraient mettre la main sur la moindre parcelle de leur patrimoine. C'est ainsi qu'Alexandre III, pape de 1159 à 1181, mit sous la protection de l'Église les propriétés du chapitre de Saint-Avit, dont il énumère les principales en ces termes[2] :

La *villa* de Seris avec ses dépendances et son église;

Une prébende du chapitre de Sainte-Croix d'Orléans;

La *villa* d'Acquebouille avec ses dépendances et son église;

L'église de Vennecy et ses dîmes;

---

1. Appendix, p. 195.
2. Charte n° 1.

L'église d'Avaray.

Les chartes inscrites au Cartulaire, sous le titre de *Privilegia*, concernent en outre des biens sis à Cercottes, Troigny et Chaingy, ainsi que des maisons et clos de vigne, situés tant à Orléans que dans la banlieue, principalement dans la paroisse de Saint-Vincent-des-Vignes. Je donnerai quelques détails sur ces diverses possessions en suivant l'ordre dans lequel le Cartulaire présente les titres qui les concernent.

Seris. — Seris *(Cerisium, Cerisum, Cerisiacum, Ceris)* avait été donné au chapitre par les comtes de Blois, ainsi qu'il résulte des termes suivants d'une charte de Thibaut, *Villam que Cerisum appellatur, quam ipsi* (canonici Sancti Aviti) *ex antecessorum meorum elemosina possident*[1]. Mais cette propriété, la plus importante de toutes, excita bien des convoitises, et suscita surtout de longs dissentiments entre les chanoines et la puissante famille seigneuriale des Boyau *(Boel, Boelli)*[2].

Dès 1183, Joscelin Boyau qui, pour la défense de la ville ne devait percevoir, ainsi que ses prédécesseurs, qu'un *tensement* d'un muid d'orge par an, taillait à merci les hôtes de Saint-Avit, les accablait d'injures et changeait en une tyrannie insupportable la protection qu'il leur devait. Il fit tant que, poussés à bout, les chanoines vinrent exhaler leurs plaintes devant Manassès I, évêque d'Orléans, *tantum quod impaciencia et dolor vulneris canonicos ad nostre confugere compulit refugium pietatis*. Manassès, dans une lettre des plus pressantes, en référa à Thibault, comte de Blois, qu'il appelle son seigneur naturel[3]. Ce dernier prit alors sous sa sauvegarde les hôtes de Seris, moyennant une rente annuelle de deux setiers d'avoine par hostise livrables à Blois[4]. Plus tard, en 1250, Jean I prétendit, en outre,

---

1. Charte n° 4.
2. Le nom de cette famille, d'une très ancienne noblesse, on le voit, se retrouve dans un grand nombre de documents des XII° et XIII° siècles. On pourra, un jour, à leur aide compléter et rectifier au besoin la généalogie dressée par Hubert dans le t. III, p. 41, de ses *Généalogies orléanaises*. (Bibl. d'Orléans, Ms 457 bis). Cf., même auteur, *Histoire de l'Orléanais*, t. I, p. 205 (Ms 436), et *Cartulaire de Notre-Dame de Baugency*, publié en 1879, *pass*.
3. Charte n° 26.
4. Charte n° 4.

avoir droit, pour prix de sa protection, à la haute justice; ce que les chanoines lui accordèrent[1].

En 1198, le successeur de Thibault, Louis, comte de Blois et de Clermont, fut également obligé d'intervenir pour repousser la prétention de Foucher et Philippe Boyau, qui exigeaient des hommes du chapitre qu'ils vinssent faner et charroyer le foin de leurs prés[2].

Hamelin Boyau, chanoine du Mans, maintint avec plus d'insistance encore ses droits. Il prétendit que les mêmes hommes devaient faner les foins de ses prés et les charroyer à sa grange de Baugency, conduire au même lieu les échalas pour ses vignes, acquitter à Noël *le lignage,* c'est-à-dire lui amener le bois pour son chauffage, lui fournir chacun tous les ans une oie ou trois poulets et payer la taille deux fois par an; enfin, il réclamait la justice haute et basse, *sanguinem, latronem et omnimodam justiciam.* Les habitants se laissèrent condamner une première fois par défaut, devant les arbitres nommés par le pape, les abbés de Saint-Vincent et de Notre-Dame de Beaulieu, au diocèse du Mans[3]. Mais plus tard Manassès II, évêque d'Orléans, fut assez heureux pour rétablir la paix, en stipulant qu'Hamelin Boyau abandonnerait tous ses droits moyennant une somme de vingt livres qui lui serait payée comptant. Foucher et Joscelin Boyau, ses frères, reçurent également quarante sous pour prix de leur acquiescement à cette transaction[4].

Restait un membre de la terrible famille, Réginald, qui, sourd aux avertissements de l'évêque et cité devant lui, avait refusé de comparaître et détenait injustement les biens des hôtes du chapitre en les opprimant cruellement.

Excommunié une première fois, il vit la terrible sentence aggravée en 1217 et 1219 par Manassès et par Gautier, évêque de Chartres[5]. « Tous les » dimanches et jours de fête, écrivait l'évêque d'Orléans aux curés de

---

1. Charte n° 6.
2. Charte n° 3.
3. Charte n° 18.
4. Charte n° 11.
5. Chartes nos 23, 21 et 22.

» l'archidiaconné de Baugency, après avoir fait sonner les cloches et allumer
» les cierges, vous dénoncerez nommément comme excommunié Réginald,
» et vous considérerez comme interdits tous ceux qui auraient le moindre
» commerce avec lui. »

Bientôt vaincu et faisant un juste retour sur lui-même, l'indomptable Réginald vint solliciter aux pieds de l'évêque une absolution qu'on ne demandait pas mieux que de lui donner. Pour éviter à l'avenir toute difficulté, il fut convenu que Réginald, Henri, son frère, et leur mère Élisabeth, abandonneraient tous les droits qu'ils réclamaient, moyennant une rente annuelle de huit livres parisis qui leur serait payée par le chapitre de Saint-Avit[1]. Le rédacteur du Cartulaire avoue ingénuement, dans une note, qu'on ne paye plus rien de cette rente, et ajoute qu'il est prudent de ne pas exhiber le titre qui en fait mention. On voit, par une charte de 1367, que cette rente fut rachetée par le chapitre à un certain Michel Saussain, bourgeois de Blois[2], qui la tenait évidemment, lui ou ses auteurs, de Réginald ou de ses héritiers.

A peine les vieilles querelles avec la famille Boyau étaient-elles éteintes, qu'un incident vint allumer la discorde entre Simon, seigneur de Baugency, et les chanoines. Le doyen de Saint-Avit avait fait placer des fourches patibulaires à Seris, et un voleur y avait été pendu. Ce que voyant, Simon de Baugency, qui prétendait avoir droit de justice dans cette ville, s'empressa de faire arracher et renverser les dites fourches. De là grand émoi; longs débats et nomination d'arbitres qui, sans trancher la question à fond, décidèrent que le gibet serait relevé, et que la haute justice, le cas échéant, serait rendue en leurs noms, sous la réserve des droits de chaque partie et en attendant qu'il soit statué[3]. Quel fut le jugement définitif? Celui qui, quelques années après, rédigeait, pour le Cartulaire, les sommaires des titres déclare ne pas avoir retrouvé cette pièce. On me pardonnera de ne pas avoir été plus heureux que lui quelques siècles après.

Quoi qu'il en soit, la justice de Seris continua d'appartenir au chapitre de

1. Charte n° 7.
2. Chartes n°s 34 et 35.
3. Charte n° 20.

Saint-Avit, puis au séminaire jusqu'en 1740. Le 10 octobre de cette année, Gilles le Bel, supérieur, vendit au marquis d'Avaray « la justice et droits » honorifiques en la paroisse de Seris et environs, scavoir est : droits de » justice y compris la ferme du greffe, droit de chasse, droit de préséance et » banc dans ladite église de Seris, droits de litres et ceintures funèbres, » etc... » L'acte de vente mentionne, dans l'inventaire des pièces remises au marquis d'Avaray, un titre du 12 octobre 1573 prouvant qu'en ce jour les chanoines avaient fait poser dans Seris un carcan avec leurs armes[1].

Le séminaire s'était alors réservé les dîmes, champarts et droits utiles qui avaient été, pour Saint-Avit, l'une des principales sources de ses revenus.

La dîme des grains, d'après une charte de 1250[2], se levait dans le champ, à raison d'une gerbe sur douze. L'envoyé du chapitre, le *numerator*, qu'on était obligé d'aller chercher, faisait le compte des gerbes sur place, et celles qui revenaient au chapitre étaient charroyées dans sa grange aux frais des habitants et avant les leurs[3]. On voit dans la charte citée plus haut les terres concédées payer un cens de douze deniers, douze deniers de relevoisons quand il y avait lieu, les droits de *lots* et *ventes* suivant la coutume

---

1. *Archives départementales du Loiret*, A, 1783. — Dans des lettres patentes du 17 septembre 1741, jointes à la vente, on fait observer : « que le chapitre avait joui » desdits droits (de justice) sans trouble, pendant un temps immémorial, mais qu'en- » viron l'année 1185, les brigandages qui se commettaient dans ces quartiers ayant » obligé le chapitre de Saint-Avy d'avoir recours à Théobalde, comte de Blois, pour » faire réprimer par ses gens de guerre les violences et brigandages qui se commet- » taient, il fut passé un acte en forme de transaction au mois de mars 1250, par » lequel le comte de Blois aurait pris la paroisse de Seris sous sa protection au » moyen d'une certaine redevance en grain ; et il fut convenu que le comte de Blois » auroit la haute justice, et le chapitre la moyenne et basse ; mais que les troubles » ayant cessé, et n'étant plus besoin de gens de guerre pour protéger ladite paroisse, » la redevance en grain auroit cessé d'être acquittée, et le chapitre serait rentré dans » ses anciens droits, auroit joui de la seigneurie et fait exercer la haute, moyenne et » basse justice par un bailly, un lieutenant, un procureur fiscal, un greffier, des » sergens ; que les appellations de cette justice ressortissoient au baillage et comté » de Blois.... »

2. N° 32.

3. *Appendix*, p. 178.

du pays. Sur les terrains plantés en vigne le chapitre percevait, à la vendange, par muid de vin, une *lagena*, mesure dont je n'ai pu préciser la capacité.

Quant au spirituel, l'église de Seris avait été, dès l'année 1176, exemptée par Manassès I de toute redevance à payer soit à l'archidiacre, soit à l'archiprêtre, et des droits de synode et de visite. Le curé, librement choisi par le chapitre, devait recevoir de l'évêque charge d'âmes[1]. En 1219, Manassès II, considérant le peu de revenus de la cure de Seris, réunit à son territoire le manse de Lucay, alors de la paroisse d'Avaray, mais bien plus éloigné de cette dernière église que de celle de Seris[2].

Seris est aujourd'hui une commune de 590 habitants, du canton de Marchenoir (Loir-et-Cher).

Avaray[3]. — En 1174, Manassès I, à la prière d'Anseau qui la possédait, donna l'église d'Avaray, avec le droit de présentation à la cure, aux chanoines de Saint-Avit. Anseau avait mis pour condition à cette libéralité que, si l'un de ses neveux entrait dans les ordres, le chapitre le nommerait à cette cure. L'église d'Avaray ne possédait alors d'autres biens qu'un arpent de vigne, un arpent de pré et six arpents de terre labourable ; elle devait acquitter les droits dus à l'archidiacre[4].

Acquebouille. — Cette *villa*, aujourd'hui hameau de la commune de Faronville (Loiret), appartenait dès le xii⁰ siècle au chapitre de Saint-Avit. Elle nous fournit le curieux exemple de l'application d'un *pariage*, sorte de convention par laquelle « un évêque, un abbé, manquant de l'autorité nécessaire, associait avec lui le Roi, ou un seigneur plus puissant, avec lequel il partageait ses droits pour les mieux maintenir, et conserver au besoin par la force. » C'est à l'instigation de Pierre, abbé de Saint-Avit d'Orléans et chapelain de Louis VII, que ce roi, en 1142, conclut avec le chapitre un pariage en vertu duquel les habitants d'Acquebouille furent sinon complètement affranchis, du moins élevés à la condition d'*hôtes*. D'après cette

1. Charte n° 8.
2. Charte n° 13.
3. Canton de Mer (Loir-et-Cher).
4. Charte n° 36.

convention, tous les revenus devaient être partagés entre le Roi et les chanoines, une grange serait construite à frais communs, enfin le maire, nommé par le doyen, prêterait serment de fidélité à la fois aux deux parties. Il faut bien remarquer que ce pariage fut limité à la durée de la vie du Roi, après la mort duquel le chapitre devait rentrer dans la pleine possession de la villa d'Acquebouille ainsi affranchie, *sic hospitata, sic libera*[1].

Peu de temps après, en 1158[2], Manassès I érigea en paroisse la chapelle d'Acquebouille en y adjoignant un cimetière et y attachant un curé dont la présentation appartiendrait au chapitre. Il l'exempta, pour l'avenir, des droits dus à l'archidiacre, lorsqu'Algrin, alors titulaire de cet office, serait décédé. Le pape Alexandre III confirma par une bulle spéciale cette donation; mais l'église d'Acquebouille était devenue si pauvre que Manassès II fut obligé, en 1217, d'assigner au curé, afin qu'il ait de quoi vivre, une rente de quatre muids de blé sur la grange du chapitre dans cette villa[3].

Le chapitre eut quelques démêlés peu importants avec Raoul *de Puseolis*, qui réclamait un tensement d'un muid d'avoine sur la grange d'Acquebouille[4], et avec le chapitre de Pithiviers qui prétendait que le forestage lui était dû chaque année[5]. Tous deux abandonnèrent leurs prétentions, le premier en recevant une somme de quarante sous une fois payée, le second sur la simple exhibition des lettres de franchise de Louis VII.

La charte la plus récente qui concerne Acquebouille est une convention de 1238, entre le doyen de Saint-Avit et le maire, réglant leurs droits respectifs[6].

Cercottes[7] et *Troigny*. — Le chapitre possédait à Cercottes, *Sarcotæ*, une terre et diverses pièces de bois situées aux Bordes. Il avait affermé ses terres, afin qu'elles fussent mieux cultivées, à un certain Eudes *de Remis*,

1. Charte n° 40.
2. Charte n° 42.
3. Charte n° 47.
4. Charte n° 43.
5. Charte n° 45.
6. Charte n° 49.
7. Canton d'Artenay (Loiret).

chevalier, lequel, s'il ne remplissait pas bien cette condition, devait les remettre entre les mains des propriétaires.

Il faut dire qu'Eudes avait déjà eu maille à partir avec les chanoines. A la veille des assises d'Orléans et en présence de Pierre de Tillay, bailli, il avait été obligé de renoncer solennellement à toute prétention sur les biens du chapitre, et s'était engagé à lui servir, à titre de réparation, une rente de deux muids de grain, rongé qu'il était par les remords : *Quia de dampnis illatis ecclesie eum sua remordebat consciencia*[1].

Cette fois encore il ne tint pas mieux sa promesse, et se vit condamner par Manassès II à abandonner les terres qu'il ne cultivait pas comme il aurait dû, ainsi qu'il le reconnaissait lui-même[2]. Les chanoines aliénèrent bientôt après leur propriété des Bordes à deux frères, Geoffroy et Nicholas, qui devaient payer une redevance en argent et conduire dans le grenier du chapitre, à Orléans, les dîmes et champarts. Quatre arpents devaient être spécialement consacrés à l'établissement d'hôtes et à la construction de maisons, *hebergagia*, pour les héberger[3]. Telle est l'origine de bien des petits centres de population dans nos campagnes.

Les diverses pièces de bois de Saint-Avit, situées dans la forêt d'Orléans, sont énumérées dans une charte de 1236 (n° 55), à l'occasion d'un différent survenu avec Pierre *de Remis;* elles étaient de peu d'importance[4].

Manassès II, en 1220, décida que les chanoines de Saint-Avit pourraient faire lever, charroyer par qui ils voudraient leur dîme de Troigny, hameau de la paroisse d'Huêtre[5], et même l'amodier, donnant tort ainsi à Raimbauld de Troigny, qui prétendait avoir seul le droit de charroyer cette dîme, moyennant une certaine rémunération, et même de prélever chaque année deux muids de grain. Il fut convenu que cette redevance ne lui serait payée que les années où ils ne feraient pas le charroi de la dîme. Malheureusement on avait oublié de spécifier quelle mesure serait employée, celle du grenier de

1. Chartes n°s 51 et 52.
2. Charte n° 50.
3. Charte n° 53.
4. Charte n° 55.
5. Canton d'Artenay (Loiret).

Saint-Avit, ou celle du martroi d'Orléans. Trois ans après Philippe, évêque d'Orléans et successeur de Manassès, fut donc obligé d'intervenir pour rétablir la concorde en stipulant que le chapitre livrerait, pour chaque muid, douze mines de la mesure de Saint-Avit valant treize mines de la mesure du martroi d'Orléans[1].

Le chapitre de Saint-Avit ne possédait qu'une partie de la dîme de Troigny[2], l'autre appartenait à l'abbaye de Voisins.

Vennecy. — Rien n'indique dans le Cartulaire comment le chapitre de Saint-Avit acquit l'église et une partie des dîmes de Vennecy[3]. Le titre le plus ancien, concernant cette localité, apprend seulement qu'en la présence de Guillaume, archevêque de Sens, en 1176, la veuve et les héritiers d'Engorrand furent obligés d'abandonner aux chanoines cette dîme qu'ils avaient usurpée, et qu'ils percevaient injustement tant sur les terres en culture que sur celles qui avaient été nouvellement défrichées[4]. Vennecy, en effet, se trouvait alors, avec Marigny, Rebrechien, Loury et Trainou, environné de toutes parts par la forêt d'Orléans, si bien que le territoire de ces cinq paroisses ne formait à proprement parler qu'une vaste clairière dans la vieille forêt *du Loge*.

La vigne y était pourtant cultivée dès le xiii° siècle, car un long débat s'éleva, précisément à ce sujet, entre l'abbaye de la Cour-Dieu et le chapitre de Saint-Avit, lequel exigeait la dîme sur les vignes des religieux à Soligny[5] et à Vennecy. Les parties transigèrent en fixant, une fois pour toutes, à six deniers la somme à payer par chaque arpent de terre, ou de vigne, pour l'acquit de cette dîme[6].

Mais voici qu'au bout de quelques années les moines de la Cour-Dieu qui avaient, paraît-il, parfois la mémoire courte, prétendirent ne devoir et

1. Charte n° 56.
2. Cette dîme était généralement affermée avec celle de Domecy et des Bordes de Sougy. Le fermage qui montait à huit muids et demi de grain en 1536, 1560, tombe à cinq muids et demi en 1570, à quatre en 1572, et ne dépasse plus guère le chiffre de six muids jusqu'en 1666.
3. Canton de Neuville (Loiret).
4. Charte n° 58.
5. Hameau de la commune de Vennecy.
6. Charte n° 61.

n'avoir jamais payé que trois deniers pour chacun de leurs seize arpents de vigne; et cela sous prétexte que les chanoines de Saint-Avit possédaient seulement la moitié de la dîme de Vennecy, et qu'ils n'avaient droit par conséquent qu'à la moitié de la somme convenue. De fait la transaction ne s'appliquait pas sur ce point.

On prit pour arbitre, de part et d'autre, maître Barthelemy de Monçay ou Moncy (de Monciaco), chanoine de l'église d'Orléans. Naturellement il jugea que l'abbaye de la Cour-Dieu serait tenue d'acquitter la dîme au chapitre, mais il réduisit la somme annuelle à payer à six sous parisis pour les seize arpents de vignes appartenant alors aux religieux; seulement, s'ils en achetaient d'autres, ils seraient tenus à l'avenir de payer à raison de six deniers par arpent. D'autre part, il stipula que, si les chanoines acquéraient d'autres fractions de la dîme de Vennecy, il leur serait payé en plus par les moines une somme proportionnelle à leur acquisition, et calculée sur le taux de douze deniers par arpent; soit quatre deniers pour un tiers, six deniers pour une moitié de la dîme. En tous cas, la prestation à payer pour la dîme entière ne devait jamais dépasser douze deniers par arpent[1].

Ces dernières conditions purent recevoir bientôt leur application, car dès l'année suivante, 1225, le chapitre achetait à Aubert de Javercy, chevalier, sa part de la dîme du vin, part qu'il tenait en fief de Robert d'Estive et d'Eudes de Vennecy[2]. En 1228, il fit une acquisition semblable d'Henri du Gué[3].

En résumé, d'après un article du Cartulaire intitulé *Décime*[4], le chapitre de Saint-Avit aurait possédé à Vennecy la dîme entière du vin et la moitié de celle du grain, sauf sur les terres du chapitre de Sainte-Croix, sur lesquelles ce dernier levait le tiers de la dîme du pain et du vin. Deux aveux de 1378 et 1387[5] impliquent simplement la possession de la moitié de la dîme de Vennecy par le chapitre de Saint-Avit[6].

1. Charte, n° 60.
2. Charte, n° 59.
3. Charte, n° 62.
4. Voy. ci-dessous, p. 142.
5. Voy. ci-dessous, p. 187.
6. Il y eut à la fin du XVIIe siècle un long procès au sujet de la dîme du vin entre

Le droit de présentation à la cure appartenait également au chapitre qui percevait du curé, pour son patronat, une rente de cinq sous, payable chaque année à Pâques, *in signum subjectionis juris patronatus*[1]. On voit en 1345 Pierre de Perpirole, nommé à cette cure, venir au chapitre et y faire à genoux les serments accoutumés[2].

Chaingy[3]. — Une seule charte, inscrite au Cartulaire, concerne cette localité. Cependant le chapitre y possédait une propriété importante appelée autrefois *La Motte-au-Chevecier*, *La Motte-Saint-Avy*, aujourd'hui *la Motte*, ferme dépendant actuellement de la terre de Longuevau. Aucun titre ne m'a permis de constater comment, ni à quelle époque les chanoines en devinrent possesseurs. La charte copiée au Cartulaire mentionne seulement la vente à eux faite, en 1216, par Garnier de l'Épinay de la dîme que ce seigneur percevait sur les territoires de Saint-Mesmin, de Saint-Avit et de Pierre de La Porte, situés dans la paroisse de Chaingy, entre Goumat et Villemousson[4].

D'après une note du 1er février 1263[5], La Motte-au-Chevecier, *locus qui dicitur Mota Capicerii*, avait été donnée à rente, ce jour, à R..., chevecier, après avoir été possédée, dans les mêmes conditions, par Yves, également chevecier; son surnom lui était donc venu de la coutume prise par le chapitre d'en abandonner la jouissance au chevecier, moyennant une rente annuelle. Des réparations importantes furent faites à l'habitation, grâce aux

---

le sieur Le Desmé, curé de Vennecy, et les habitants de cette paroisse. Ces derniers soutiennent en 1676 : « que ledit sieur curé est mal fondé à demander deux pintes de vin par poinson de dixmes, et se doibt contenter des trois chopines qu'on a coutume de lui payer; lesquelles trois chopines lui doivent être payées à la mesure du Roy et non des autres seigneurs. » Le curé de Vennecy levait alors la dîme comme représentant le séminaire d'Orléans, qui avait lui-même succédé au chapitre de Saint-Avit. Il certifie avoir touché, en 1655 et 1656, deux cent quatre-vingts livres, montant du prix pour lequel il avait affermé cette dîme. (Titres particuliers de l'auteur.)

1. Voy. ci-dessous, p. 137.
2. *Ibid.*, p. 165.
3. Canton d'Ingré (Loiret).
4. Charte, n° 71.
5. *Annotata*, p. 159.

libéralités de maître Guillaume Ferret, chanoine de l'église d'Orléans, inscrit pour ce fait au nécrologe[1].

Les titres originaux de La Motte, conservés aux Archives départementales dans le fonds de Saint-Avit, sont plus complets. Une série de baux, commençant en 1420, montre cette terre affermée, sous la réserve des bois, à divers laboureurs, le prix variant entre soixante-quatre, soixante-douze sols, et quatre livres parisis. Elle comprenait au xve siècle un « hostel, couvert d'ardoises, avec un verger; » et ses dépendances tenaient « d'une part aux héritages de Saint-Laurent-des-Orgerils et au lieu de Goumat, d'autre aux héritages appelés les héritages de Saint-Ay, au sieur de Montpipeau, aux héritages du sieur de Longuevau et aux héritages de l'abbaye de Voisins. »

En 1473, le bailly de l'évêque d'Orléans osa prétendre, à l'encontre de Thibaut Lambert, chevecier de Saint-Avit, que « le lieu de La Motte étoit assis en la haute justice de La Fauconnerie; » mais il fut bientôt obligé de se désister, les chanoines ayant prouvé que, de tel et si long temps qu'il n'était mémoire du contraire, « ils étoient seigneurs et avoient jouy dudit lieu, sans en payer aucun droit ni reddevoir, et que mondit sieur l'évesque n'y avoit aucun droit, et qu'ils tenoient ledit lieu amorti. »

De simple métairie qu'elle était, La Motte devint au xvie siècle la résidence de familles notables d'Orléans. En effet, le 12 mars 1511, le chapitre l'engagea pour deux cent un ans à Guillaume de Flacourt[2], bourgeois d'Orléans, moyennant douze muids de grain et quarante sols de rente, sous la réserve de la justice et des droits seigneuriaux, mais y compris la quantité de vingt-deux arpents trois quartiers de bois. Après la mort de Guillaume, elle passa à sa femme Nicole Godefroy (1531), puis à ses enfants Henri de Flacourt, dit Bizet, et Françoise de Flacourt, femme de Jean de Dinan (1541).

Le 28 novembre 1572, Hercule de Flacourt, dit Bizet, bourgeois d'Orléans, Jean de Dinan et Françoise de Flacourt, sa femme, Philippe Turpin et

---

1. *Necrologium*, p. 11.
2. Voir un essai incomplet de la généalogie de cette famille, dans Hubert, *Généalogies orléanaises*, t. VIII, f° 128. (Bibl. d'Orléans, mss. 457 *bis*.).

Étiennette de Flacourt, sa femme, reconnurent être seigneurs, possesseurs et détenteurs du lieu de La Motte, moyennant la rente ci-dessus spécifiée.

Mais Hercule de Flacourt, fils du précédent, paraît avoir eu avec sa famille, et même avec le chapitre, des démêlés qui aboutirent à la saisie de la terre et à sa mise en adjudication pour le temps restant à courir du bail de deux cent un ans. Gentien Deloynes s'en rendit adjudicataire, moyennant vingt-cinq écus tournois une fois payés, par procès-verbal en date du 24 juillet 1591. Ce fut pour peu de temps. La Motte de nouveau mise en adjudication le 15 juillet 1594, mais cette fois pour une durée de quatre-vingt-dix-neuf ans, échut à « Charite Bourdineau, veuve d'Aignan de Saint-Mesmin, bourgeoise et habitante d'Orléans, » moyennant la somme de cent cinq écus de deniers d'entrée, et une rente de quarante écus d'or sol, ou cent vingt livres, payable annuellement au chapitre.

La Motte paraît avoir été possédée par la famille de Saint-Mesmin jusqu'à l'expiration de ce long bail. Redevenue à la fin ce qu'elle avait été au commencement, une simple ferme, elle fut louée par le séminaire à des laboureurs, en 1701, pour soixante-dix livres et six mines de noix ; en 1713, moyennant quatre-vingts livres outre les charges.

Propriétés diverses. — Le scribe qui a composé le Cartulaire avertit que les titres suivants concernent des dons ou acquisitions diverses, et des propriétés achetées soit dans le cloître Saint-Avit, soit en dehors.

Le premier titre est une charte de 1112, la plus ancienne du Cartulaire, par laquelle Louis VI, alors à Orléans, exempte de toute redevance un terrain situé sur le cloître Saint-Avit, et qui avait été donné par Gohier de Brissy à un hôte, Jean Vallot[1]. Cet affranchissement, dont le but était de favoriser l'établissement des hôtes, est fait par le Roi en sa double qualité d'abbé de Saint-Avit et de roi de France, *et ex dominio abbatie, et ex regia potestate*[2]. L'abbaye de Saint-Avit se trouvait donc à cette époque dans les mains du Roi. Une autre charte de 1173 concerne également un hôte du chapitre donné par ce dernier à Hugues, doyen de Sainte-Croix, sa vie durant. Ces deux pièces, rapprochées de la charte de pariage de Louis VII,

1. Charte, n° 63.
2. Charte, n° 67.

fournissent des détails importants sur la condition des hôtes, laquelle a été et est encore le sujet de bien des controverses[1].

Les autres titres sont des donations ou acquisitions de maisons, clos de vignes, situés à Orléans et dans les environs, particulièrement dans la paroisse de Saint-Vincent-des-Vignes. Je citerai seulement ici :

La maison de l'abbaye donnée par Manassès II, en 1213 (n° 64);

La maison appelée Roboam, du nom de son donateur, chevecier de Saint-Avit (n° 65);

Des maisons dans la rue des Bons-Enfants, *in vico Bonorum Puerorum*, dans la rue Sous-les-Murs, *in vico de Sub Muro*, dans la rue de l'Évêché, *in vico Episcopi;*

La grande maison des Carnaux, « sur le pavé par où l'on va d'Orléans à Fleury, » (rue du Faubourg-Saint-Vincent), *magna domus ad Crenellos, in vico Sancti Vincencii* (n° 85);

Une autre maison des Carnaux devant le cimetière de Sainte-Croix, *domus ad Crenellos ante cimiterium Sancte Crucis* (ibid.);

Les clos de vigne du Pressoir-Chaudet et de la Fosse-Thibault, et une vigne au lieu appelé *Banliva*[2].

Enfin, on a inséré dans la même partie les extraits de deux testaments, le premier fait par Geoffroy Gruaut (1244), le second par maître Jehan de Saint-Maurice, chanoine de Saint-Avit (1245). Ce dernier fonda, on l'a vu, la chapelle de Saint-Jean-Baptiste, Saint-André et Sainte-Catherine. Il légua ses livres[3],

---

1. Voy. de Maulde, *Condition forestière de l'Orléanais*, p. 111; — Maurice Prou, *Les Coutumes de Lorris et leur propagation*.

2. Dans les titres de propriété du chapitre, déposés aux Archives départementales, on trouve mentionnées, entre autres : La maison des Cornes, sur la rue à aller de l'Étappe aux vins à la rue de la Croix; une maison au coin de la rue des Bons-Enfants et du Sanitas ou Pommier rouge; une maison devant la tour du Champ-Égron sur la rue du Puits-Roland, une autre rue du Mouton-Blanc, paroisse de Saint-Maurice; une maison et vignes à Saint-Loup, près Orléans, « sur la rue par laquelle on va du parc à l'église »; enfin des vignes au clos « où est la fontaine d'Estuvée, paroisse de Saint-Marc », et au clos de l'Alouette, paroisse de Saint-Marceau « où est comprise une mothe et fossé ».

3. Il y a dans le Nécrologe (p. 30) un renseignement curieux sur le prix des livr

par moitié, aux Jacobins et aux frères Mineurs (Cordeliers), et voulut qu'une partie de ses meubles et de son argent fût consacrée à faire des aumônes aux indigents, principalement à acheter des vêtements et des chaussures aux étudiants pauvres, *scilicet maxime in vestimenta et calceamenta pauperum clericorum scolarium* [1].

VII. — *Les revenus et les comptes.*

Je n'ai pas besoin de revenir sur la répartition des revenus du chapitre entre les *Bourses d'hiver et d'été,* le *Pain,* les *Matines,* le *Service,* etc... Cette répartition ressort de différents articles, rassemblés dans la présente publication sous le titre de *Redditus,* mais éparpillés dans l'original et inscrits sans aucune suite ni méthode.

Les comptes, à l'exception de celui de la dîme de Troigny (fol. 26, v°), occupent les quatre derniers folios du Cartulaire, 114, 115, 116 et 117. Il ne s'agit pas ici de recettes et dépenses régulièrement écrites année par année et qui permettraient d'établir la situation pécuniaire du chapitre à une époque quelconque; ce sont simplement quelques comptes de recette qui semblent jetés au hasard là où s'est trouvée de la place pour les écrire. Ils comprennent la recette des cens :

D'Acquebouille et Seris (pour l'année 1266);

Du cloître de Saint-Avit;

De l'Orme-Rond;

Des Barres;

De Saint-Paterne (compte de 1306);

Et d'un cens acquis de Philippe *de Solio.*

Le dernier compte, qui termine le Cartulaire, donne le détail des droits de cens dus, à son tour, par le chapitre à l'évêque, à l'abbaye de Saint-

---

au commencement du XIVe siècle. En 1312 quatre livres de droit, *quatuor volumina legum,* furent vendus par le chapitre cinquante-quatre livres parisis.

1. Charte, n° 82.

Euverte, aux frères de Boigny, au maître de l'Hôtel-Dieu, aux religieuses de Saint-Loup, enfin à diverses personnes.

Mais ces comptes présentent aujourd'hui un autre intérêt, que n'avait certainement pas en vue celui qui les rédigeait. La plupart des noms ou surnoms sont en langue vulgaire, et partant leur forme devient importante pour l'étude de la langue du XIII° siècle.

On sait que les surnoms sont devenus la plupart du temps héréditaires, et ont fini par constituer de véritables noms de famille.

Les surnoms sont ici, comme toujours, tirés des qualités ou des aptitudes morales ou physiques, des défauts, des occupations habituelles ou du métier de l'individu.

Le caractère de la personne fournit les appellations suivantes : *Docet, Moton, Sauvaget, Grime, Gariule* (de Garrulus?), *Pilart, Fautier, Pautonnier, Galafre, Cochart, Bau-Cochart* et *Cuechart*.

Le physique : *Barrille, Grossiu, Bociu, Bechet, Grasse-Oreille, Le Camus, Pau-de-Rat, Pau-de-Lo* et *Pas-de-Lo* (Loup).

La profession ou occupation habituelle : *Le Citoleur, Le Berbier, Le Tessier, Le Suer, Le Vigneron, Le Vachier, Le Gautier*.

Quelquefois on ajoutait simplement au nom de l'individu celui de son pays : *Matheus de Mer*[1], *Morellus de Mores*[2], *Raginaldus de Concre*[3], *Stephanus de Bines*[4].

VIII. — *Les annotations diverses.*

Le Cartulaire de Saint-Avit n'a pas seulement servi de nécrologe, de livre de compte, on a encore trouvé moyen de l'utiliser en inscrivant sur les feuillets non remplis, et au besoin sur les marges, des notes qui, plus com-

---

1. Loir-et-Cher.
2. Probablement Morée, hameau de la commune de Tolcy, canton de Marchenoir (Loir-et-Cher).
3. Concriers, commune du même canton.
4. Binas, canton d'Ouzouer-le-Marché (Loir-et-Cher).

plètes et réunies, auraient constitué un véritable journal. Malheureusement elles présentent, si on les classe par ordre chronologique, des lacunes considérables ; de plus, les faits relatés sont d'une importance très secondaire et ne sortent pas du domaine de la vie intime du chapitre.

La plus ancienne note est du 18 décembre 1263, et la plus récente du 12 août 1583.

Il n'est question le plus souvent que de chapelles conférées ou de maisons données à loyer, quelquefois de nominations à des cures.

Pierre de Perpirole, nommé à la cure de Vennecy, prête serment, dans les termes habituels, le 13 juin 1345. La cure d'Avaray est donnée le 6 février 1379 à Mathieu Roger, prêtre; le 10 octobre 1384 à Étienne Paumier, clerc.

Ailleurs des décisions prises par le chapitre sont consignées, comme s'il n'existait pas de registre spécial pour inscrire les délibérations capitulaires.

Le 18 décembre 1263 on statua, en chapitre général, que tout chanoine ou *nourrier*[1], qui ne payerait pas les loyers ou fermages qu'il devait au chapitre, serait privé de toute distribution, sans pouvoir en recouvrer aucune, jusqu'au complet acquittement de sa dette.

Le 16 juin 1314, il fut décidé que le chapitre se réunirait chaque dimanche, entre prime et la grand'messe, que tout chanoine présent percevrait deux deniers, et qu'à chaque séance on lirait deux ou plusieurs des privilèges inscrits au Cartulaire, afin que ces privilèges et l'état des possessions du chapitre demeurassent bien gravés dans la mémoire de chacun.

Le chapitre de Saint-Avit ressentit le contre-coup des guerres qui dévastèrent la France au xive siècle, et eut à subir, paraît-il, des pertes importantes. Jean Nicot, évêque d'Orléans, députa alors l'official pour réglementer la célébration du service divin dans la collégiale, en raison de la diminution des revenus, *attenta desolatione dicte ecclesie et tenuitate reddituum qui ad aream reducti sunt*.

---

[1]. On appelait nourriers, *nutritii*, des clercs élevés et nourris par un monastère ou une église au service desquels ils consacraient leur vie. (Voy. *Mémoires de la Société archéologique de l'Orléanais*, t. IX, p. 103.)

Le 4 septembre 1390, l'Official rendit une ordonnance en vertu de laquelle on devait désormais :

Célébrer chaque jour une messe chantée;

La veille des fêtes de Pâques, l'Ascension, la Pentecôte, l'Eucharistie, l'Assomption et la Nativité de la Vierge, la Nativité de saint Jean-Baptiste, et la veille de la fête de Saint-Avit d'été, chanter vêpres, complies, les vigiles; et le jour de la solennité, toutes les heures;

A la Toussaint, la Conception de la Vierge, Noël, l'Épiphanie et la Purification, la veille de la fête chanter vêpres et complies, le jour célébrer deux messes, l'une chantée, l'autre basse.

Le 30 décembre 1420, l'évêque d'Orléans (Gui de Prunelé) vint faire sa visite pastorale à Saint-Avit. Il statua qu'à l'avenir le chapitre tiendrait ses séances le jeudi de chaque semaine; que tous les chanoines seraient tenus d'être présents depuis le commencement jusqu'à la fin et qu'ils recevraient chacun deux deniers; qu'à la messe qui se dit à l'heure de prime sonnant à l'église d'Orléans, chaque chanoine serait tenu d'assister depuis l'épître inclusivement jusqu'à l'*Agnus Dei,* sous peine de se voir privé de sa distribution.

Le 16 août 1424, nouvelle visite du même évêque qui ordonna que la messe de chaque jour serait célébrée depuis la Saint-Rémi jusqu'à Pâques à 8 heures, et depuis Pâques jusqu'à la Saint-Rémi à 7 heures; que le chapelain de l'autel de la Vierge dirait ou ferait dire douze messes par an, c'est-à-dire une messe par mois.

On voit par ces quelques citations la nature des renseignements que peuvent donner les notes, éparses dans l'original, réunies et classées dans la présente publication sous le titre *Annotata passim in codice*. J'ai ajouté à leur suite les quelques pages d'office noté, insérées dans le Cartulaire, et dont la présence dans ce volume montre une fois de plus la diversité des usages auxquels il a servi.

Un chanoine de Saint-Avit, Georges Bauclat, dont je suis étonné de ne pas retrouver le nom dans le nécrologe, ayant fondé un *mandé,* ou lavement des pieds, le Jeudi-Saint; après la nomenclature des distributions à faire ce jour entre autres à cent pauvres, chiffre respectable, on a copié, avec la musique, les chants liturgiques de la cérémonie. J'ai cru reconnaître, dans une certaine partie, les traces d'une versification indiquant une hymne ou une prose que j'ai essayée de reconstituer suivant son rythme.

Enfin le verso du dernier folio du Cartulaire a reçu sur sa première moitié un répons, noté également en plain-chant, et composé suivant toutes les probabilités en l'honneur de saint Avit, bien que son nom n'y figure pas. Le fait auquel il est fait allusion est, en effet, un miracle raconté dans la légende du saint, lequel résuscita, paraît-il, un frère de Micy pour lequel il avait toujours eu une grande affection. Je donne le fac-similé de ce répons qui a disparu, je ne sais pour quel motif, de la liturgie moderne.

On y remarquera au-dessous du chant deux lignes d'un compte dont la suite, dans l'original, occupe le reste du folio. Ce compte, commencé au folio précédent, englobe complètement aujourd'hui le répons et lui est, par conséquent, postérieur; or, comme il date, à en juger par le caractère de l'écriture, du XIII° siècle, ou tout au moins du commencement du XIV°, le chant sacré, qui lui est antérieur, remonte à une haute antiquité.

IX. — *L'Appendice.*

Quand les chanoines se plaignaient d'avoir vu leurs « lettres, tiltres, papiers raviz et emportés, » ils n'avaient certainement pas tort. C'est à peine si on trouve aujourd'hui dans le fonds du chapitre de Saint-Avit, déposé aux Archives départementales, une quinzaine de pièces antérieures au XIV° siècle. Que sont donc devenues ces bulles des papes, ces belles chartes des rois de France, des comtes de Blois, des évêques d'Orléans, dont une partie seulement a dû être inscrite au Cartulaire échappé lui-même, je ne sais par quel miracle, à tant de désastres?

Parmi ces pièces sauvées de la destruction, qui ne figurent pas dans le Cartulaire, neuf seulement sont antérieures au XIV° siècle. Je les ai toutes données intégralement dans un appendice; j'y ai ajouté quelques titres plus récents qui m'ont paru avoir un certain intérêt.

Ainsi on trouvera *in extenso* le procès-verbal de la visite des ruines de l'église, après sa destruction par les protestants, et la transaction passée entre l'évêque et les derniers chanoines pour l'établissement du séminaire.

Un testament de 1397 et un codicile du 5 juin 1538 contiennent quelques détails assez curieux. Par ce dernier un chevecier de Saint-Avit, Nicolas Rappigeon[1], légua à son neveu, Antoine Pommeret, trois pièces de tapisserie dont il se servait pour *tendre la rue* le jour de la Fête-Dieu, ce qui prouve que cet usage, encore en vigueur de nos jours, est fort ancien. De plus, il lui laissa *une passion* que lui, testateur, avait coutume de faire jouer ledit jour. S'agit-il simplement du texte de ce mystère, ou bien de tout le matériel nécessaire à la représentation? En tout cas, c'est bien là un de ces drames que l'on jouait dans les rues ou sur les carrefours, en présence d'une foule ébahie, avide alors de ce genre de spectacle.

Et maintenant, qu'on me permette de le dire en terminant, la valeur et l'importance des pièces qui vont suivre doivent-elles être appréciées sur le seul et simple résumé qui précède? Évidemment non. C'est le propre des publications de documents, entreprises pour apporter des matériaux neufs, de fournir à chacun, suivant son genre d'étude, des remarques et des aperçus nouveaux qui ne se révèlent qu'à lui.

---

1. Dans ce testament figure l'article suivant : « Item vieult que sesditz exécuteurs » convoquent les quatre *eschelletes* (crieurs publics) d'Orléans pour annoncer en la » manière accoustumée le trespas d'icelluy testateur. »

LISTE DES CHANOINES

DONT LES NOMS SE TROUVENT

DANS LE CARTULAIRE ET LES ANCIENS TITRES DU CHAPITRE DE SAINT-AVIT

ABBÉS.

1142. Petrus, capellanus Ludovici regis.
1150-1177. Manasses I, episcopus Aurelianensis.
1202. Gaufridus.
1213. Manasses II, episcopus Aurelianensis.

DOYENS.

1175. J.
1187. Andreas.
1190. C.
1207-1220. Constantinus.
1225. Robertus.
1229. Th.
1264. Nicholaus.
— Petrus Guillermi[1].
— Thomas.
— Symon de Villaribus.
1354. Johannes Sistelli.
1381. Guillermus Changuionis.
1567. Jehan Taillandier.
1576. André Thévasie.

---

1. Les noms qui ne sont pas précédés d'une date sont donnés à titre de simple renseignement, sans que l'ordre dans lequel ils sont présentés puisse faire préjuger d'une manière absolue celui dans lequel les chanoines se sont succédé, et l'époque à laquelle ils ont vécu.

1580. Jacques de Dinan.
1594. Pierre Fougeu.
1629. François Thizonneau.
1651. Moireau.

Cheveciers.

1172-5. Roboam.
(Av. 1224). Galterus.
— Stephanus de Conada.
— Stephanus Augustinus.
— Magister Robertus.
1230. J.
1263. Ivo.
1264. R.
1271-9. Raginaldus.
(Av. 1307). Johannes de Domibus.
1379-84. Johannes Balier.
— Simon Lefaure.
1418. Guillermus de Karahez.
1469-84. Thibaut Lambert.
1484. Louis Gandillon.
1530. Nicolas Rappigeon.
1568. Guillermus Housse.
1567-1593. Pierre Maubailly.
1596. Isaac Michin.
1605. Guillaume Picanon.
1629. Claude Lecoq.
1632-1642. Robert Balesdan, aumônier de l'évêque d'Orléans.
1654. Robert Bouquin, curé de la paroisse Saint-Michel et Saint-Etienne d'Orléans.
1668. Laurens Guérin.

Chanoines.

1172-5. Archambaldus.
Id. Ansellus, presbiter.
Id. Magister Gaufridus.
Id. Magister Guarinus.
Id. Nicholaus, diaconus.
1174-5. Galterius, subdiaconus.

1175. Stephanus, subdiaconus.
1175-1202. Paschasius.
— Petrus, diacqnus.
1222. Ivo, presbiter.
1230. Stephanus Imbaudi (ou Ymbaut).
1249-50. Guillermus Hardoinus (ou Hardoin).
1269. Magister Ivo de Bona Valle.
1271-79. Stephanus de Jargolio.
(Av. 1279). Hugo de Monasteriis, canonicus Aurelianensis.
1294. Petrus de Castro Novo.
(XIII° et XIV° siècles). Philippus Motel.
   Id. Thomas de Rueis.
   Id. Petrus de Tranquevilla.
   Id. Thomas.
   Id. Johannes.
   Id. Johannes Bocherius.
   Id. Johannes de Armavilla (ou Ermevilla).
   Id. Fulco de Ligniaco.
   Id. Magister Johannes de Misoys (ou Misouis).
   Id. Philippus Levite de Vico Novo.
   Id. Thomas Grosparmi.
   Id. Nicolaus de Cimazo.
   Id. Gilo.
   Id. Johannes Furnerii.
   Id. Fromondus de Antoginaco.
   Id. Magister Benedictus Avis.
   Id. Jaquelinus Bovier.
   Id. Johannes de Berri.
(Av. 1314). Robertus de Cathalano.
1314. Johannes Boulain.
   Id. Magister Matheus, cantor Sancti Petri Puellarum.
   Id. Guillermus de Milliaco.
   Id. Bertaudus de Verrinis, officialis Aurelianensis, canonicus Sancti Petri virorum.
   Id. Laurencius de Villa Nova.
1314-5. Matheus de Placentia.
1315. Ligerius de Serarvilla.
1324-44. Egidius de Landrevilla.
1331. Guillermus Ligerii.
   Id. Jacobus de Ulmis.

1331-51. Dionisius de Mogiaco (ou Mougiaco).
1381. Johannes Estatis.
Id. Matheus Gibelli.
1381-84. Magister Johannes Hervei, canonicus Sancti Aniani.
— Georgius Bauclat.
1418. Johannes Molart.
1431. Estienne Dunoys.
1438. Guillaume Grésille.
1446-62. Petrus Philippeau (ou Phelipeau).
1446. Jean Baudoin.
1450. Johannes Egreti, archidiaconus Drocensis, in ecclesia Carnotensi.
1452. Fouques de La Sanzie.
1468-90. Jean Segrétain (ou Secrétain).
1480. Jean Grison.
1480-90. Pierre Morin.
1531. Guillaume Cady.
Id. Pierre Denis.
1531-36. Jacques Langlois.
1536-60. Antoine Trichery.
Id. Jacques Charroux.
1551. Jean Amyot.
1553. Jean Pèredoux.
1556. Denis Gourdillon.
1560. Jean Doussineau.
1567. Michel Millot, théologal en l'église d'Orléans.
Id. Mathurin Toullery.
1567-80. Geoffroy Delaunay (ou de Launoy).
1576-80. Michel Boissier.
1578. Jacobus Laumosnier.
1580. Barbeachou.
1580-91. Lucas Hervieu.
1593-94. Ythier Moireau.
1597. Nepveu, chanoine de l'église d'Orléans.
1620-7. Estienne Tardif.
1629. Jacques Druison.
Id. Christofle Rigault.
1629-32. Ambroise Thierry.
1665-68. Jehan Denison, curé de Saint-Pierre-Lentin.
1668. Estienne Boucher.

1668. Estienne Coulombeau.
Id. Laurens Guérin.
Id. Maurice Jousse.
Id. Pierre Legrand.
Id. Jehan Meslier.
Id. Michel Raoult.
Id. Edme Henry de La Roche.

ERRATA ET ADDENDA.

Page XVI, note 3, ligne 1 : Etiam non, *lisez :* etiamnon. — Page XXXVII, note 2, ligne 6 : parc, *lisez :* pavé. — Page XXXIX, note 2, ligne 1 : Tolcy, *lisez :* Talcy. — Page 5, ligne 25 : P. Estatis, *lisez :* J. Estatis. — Page 11, ligne 21 : pater, *lisez :* patris. — Page 35, ligne 3 : [et Philippo], *lisez :* et Philipo. — Page 39, note 1, ligne 2 : in XI folia, *lisez :* in XI° folio. — Page 47, ligne 30 : filium ejus Albericum, *lisez :* filium ejus, Albericum. — Page 46, ligne 8° du titre de la charte n° 18, *ajoutez* la note : Voy. n° 11. — Page 57, *ajoutez* la note : En marge de la charte n° 31, on lit : Queritur ut... hec habeant canonici. — Page 59, *ajoutez* en note, aux mots : ex una parte (ligne 25) : Voy. ch. n° 7. — Page 103, *rétablissez* ainsi la note 1 : Nota capellanos die hujus anniversarii celebrare debere. — Page 108, ligne 25, *ajoutez* en note, au mot Turonensem : En marge : Remiserunt nobis dictum turonensem ratione cujusdam exitus in campo (?), quem nunc habent in domo sua sita contigue juxta dictam domum nostram ad Crenellos. — Page 109, ligne 20, au mot : vicariatus, *ajoutez* la note : En marge : Nota et cave de hoc. — Page 115, ligne 7 : domus, *lisez :* domum. — Page 135, note 1, ligne 2 : qu'il, *lisez :* qu'ils. — Page 138, ligne 9 : de functi, *lisez :* defuncti. — Table, p. 220 et 221, aux noms : Galterus, Garinus, Gaufridus, canonici Sancti Aviti, *ajoutez :* p. 90. — Page 223, lettre J., *ajoutez :* J., decanus Sancti Aviti, 175. — Page 225, ligne 13 : Ligerii (Petrus), *lisez :* Ligerii (Guillermus). — Page 227, ligne 42 : 110, *lisez :* 111. — Page 228, au mot : Pascharius, *ajoutez :* 41.

CHARTULARIUM

ECCLESIÆ

SANCTI AVITI AURELIANENSIS

[*NECROLOGIUM*]

[**Januarius**[1].]

. . . .
. . . .

17. — VII   **C** XVI KAL.[2]. — **Sulpicii episcopi.** *Obitus magistri Arnulphi Noqueti cirurgici et Alipdis ejus uxoris pro quorum anniversario distribuuntur annuatim decem solidi par..

18. —   **D** XV KAL. — *Hic fit missa de Sancto Spiritu pro magistro Johanne de Gariophilis de Cerdona, canonico Aurelianensi, quandiu vitam duxerit in humanis, et post ejus obitum fiet anniversarium in quo distribuetur proventus unius arpenti vinee siti in parrochia Sancti Johannis de Rulla, vocati *La Lantérnière* quem (*sic*) *Aigneau* tenet ad VIII solidos.

19. — XV   **E** XIIII KAL.

20. — IIII   **F** XIII KAL. — **Fabiani et Sebastiani.** IX lectiones.

21. —   **G** XII KAL. — **Agnetis virginis.** IX lectiones.

   1. Le nom de chaque mois a été rétabli ici, pour plus de clarté, bien qu'il n'existe pas dans l'original. On a également ajouté, pour faciliter les recherches, les chiffres arabes indiquant le quantième du mois.
   2. La première moitié du mois de janvier a disparu avec le premier folio.

22. — XII   A xi. — **Vincentii martiris.** *Festum duplex. In hoc festo distribuuntur nutritiis ii sol. super domum *Boulain*.
23. — I   B x Kal.
24. —   C ix
25. — IX   D viii Kal. — **Conversio sancti Pauli.** ix lectiones.
26. —   E
27. — XVII   F vi Kal. — *Obitus magistri Alberti de Alsona, quondam canonici Aurelianensis, qui dedit nobis x lib. par. pro anniversario suo in ecclesia nostra faciendo singulis annis.
28. — VI   G v
29. —   A
30. — XIIII   B
31. — III   C — *Obitus Roberti archidiaconi et sacerdotis de Soliaco; xx sol. super domum dicti *Bouchier* ante cimiterium.

[**Februarius.**]

Ast februi quarta [est] precedit tertia finem[1].
Februarius habet dies xxviii, luna xxix.

1. —   D Kal. — *Sic obiit Robertus de Marcilliaco, archidiaconus in ecclesia Sancte Crucis, in cujus anniversario distribuuntur xx sol. qui capiuntur super domum Hugonis de Monasteriis canonici. Vacat. — Capitulum generale et distribuitur cuilibet canonico qui intererit dicto capitulo iiii den.

2. — XI   E iiii Non. — **Purificatio Sancte Marie.** *Festum annuale. In hoc festo distribuuntur canonicis v sol. qui capiuntur in domo Jo. *Boulain* et iii nutriciis, quos debet altare sancti Andree.

Nota contra capicerium. Capicerius Sancti Aviti debet cuilibet canonico cereum unius quarteronii, ut continetur in litteris transactionis factæ inter capitulum et dictum capicerium, passatis per Henricum *Peignié* notarium regium Casteleti Aurel, mense februario, millesimo quingentesimo nonagesimo sexto.

3. — XIX   F iii Non.

---

1. Le vers latin, inscrit en tête de chaque mois, indique les dates des jours égyptiens ou malheureux (Dies ægyptiacus, Dies æger). Voir à ce sujet ma notice, *Bulletin de la Société archéologique de l'Orléanais*, t. V, le travail de M. Loiseleur, t. XXXIII des *Mémoires de la Société des antiquaires de France*, et celui de M. Ch. Cuissard, t. V des *Mémoires de l'Académie de Sainte-Croix*

4. — VIII G II Non. — Sic obiit Stephanus Labatis, in cujus anniversario dividuntur IX sol. qui capiuntur super domos quas tenet Sencius de Barra.

5. — A Non. — **Agathe Virginis.** *Hic obierunt Richardus Boni Amici et Johanna ejus uxor, parentes domini Jacobi Boni Amici, in quorum anniversario distribuuntur XV sol. paris. assignati super domo confratrie, sita in angulo claustri nostri, pro melioracionibus per dictum dominum Jacobum in dicta domo appositis. Et solvet dictos XV sol. dictus dominus Jacobus de suo proprio, quandiu vixerit, et capiet tanquam canonicus idem dominus Jacobus, si sit presens.

6. — XVI B VIII ID. — *Obitus Guillermi Herdoini in quo distribuuntur X sol. quos solvet possessor artaris *(sic)* sui quod fundavit in ecclesia Sancti Petri Puellarum.

7. — C VII ID. — Sic obiit Maiorissa, in cujus anniversario dividuntur V sol. qui capiuntur supra domum suam, in claustro et in censiva nostra ante Puteum Rolandi sitam. — *Sanctus Layarus de Martreio debet. — Panis debet.

8. — D VI ID. — *Obitus magistri Mathei de Placentia[1], canonici hujus ecclesie quondam; in cujus anniversario distribuuntur quinque solidi par. pro centum solidis nobis datis, positis in meliorationem domus nostre que vocatur Domus Roboam. — Panis debet.

9. — XIII E V ID. — Sic obiit Maria *La Grivaude*, in cujus anniversario canonicis et capellanis communiter distribuuntur X sol. supra domum quam tenet Johannes Cellarius.

10. — II F IIII ID. — *Hic obiit magister Johannes *Hervey*, ecclesie Sancti Aniani ac hujus ecclesie quondam canonicus, in cujus anniversario distribuuntur XII solidi capiendi super censu de *Ceriz*.

11. — G III ID.

12. — X A II ID. — *Obitus patris et matris Johannis Sellarii; distribuitur unus modius avene ad mensuram de martreio supra patrimonium ipsius Johannis, situm apud *Chalenile*, in parrochia de *Terminier*, quod nunc possidet Petrus *Coillart* de Brissiaco cum aliis amicis suis; et debet habere quilibet nutritius I D. solum; capellani vero debent celebrare ipso die, vel in crastino, quia habuerunt XL sol. pro emendis sibi redditubus.

13. — B ID.

14. — XVIII C XVI.

---

1. Il était chanoine en 1314.

15. — VII   D xv. — *Obiit Johannes de Sancto Verano, quondam archidiaconus Sigalonie in ecclesia Aurel., viii sol. — Confratria debet.
16. —   E xiiii.
17. —   F xiii.
18. — XV¹   G xii. — *Obitus Guillelmi *Boleim*, quondam canonici Aurel., in cujus anniversario distribuuntur x sol. qui capiuntur supra domibus novis in vico Sancti Vincentii.
19. — IIII   A xi. — Sic obiit Herveus presbiter in cujus anniversario dividuntur xii sol. qui capiuntur super domum de Sub Muro quam tenet dictus *Coillebure*.
20. —   B x.
21. — XII   C ix. — Sic obierunt pater et mater Hymbaudi, in quorum anniversario dividuntur xix sol. qui capiuntur super domos quas tenet Guido de Barra, in censiva Manselli; *retro ecclesiam.
22. — I   D viii. — **Cathedra sancti Petri.** ix lectiones.
23. —   E vii. — *Obitus magistri Guillelmi Nigri, archidiaconi quondam Sigalonie in ecclesia Aurel., pro cujus anniversario annis singulis faciendo dominus Johannes *Bocher*, capellanus suus quondam, dedit nobis x libras ad emendos redditus; super domibus novis accipitur.
24. — IX   F vi. — **Mathie apostoli.** ix lectiones.
25. — XVII   G v.
26. — VI   A iiii.
27. —   B iii. — Sic obierunt pater et mater Hardoini, in quorum anniversario dividuntur xii sol. qui capiuntur super domum quam tenet dictus *Coillebure*.
28. — XIIII C ii. — *Obitus magistri de Sancto Desiderio qui dedit nobis pro suo anniversario faciendo unam domum ad Picas, sitam retro Cordiger [os] en *(sic)* censiva Sancti Petri Virorum; et distribuentur canonicis xii sol. et capellanis nostre ecclesie beneficiatis iiii sol., nutriciis ii sol., ita quod predicti capellani et nutricii tenebuntur facere anniversarium dicti magistri Philippi in crastino diei qua fiet per canonicos.

---

1. Les nombres d'or qui suivent ont été marqués un jour en retard, jusqu'au vi⁰ des calendes de mars; il faudrait donc remonter chaque chiffre d'une ligne pour qu'il occupe la place qui lui est assignée dans les calendriers usités à cette époque. Des dissemblances plus graves seront signalées plus bas, mais partout on a cru devoir reproduire scrupuleusement l'original.

[Martius.]

Martis prima necat cujus de cuspide quarta est.
Martis habet dies xxxi, luna xxx.

1. — III   D [Kal.] — Martis.
2. —   E vi Non. — *Sic obiit *(sic)* pater et mater Hardoini, v sol.: pocessor artaris *(sic)* sui quod fundavit in ecclesia Sancti Petri Puellarum debet.
3. — XI   F v Non. — *Obitus Johannis de Porta, x sol., quondam archidiaconi Belsie in ecclesia Aurel.; super domibus novis accipitur.
4. —   G iiii Non. — *Obitus Jaquelini *Bovier*, quondam canonici Sancti Aviti Aurel., pro cujus anniversario singulis annis in nostra ecclesia faciendo dedit nobis xvi libras ad emendum redditus, et distribuuntur xvi sol. qui accipiuntur super domum *La Vachère*.
5. — XIX   A iii Non. — * Obitus reverendi patris bone memorie Roberti de Curtiniaco, episcopi quondam Aurel., pro cujus anniversario singulis annis faciendo dominus Johannes *Bouchier*, canonicus Atrebasensis, quondam capellanus suus, dedit nobis decem libras par. pro redditibus emendis; super domibus novis accipiuntur x sol. pro ejus anniversario.
6. — VIII   B ii Non.
7. —   C Non. — *Dominica qua cantatur *Reminiscere* et dominica qua *Judica me,* in qualibet, distribuuntur v sol., videlicet medietas ad matutinas, et alia medietas ad missam et ad vesperas; et capiuntur dicti decem sol. super domum que fuit Johannis Selarii.
8. — XVI   D ix' Id. — *Hic fit anniversarium pro patre et matre domini P. Estatis et suum post ejus decessum; in quo distribuuntur canonicis presentibus viii sol. par. supra domum quam ipse dominus Johannes nobis dedit, sitam in vico *de la Poterne Morice* Aurelianis, videlicet iiii sol. in sero et totidem in mane.
9. — V   E viii Id.
10. —   F vii Id.

---

1. L'auteur du calendrier a intercalé ici, avant le viii des Ides de mars, un neuvième jour qui n'existe pas. Il en résulte que les lettres dominicales ne se trouvent plus d'accord avec celles des autres calendriers, et que les nombres d'or sont également changés de place.

11. — XIII G vi Id. — *Obitus patris et matris Johannis de *Misoys*, quondam canonici Sancti Aviti Aurel., in quorum anniversario distribuuntur xxviiii sol. qui capiuntur super domum in qua morabatur dictus Johannes..... oppositis domus capicerii.

12. — II A v Id. — **Gregorii pape**. Duplex, ix lectiones. Hic debemus census.

13. — B iiii Id. — *Obitus Ivonis de Bonavalle, quondam canonici nostri, in quo distribuitur, pro modo reddituum emptorum de triginta duabus libris quas nobis dedit, equaliter in isto et in alio anniversario ejusdem post Assumptionem, videlicet xii sol. in isto, xx sol. in altero.

14. — X C iii Id.

15. — XVIII D ii Id.

16. — VII E Id.

17. — XV F xvii. — *Obitus Gilonis de Solio, quondam canonici Sancti Aviti, in cujus anniversario distribuuntur viii sol. super domum de Abbatia.

18. — IIII G xvi Kal. — *Obitus Hardoini, quondam concanonici nostri; xx sol. super domum quam habemus in vico Bonorum Puerorum. — Servicium debet.

19. — A xv. — *Hic fit anniversarium pro magistro Jacobo de Ulmis quondam concanonico nostro; distribuuntur xiiii sol., videlicet : canonicis x sol., capellanis ii sol., et tenentur celebrare quilibet unam missam dicta die vel in crastino; et duo alii solidi inter dictos capellanos et nutritios. Dedit nobis xiiii libras paris. appositas in factione cave *(sic)* domus Roboam.

20. — IIII B xiiii Kal. — In ultimis vesperis et matutinis Beate Marie que celebrantur ante Passionem Domini, distribuuntur vi sol. qui capiuntur super domum de Abbacia. Quilibet nutricius habet ad vesperas unum denarium, et ad matutinas alium denarium. Residuum vero distribuitur canonicis, videlicet medietas ad vesperas et alia medietas ad matutinas. Gilo de Solio *(rayé)*, capicerius solvit pro dicta domo.

21. — C xiii. — **Sancti Benedicti abbatis**. ix lectiones.

22. — D xii Kal. — *Hic fit anniversarium Radulphi de Ulmis, Florie ejus uxoris et Johanne eorum filie. x sol. supra domum, virgultum et vineam de Sancto Lupo quas nobis dederunt Robinus de Ulmis et Mathea ejus uxor, et tenent ad pensionem Giletus *dou Soussi* et Giletus' ejus filius pro precio xxx sol. annuatim.

23. — I E xi. — *Hic fit missa de Spiritu Sancto pro Robino de Ulmis et Mathea ejus uxore. x sol. supra domum de Sancto Lupo quam nobis dederunt.

---

1. Ces noms remplacent ceux de *Robinus Goucin* et *Johannes*, qui ont été rayés.

— 7 —

			ut immediate supra scriptum est, et post mortem eorum in anniversario convertetur.
24.	—	F x Kal.	— Sic obiit Bernardus sacerdos, in cujus anniversario x sol. pro melioracione domus Andree cantoris, quam tenet Johannes *Bolain*.
25.	— IX	G viii¹.	— **Annunciacio dominica.** *Festum duplex. In hoc festo distribuuntur v sol. canonicis, qui capiuntur super domum quam tenet Jo..... *Bolain*, et iii sol. nutriciis, quos debet possessor altaris sancti Andree. It. canonicis v sol. super domum que fuit Johannis Sellarii².
26.	—	A vii.	— Sic obiit Vincentius sacerdos, in cujus anniversario quinquaginta sol. qui capiuntur super domum quam tenet Johannes *Baron*.
27.	— XVII	B vi.	— *Vacua die in septimana ante Passionem debet celebrari...... pro Thoma *Grosparmi* quondam canonici Sancti Aviti............ x sol., sicut in anniversario, quos solvet quandiu vixerit........... in anniversarium convertentur et............ Sancti Aviti una cum duplici........... suo loco³. Vacat.
28.	— VI	C v.	— *Debemus censum heredibus *Caillart* vigilia Pasche, videlicet xxxiii den. i tourn.
29.	—	D iiii Kal.	
30.	— XIIII	E iii.	
31.	— III	F ii Kal.	— Sic obiit Aelina de Guillervilla, in cujus anniversario dividuntur x sol., qui capiuntur in domo Ase. — Capicerius debet.

[Aprilis.]

Aprilis decima est undecima *(sic)* fine minatur.
Aprilis habet dies xxx, luna xxx.

1.	—	G Kal.	— Sic obierunt Hugo *Baatel* et Agnes *La Fornière*⁴, in cujus anniversario dividuntur v sol., quos solvit Gilo de Solio⁵ pro vineis quas tenet, apud Chaudet.

1. On a omis ici le ix avant les Calendes; mais comme on avait ajouté avant les Ides un neuvième jour qui n'existe pas, le mois se trouve avoir son nombre régulier de jours grâce à cette suppression.
2. Le passage commençant par *it. canonicis...* a été ajouté postérieurement.
3. La fin des lignes est à moitié effacée et complètement illisible.
4. Ce nom a été ajouté après coup et *obiit* changé en *obierunt*.
5. Le nom de *Gilo de Solio* a été rayé.

2. — XI A iiii. — Aprilis.
3. — XIX B iii. — *Debemus censum heredibus *Caillart* vigiliis Pasche, videlicet xxxiii den. et i tourn. — Obitus parentum Roberti de Checiaco, quondam capicerii Sancti Petri Virorum ; x sol. super domum que est in ruella Sine Capite, in vico Episcopi. — Servicium debet.
4. — VIII¹ C ii. — *Ambrosii episcopi, duplex. Obitus patris et matris Roberti de Chaciaco, capicerii Sancti Petri Virorum, in quo distribuuntur x sol. quos solvet dictus Robertus de suo quandiu vixerit; post obitum vero ipsius Roberti, predicti decem solidi capientur super domum quam tenet a nobis dictus Robertus in vico Episcopi².
5. — D Id³.
6. — XVI E viii Id.
7. — V F vii Id.
8. — G vi Id. — *Obitus Radulphi sacerdotis, in quo distribuuntur xii sol. super domum magistri Petri Ratelli ante cimiterium Sancte Crucis.
9. — XIIII A v Id. — *Sic obiit Theophania, in cujus anniversario dividuntur x sol. qui capiuntur in domo quam tenet Bricius⁴.
10. — II B iiii Id. — *Obitus Hugonis de Monasteriis, canonici Aurel. in quo distribuuntur xii sol. super domibus in vico Fratrum Minorum.
11. — C iii Id. — *Sic obiit Guid..... de Joiaco, canonicus Aurel., in anniversario cujus distribuuntur xx sol. super domum Rogerii dicti *Le Citoleur*, in parvo vico Beate Marie inter muro et fossatis. *(En marge)* : Dicta domus destructa fuit propter muros et fossata ville. — Iste dedit nobis x lib.; non solventur adhuc⁵.
12. — X D ii Id.
13. — E Id.
14. — XVIII F xviii.
15. — VII G xvii. — Sic obiit *La Bucie*, in cujus anniversario dividuntur x sol. qui capiuntur in domo defuncte Ase. Capellani capiunt tanquam canonici. *(En marge)* : Capicerius debet quia tenet dictam domum. Servicium debet.
16. — XV A xvi.

1. Les nombres d'or XIX et VIII sont indiqués, dans les calendriers usuels de l'époque, un jour plus bas. Au 9 il faudrait XIII et non XIIII.
2. Ce paragraphe a été raturé.
3. Il faut lire Non.
4. Ce nom a été rayé et remplacé par *Jo. Baro*.
5. Ces trois derniers mots sont rayés.

17. — IIII B¹ xv Kal.
18. — C xiiii. — Sic obiit Petrus Guillermi, decanus hujus ecclesie, in cujus anniversario dividuntur xx sol. qui capiuntur in domo quam solet tenere Hugo, barbitonsor, in magno vico. *Capellani capiunt tanquam canonici.
Servicium debet.
19. — D xiii Kal. — *Obitus Margarete, illustris regine Jerusalem et Cecilie, in cujus anniversario distribuuntur x sol. super domibus novis, quia dominus Johannes *Bouchier* capellanus suus dedit nobis x libras pro emendis redditibus.
20. — XII E xii Kal.
21. — I F xi Kal. — *Hic obiit Guillermus, presbiter de Trigano; x sol. — Servicium debet.
22. — G x Kal. — Sic obiit Guillermus, presbiter de Trigano, in cujus anniversario v sol. qui capiuntur super domum que fuit Guillermi Muto in claustro nostro². Ad f. supra scriptum. *(En marge)* : Ivo quondam capicerius tenet. — Capitulum generale, et distribuitur cuilibet canonico in capitulo iiii den.
23. — IX A ix Kal. — **Georgii Martiris.** Festum annuale. In hoc festo distribuuntur x sol., qui capiuntur à *Avarai*³. It. v sol. qui capiuntur super domum Johannis Sellarii.
24. — B viii Kal. — *Hic fit missa de Sancto Spiritu pro Margota, filia defuncti Robini *de la Varenne,* quandiu vixerit, et post ejus obitum fiet anniversarium, et distribuuntur octo solidi capiendi super domo cum pertinenciis quam habet dominus Johannes Olearii, apud locum vocatum *Leetez* in parrochia de Saranno.
25. — XVII C vii Kal. — **Marci evangeliste.**
26. — VI D vi Kal. — *Obitus magistri Vincentii, scolastici; x sol. qui capiuntur super domum deffuncti Vincentii.
27. — E v Kal.
28. — XIIII F iiii. — *Obitus magistri Guillermi de Molendinis, in cujus anniversario distribuuntur xx sol., quia legavit nobis xx libras pro anniversario suo annuatim faciendo.
29. — G iii Kal.

1. Il faudrait lire : XV B xv Kal. et IIII C xiiii Kal.
2. Ces lignes ont été barrées et le scribe renvoie à l'article précédent; au lieu de v *sol.*, il a mis au-dessus x *sol.*
3. Deux surcharges sur les deux derniers mots qui ont été effacés : 1° *Apud Villemain,* rayé également ; 2° *super domum*.....

30. — III¹   **A** II. — Sic obierunt Petrus et Hamericus sacerdotes, in quorum anniversario dividitur proventus decime de *Gomet,* scilicet* x sol., quos solvit Ivo comdam capicerius. *(En marge)* : quia tenet.

[Maius.]

Tertius in Maio lupus est et septimus anguis.
Maius habet dies XXXI, luna XXX.

1. — XI   **B** [KAL.]² — Maii. **Philipi et Jacobi.** *Duplex.
2. —   **C** VI. — *Anniversarium omnium benefactorum Matutinarum Communium in quo distribuuntur xx sol. de Communibus Matutinis. Capellani capiunt tanquam canonici.
3. — XIX   **D** V NON. — **Inventio Sancte Crucis.** *Festum duplex cum sollempnitate. — Hic debetur census qui sequitur.
4. — VIII   **E** IIII NON. — *Anniversarium... Missa de sancto spiritu³............
Hic fit anniversarium deffuncti Petri *Avenelle* in quo distribuuntur decem solidi par. qui capiuntur super domum suam ante turrim *du Champ-Egron,* quos dictus deffunctus in suo testamento huic ecclesie legavit.
5. —   **F** III. — *Obitus Johannis *Bouchier,* IX sol., de confraria.
6. — XVI   **G** II NON. — *Obitus Johannis Bouchier, in quo distribuuntur IX sol. qui capiuntur super domum ad Crenellos ante cimiterium⁴.
7. — V   **A** NON.
8. —   **B** VIII. — Sic obiit Benedictus, in cujus anniversario dividitur [XV sol., *intercalé*] medietas proventus domorum quas tenent Philippus, barbitonsor, et Daniel Brito, in vico Episcopi, sub pensione XXVII solidorum, et III sol. qui capiuntur in domo vitreatoris. Residuum est confratrie. — *Confratria debet.
9. — XIII   **C** VII ID. — *Obitus Thome Grossini, quondam subdiaconi Aurel., in cujus anniversario distribuuntur X sol. qui capiuntur super domibus novis, quia dedit nobis decem libras que posite fuere in factione dictarum domorum. — Servicium debet.
10. — II   **D** VI.

---

1. Le nombre d'or a été descendu d'un jour.
2. Il y a dans l'original NON.
3. Ces premiers mots ont été rayés.
4. Ce paragraphe a été cancellé.

— 11 —

11. —   E v Id.
12. — X   F iiii Id. — *Sic obierunt pater et mater Ivonis, capellani, in quorum anniversario, et ejusdem Ivonis post obitum suum faciendo, distribuuntur vii solidi qui capiuntur super domum quam ipse Ivo emit apud Barram. Capellani capiunt tanquam canonici.
13. —   G iii.
14. — XVIII A   ii Id. — *Hic fit anniversarium deffuncti magistri Johannis *du Boisson*, quondam Aurelianensis canonici, in quo distribuuntur decem solidi paris, capiendi supra domum quam tenet a nobis Sedicus *de Limoiges*, in magno vico Aurel., in parrochia Sancti Liphardi, quousque alibi capitulum dictos decem solidos assignaverit, quia nobis pro hujusmodi anniversario fuerunt date decem libre paris.
15. — VII   B Id. — *Hic fit anniversarium deffuncti magistri Guillelmi Ferreti, presbiteri, in utroque jure licenciati, quondam canonici Aurel., qui nobis dedit decem libras paris. que posite fuerunt in reparacione domus nostre nuncupate *La Mote Saint-Avy*, in parrochia de Chingiaco, in quo distribuuntur octo solidi paris. accipiendi supra dictam domum nostram cum pertinenciis. Anima ejus requiescat in pace. Amen.
16. —   C xvii Kal.
17. — XV   D xvi. — *Obitus Johannis Gandeart¹, civis Tu.... quondam pater Nicolay *Gandeart*, pro cujus Johannis anniversario idem Nicolaus reddet x sol., quandiu vixerit; et post ejus obitum, xx solidi capientur super domum quam tenet sitam juxta caput istius ecclesie, pro anniversario dicti Johannis annuatim faciendo in nostra ecclesia. Item pro anniversario Nicholai *Gandeart* faciendo capientur xxv sol. super dicta domo post ejus obitum, pro eo quod idem Nicholaus posuit Lxv. libras par. et plus in emendacionem dicte domus, tam pro se quam pro patre suo, prout in nostris litteris quas eidem Nicholao dedimus sigillo capituli nostri plenius continetur, cujus ..... anniversarii infra fiet in decembri, suo loco.
18. — IIII   E xv Kal.
19. —   F xiiii.
20. — XII   G xiii Kal. — *Obitus Reginaldi *Quiniau*, quondam canonici Sancti Petri Virorum, in cujus anniversario distribuuntur xvi sol., super domum Raginaldi capicerii, videlicet : canonicis xii sol., capellanis ii sol., et tenentur celebrare; nutritiis ii sol. — Panis debet.

1. Ou Gaudeart?

21. — I	A xii.	— *Hic fit Missa de Angelis videlicet in crastino festi Penthecostes Domini, anno quolibet, pro domino Johanne Estatis, hujus ecclesie canonico, in qua distribuuntur sex solidi par. scilicet canonicis interessentibus et presentibus, v sol. iv den., et illi qui celebrabit dictam Missam, ultra alios residuos, viii den. assignati supra quamdam domum quam idem dominus Johannes dedit huic ecclesie, sitam Aurelianis in vico *de la Poterne Saint-Morice*.

Post dictam Missam, missa de die in qua distribuuntur ii sol. qui capiuntur super viridarium deffuncti Johannis *Gallier,* in vico de Burgo Novo.

22. —	B xi Kal.	
23. — IX	C x Kal.	— Sic obierunt magister Michael et magister Matheus, in quorum anniversario dividuntur ix sol. qui capiuntur super domum Sencii de Barra, et xxvi den. de censu claustri[1] cum relevationibus quando eveniunt. *(En marge) :* Capicerius debet.
24. —	D ix.	— *Obitus magistri Laurentii de Carnoto, in quo distribuuntur xii sol. super domum quam solebat tenere, quam modo tenet magister Petrus Ratelli de Magduno.
25. — XVII	E viii Kal.	
26. — VI	F vii.	— *Obitus Ysavie *La Bucie* et Ylarii mariti ejus, in quorum anniversario distribuuntur xl. sol. qui capiuntur supra domum nostram in claustro nostro sitam, in vico de Puteo Rolendi, quam domum tenet ad vitam suam Garinus de Buss…[2] notarius et ejus uxor, et ad vitam unius heredis quem nominaverint.
27. —	G vi Kal.	
28. — XIIII	A v Kal.	— **Germani episcopi,** * et **Karauni martiris.** *Hic debemus censum, scilicet xi den. obol. pro domibus de Sub Muro, et G. de Avalone, Johanni de Sancto Avito juniori.
29. — III	B iiii.	
30. —	C iii Kal.	
31. — XI	D ii.	— * Sic obiit Petrus, sacerdos, in cujus anniversario distribuuntur decem solidi qui capiuntur super domum deffuncti Guillermi *Mouton.* Confratria debet. — Ivo quondam capicerius tenet.

1. On a ajouté dans l'interligne : *domorum altaris Cruxifixi et Beate Marie.*
2. La fin de la ligne est effacée.

[Junius.]

Junius in decimo quindenum a fine salutat.
Junius habet xxx dies, luna xxix.

1. —   E[1] IIII. — Junii.
2. — XIX   F III Non.
3. — VIII   G II Non. — *Liffardi confessoris; lect. ix.
4. — XVI   A Non. — *Obitus Colete, quondam uxoris Robini de B...., in cujus anniversario distribuuntur x sol. quos reddet idem Robinus quandiu vivet et post ejus decessum capientur super vii quarteriis vinee sitis juxta *Fontaine de Estive,* que dedit nobis et ecclesie nostre pro anniversario suo, post ejus decessum, et anniversario dicte Colete, divisim in ecclesia nostra perpetuo faciendis.
5. — V   B VIII Id. — Sic obiit Stephanus de Gallanda, avunculus episcopi Manasse, qui dedit annualia confratrie; in cujus anniversario distribuuntur tres mine bladi et tres lagene vini de confratria. Hujusmodi anniversarium Stephani de Gallanda....., fit ante vigiliam sancti Aviti immediate ad litteram[2].

      *Obitus Fulconis de Ligniaco, quondam canonici Sancti Aviti Aurel., sacerdotis et amici ejus, in cujus anniversario distribuuntur x sol. super domum magistri Benedicti, pro melioracione dicte domus. Capellani capiunt tanquam canonici; et tenetur celebrare quilibet capellanus ipso die vel in crastinum. — Panis debet.
6. —   C VII Id.
7. — XIII   D VI Id.
8. — II   E V Id. — Hac die fit anniversarium defuncti domini Petri *Philipeau,* dum viveret canonici hujus ecclesie, pro quo faciendo ipse nobis dedit decem scuta auri, pro emendo redditum, nobis soluta per dominum Andream *Fromentin,* executorem testamenti dicti defuncti in presentia notarii infrascripti. Actum in nostro capitulo, nobis canonicis ejusdem ecclesie congregatis et capitulantibus, die martis prima mensis martii, anno domini millessimo CCCC LXII. (*Signé*) : *Poncet.*

---

1. La lettre dominicale E devrait correspondre au jour des Calendes qui se trouve retranché ici.

2. Ce paragraphe a été cancellé, et l'*obit* reporté en effet au jour qui précède la veille de la fête de Saint-Avit, c'est-à-dire au *15.*

9. —   F ⅠⅠⅠⅠ Iᴅ.
10. — X   G ⅠⅠⅠ Iᴅ. — *Obitus Roberti de Cathalano, quondam canonici Sancti Aviti Aurel., in cujus anniversario distribuuntur x sol. super domum quam solebat tenere a capitulo, sitam juxta domum quam solebat tenere Johannes Sellarii.
11. —   A ⅠⅠ Iᴅ. — **Barnabe apostoli.** — *Duplex. Debentur quinque sol. sigillifero Aurel. annis singulis quibus J. Salvati leget pariter Caldeam et Ebream linguas¹.
12. — XVIII B Iᴅᴜs.
13. — VII   C xvⅠⅠⅠ. — Obitus magistri Guillermi de Cortigniaco, canonici Aurel., in cujus anniversario distribuuntur xⅠⅠ sol. super domum ante cimiterium Sancte Crucis..., domus ad Crenellos. — Confratria debet.
14. —   D xvⅠⅠ. — **Aniani episcopi.**
15. — XV   E xvⅠ. — *Sic obiit Stephanus de Gallanda, in cujus anniversario distribuuntur ⅠⅠⅠ mine frumenti et ⅠⅠⅠ lagene vini de confratria; cuilibet nutricio Ⅰ den.
16. — ⅠⅠⅠⅠ   F xv. — *(En marge)* : Capitulum generale, et distribuuntur cuilibet canonico qui [intererit] dicto capitulo vⅠ den.
17. —   G xⅠⅠⅠⅠ. — **Aviti abbatis.** Festum annuale. In hoc festo distribuuntur canonicis xⅠⅠ sol., quos debet presbiter de Avazeio [pro ecclesia sua in signum sugecionis juris patronatus qui ascendit usque ad xxⅠⅠ sol.], et census claustri cum relevationibus, exceptis v sol. et duobus denariis² qui distribuuntur in anniversario defuncti Cadulci [quod est infra per unum folium] et duobus solidis et duobus denariis qui distribuuntur in anniversario magistri Michaelis et Maltei; quod anniversarium est supra per duo folia.

*Summa distributionum ipsius diei, omnibus deductis, pro canonicis ascendit usque ad summam xxvⅠ sol. [x den. nullam faciendo mentionem de relevacionibus].
18. — XII.   A xⅠⅠⅠ.
19. — I   B xⅠⅠ. — *Obitus patris et matris et omnium benefactorum domini Johannis *Bouchier* pro quorum anniversario singulis annis faciendo nobis dedit idem Johannes x libras paris. pro emendum redditus. Super domibus novis capitur, quia ibi dicta pecunie summa fuit apposita.
20. —   C xⅠ. — *Obitus Guillelmi de Cuneo Regis; in cujus anniversario dis-

---

1. Ce passage, écrit sur la marge, a été caucellé.
2. Les deux derniers mots ont été rayés.

tribuuntur vIII sol., quia dedit nobis [... libras ad emendum redditus]. Confratria debet.

21. — IX D XI KAL¹. — *Obitus Stephani Augustini, quondam capicerii in ista ecclesia, in quo distribuuntur decem solidi qui capiuntur super domum deffuncti Vincentii, quam tenuit *Miet,* in claustro.

22. — E X. — Sic obiit magister Johannes de Sancto-Mauricio, in cujus anniversario capellanus altaris sancte Andree solvit XX sol., de quibus quilibet canonicus recipit XII denarios, capellani beneficiati VI den., nutricii IIII den.. Si autem residuum fuerit pauperibus dividatur.

23. — XVII F IX KAL. — *Octabe sancti Aviti. Festum duplex; medietas denariorum pissidis distribuitur.

24. — VI G VIII. — **Nativitas sancti Johannis.** *Festum duplex, in quo distribuuntur canonicis V sol. qui capiuntur super domum Jo.... (*sic*) *Boulain;* et III sol. nutriciis, quos debet possessor altaris sancti Andree.

25. — A VII KAL. — Sic obiit uxor *Paris* que dedit nobis V sol. super dimidium arpentum vinee apud banlivam, *quam tenet Ebrardus de Martreio. *(En marge)* : quam tenet.....

26. — XIIII B VI. — *Obitus Isabellis *La Messare,* in quo distribuuntur X sol. qui capiuntur super domum quam solebat tenere a capitulo, in vico Episcopi ubi moratur Jacquetus, barbitonsor.

27. — III C V KAL. — *Obitus Petri de Acheriis, in quo distribuuntur XXII sol. qui capiuntur supra Panem, quia contulit Pani XXII libras que converse fuerunt in utilitatem Panis.

28. — XI D IIII. — Sic obiit Thomas de Rueis, concanonicus noster, in cujus anniversario distribuuntur X sol. qui capiuntur super domum defuncti Jachobi de Stenpis.

29. — E III. — **Passio apostolorum Petri et Pauli.** *Festum duplex; in hoc festo distribuuntur canonicis V sol., quos debet Jo... *Boulain,* et III sol. nutriciis, quos debet possessor altaris Sancti Andree.

30. — F [II].

[**Julius.**]

Tredecimus Julii decimo innuit ante kalendas.
Julius habet dies XXX[I]; luna XXX.

1. — XIV G KAL.

1. On a compté deux fois le XI des calendes de juillet; mais comme on avait omis le jour des calendes de juin, le mois se trouve avoir son nombre régulier de jours.

2. — VIII A vi Non. —Missa de Sancto Spiritu¹ pro magistro Guillelmo Aguietardi, in qu[a] distribuuntur decem solidi qui capiuntur super domibus novis de vico Sancti Vincentii, quia dedit nobis decem libras paris. Post ipsius vero obitum, missa in ejus anniversario faciendo couvertetur.

3. — B v. — Sic obiit *Cholet,* in cujus anniversario dividuntur xxxv sol. qui capiuntur super domum quam tenuit Guillelmus Muto, apud Sanctum Vincencium; et modo tenet eam Johanna *La Churrainne* et Jacobus ejus filius.

4. — XVI C iiii Non. — *Translacio sancti Martini. Obitus R. Mariete, in quo distribuuntur decem solidi capiendi super domum in magno vico sitam in parrochia Sancti Liphardi Aurel.

5. — V D iii.
6. — E ii Non.
7. — XIII F Non.
8. — II G viii Id.
9. — A vii Id. — Sic obiit Caduleus, in cujus anniversario dividuntur v sol. de censu claustri.
10. — X B vi Id.
11. — XVIII C v Id. — **Translatio sancti Benedicti.** *Obitus magistri Ade de Porterello, x sol.
12. — VII² D iiii Id. *Missa de Sancto Spiritu, pro domino Theobaldo de Avalonne presbitero, in qua distribuentur xii sol. capiendi super domum quam a nobis olim tenebat in vico de Burgonovo, juxta puteum, propter emendacionem per ipsum in dicta domo positam. Et post mortem ipsius, in anniversarium ipsius ac patris et matris et benefactorum suorum convertetur³.
13. — E iii Id.
14. — F iii Id⁴.
15. — XV G ii Id.
16. — IIII A Kal. — *Hic fit anniversarium pro domino Karolo⁵, quondam rege

---

1. Ces mots ont été remplacés par *hic fit anniversarium,* et la dernière phrase qui n'avait plus d'objet a été en même temps rayée.
2. Les deux derniers nombres d'or devraient être descendus d'un jour.
3. Même observation que celle contenue dans la note 1.
4. Il faut lire : F ii Id , G Idus. Le 3° jour avant les Ides a été inscrit deux fois.
5. Il ne peut être ici question que de Charles IV le Bel, qui eut pour troisième femme Jehanne d'Évreux; mais il est étonnant que l'anniversaire de la mort de ce prince, arrivée le 1ᵉʳ février, ait été reporté à cette date.

Francorum; x sol. super Confratriam, quia dedit nobis una cum domina Johanna, ejus uxore, xl libras ad refectionem nostri campanilis ictu fulguris destructi.

17. —   B xvi. — *Hic fit missa de Sancto Spiritu pro domina Johanna, relicta Karoli, quondam regis Francorum; x sol.; et post ejus mortem in anniversario convertetur.

*Hic fit anniversarium deffuncti Guillelmi *Acarie,* qui hac die obiit, et pro deffuncta Mariona, quondam ejus uxore, in quo distribuuntur octo sol. par. accipiendi supra virgultum nuncupatum antiquitus Domus de Abbacia, contiguum ecclesie Sancti Aviti, videlicet quatuor in cero et alii quatuor in mane, pro admelioracione per eum facta in eodem; quorum anime requiescant in pace.

18. — XII   C xv Kal. — *Hic fit anniversarium pro domino Guillelmo Morini, quondam elemosinario Karoli regis; x sol. supra Confratriam, quia dedit xl libras pro refectione campanilis.

19. — I   D xiiii. — *Missa de Sancto Spiritu[1] pro domino Stephano de *Conada,* capicerio nostro; x sol , quia dedit nobis x libras pro refectione campanilis; quandiu vivet solvet de suo proprio, post ejus mortem fi[e]t anniversarium et accipientur x sol. pro dicto anniversario super Confratriam.

20. —   E xiii.

21. — IX   F xii Kal. — Sic obiit Robertus, presbiter Sancti Petri Lactancium, in cujus anniversario x sol. qui capiuntur super domum ante portam ecclesie sitam, quam tenet Ivo, condam capicerius. Domus Roboam; Panis debet[2].

22. —   G xi Kal. — **Marie Magdalene.** *Festum duplex, in quo distribuuntur v sol. quos debet Jo. *Boulain,* et iii sol. nutriciis quos debet possessor altaris Sancti Andree.

23. — XVII   A x.

24. — VI   B ix Kal. — *Sic obiit Nicholaus *Aubine,* qui dedit nobis x libras. Capellani capiunt tanquam canonici; x sol. super cameras de Burgo Novo.

25. —   C viii. — **Jacobi apostoli.** *Festum duplex, in quo distribuuntur v sol. qui capiuntur supra domum sitam apud Sanctum Paulum.

26. — XIIII   D vii Kal. — *Hac die fit anniversarium pro domino Johanne Gal...ne, canonico hujus ecclesie, servitorique domini Radulphi de Reffugio,

---

1. Remplacé par *anniversarium.*
2. Au bas du verso du folio 12 se trouvait une note qu'il est impossible de lire aujourd'hui.

utriusque juris doctoris, in quo distribuuntur XVI sol. paris. capiendi super tribus partibus cujus[dam] domus cooperte de scudallis, site in martreio Aurel., tenentis domui *du Roable,* ex una parte, et domui in qua solebant tradi signeta granorum, ex altera; quos XVI sol. acquisivimus per processum a magistro Guillelmo *Chenu,* notario in curia ecclesiastica Aurel. qui, per medium magistri Guillelmi Richardi, quondam canonici Aurel., tenebatur nobis tradere x libras par. fortis monete vel XVI sol. par. redditus.

27. — III   E VI.
28. —   F V KAL. — **Sansonis episcopi.** IX lectiones.
29. — XI   G IIII. — Sic obiit Aubertus de Fossatis, in cujus anniversario x sol. *qui capiuntur super domum quam emimus a Michaele *Le Vachier,* in vico Fratrum Minorum.
30. —   A III. — *Obitus Johannis de Vico Novo, militis, in quo distribuuntur x sol.

Sic obiit Garinus, capellanus istius ecclesie, in cujus anniversario distribuuntur XII sol. super cameras de Burgo Novo. Capellani capiunt tanquam canonici.

31. — XIX[1]   B II.

[Augustus.]

Augusti nepa prima, fugat de fine secunda.
Augustus habet dies XXXI, luna XXIX.

1. — VIII   C KAL. — **Sancti Petri ad Vincula.** IX lectiones.
*Obitus Milsande *Drugemande* que reliquit quondam x sol. pro anniversario annuatim faciendo pro se, marito fratreque suis super domum suam sitam in vico Barre sancti Aviti, prope puteum, et super quam domum habet capitulum ab antiquo XX sol. annui redditus, videlicet in Pasca x, et alios x ad festum Omnium Sanctorum, et de his est lictera archidiaconi. *(En marge)* : Istud anniversarium debet esse post sequens.
2. — XVI   D IIII NON. — Sic obiit Robertus de Sancio, in cujus anniversario dividuntur quinque *(au-dessus :* decem*)* solidi qui capiuntur in domo Ase.

---

1. Ce nombre d'or devrait correspondre au 30 du mois.

3. — V E III. — **Invencio sancti Stephani.** *Die lune semper post festum sancti Stephani fit missa de Sancto Spiritu pro domino J. Olearii, curato sancti Stephani Aurel. et canonico Aurel.; et post ejus obitum fiet anniversarium pro se, patre et matre cum benefactoribus suis, in quo distribuuntur quatuor solidi accipiendi super domum suam, quam edificavit de novo in claustro nostro.

4. — F II. — Sic obiit mater Petri de Tranquevilla, in cujus anniversario distribuuntur XII sol. qui capiuntur super domum quam tenet *magister Petrus Retelli.

5. — XIII G NON. — Obitus Roberti de Curtiniaco, quondam Aurelianensis episcopi. Dividuntur XX sol. et dupplex de Pane, quia dedit unam prebendam Pani. Panis debet. Item VI den. clerico capicerii, pro sollempni pulsacione campanarum.

6. — II A VIII ID. — Obitus Roboam, in quo distribuuntur XXX sol. Panis debet.

7. — B VII ID. — Sic obiit Reginaldus de Tranquevilla, miles, in cujus anniversario dividuntur XII sol. *super domum magistri Petri Retelli.

8. — X C VI. — Sic obiit Leodegarius, cantor et sacerdos Sancte Crucis, in cujus anniversario Robinus *Le Cerf* solvit V sol. pro dimidio arpenti quod tenet. (*En marge*) : *Dou Sante*[1] (?).

Obiit etiam Hebertus de Ruella, matricularius. Debet XV sol. propter anniversarium in festo Omnium Sanctorum.

9. — D V ID. — Sic obiit Archambaudus, in cujus anniversario dividitur proventus vinearum de Boeria, scilicet XX sol. (*chiffre gratté*). *Dictus *Couniau* et *Faucum*, debentur in festo Omnium Sanctorum.

10. — XVIII E IIII. — **Laurentii Martiris.** *Obitus Milesande *La Druguemande* que reliquit X sol. par., pro anniversario annuatim faciendo pro se, marito, fratre suis, super domum suam sitam in vico Barre Sancti Aviti, prope putheum, et super quam domum habet capitulum viginti sol. annui redditus ab antiquo solvendo (*sic*) ad Pascha et ad festum Omnium Sanctorum. Vacat[2].

11. — VII F III ID. — Sic obierunt pater et mater Manasse majoris, episcopi Aurelianensis ; X sol. de Confratria.

12. — G II. — Sic obiit Petrus de Tranquevilla, canonicus hujus ecclesie, in cujus anniversario dividuntur XX sol. qui capiuntur super terram quam emit apud *Céris*. *Céris* solvit.

13. — XV A IDUS. — Sic obiit Gervasius, sacerdos et canonicus Sancte Crucis, in

---

1. Dans l'interligne : *pro vinea magistri Gilonis.*
2. Ce paragraphe a été rayé.

cujus anniversario dividuntur xii sol. * super domum quam tenet Petrus Ratelli.

14. — IIII   B xix. — Sic obiit Roboam, in cujus anniversario Ivo, comdam capicerius, debet xxx sol. pro domo sita ante portam ecclesie, quam tenet ad vitam¹. *(En marge)* : Vigilia Beate Marie; capitulum generale, et distribuitur *(sic)* cuilibet canonico qui intererit dicto capitulo IIII den².

15. —   C v Kal. [xviii]³. — **Assumpcio Beate Marie.** *Festum annuale in quo distribuuntur v sol. quos debet Jo. *Boulain*, et iii nutriciis quos debet possessor altaris sancti Andree.

16. —   D iiii [xvii]

17. — XVIII⁴ E iii Kal. [xvi]. — *Obitus Symonis de Fossatis et amicorum ejus, in quorum anniversario distribuuntur viii sol. de Confratria; quia dederunt censum quem habebant apud Sanctum Paternum.

18. — VII   F ii [xv]. — *Obitus magistri Ivonis de Bonavalle, quondam concanonici nostri, in quo distribuuntur xii sol. de Servicio, donec reddiderint xii libras quas dedit nobis idem Ivo, que posite fuerunt in redempcionem domorum pertinencium ad dictum Servicium.

19. —   G Kal. [xiv]. — *Obitus domini Fromondi de Antoginaco, presbiteri et concanonici nostri quondam, in cujus anniversario distribuuntur decem sol. quia dedit nobis decem libras ad emendos redditus. Confratria debet.

20. — XV   A xix [xiii]. — Missa de Sancto Spiritu⁵ pro domino Guerino *Couteus*, canonico Sancti Petri Virorum, quia nobis dedit viii libras, et post ejus obitum convertetur in anniversarium, in qua missa distribuuntur viii sol., et in anniversarium totidem, capiendi super domum Rob... in qua posite et converse fuerunt dicte viii libre.

21. — IIII   B xviii [xii]
22. —   C xvii [xi]
23. — XII   D xvii Kal. [x]. — Sic obiit Philippus *Motel,* canonicus hujus ecclesie,

---

1. Cet article a été rayé et précédé de *va.*, c'est-à-dire *vacat*.
2. Il y a dans la marge du bas une note devenue illisible et commençant par ces mots : *Die sablati ante Assumptionem Beate Marie...*
3. Il y a une confusion complète dans l'indication du quantième des jours qui précèdent les calendes de septembre.
4. Les nombres d'or, jusqu'à la fin du mois, n'ont plus aucun rapport ni comme chiffre, ni comme place avec ceux qui figurent dans les calendriers dressés conformément aux prescriptions du concile de Nicée.
5. Ces mots ont été remplacés plus tard par la mention : *hic fit anniversarium*, et le mot *missa* a été rayé plus bas.

		in cujus anniversario mater ejus solvit[1] x sol. *qui capiuntur super domibus [quas] eminus a Michaele *Le Vachier*, in vico Fratrum Minorum. *(En marge)* : Tenet.
24. —	I	E xvi [ix]. — **Bartholomei apostoli.** ix lectiones. *Duplex.
25. —		F xv Kal. [viii]. — ***Ludovici regis.** Officium duplex. Et accipitur super domum de Puteo Rolandi, quam tenuit Symon de Villaribus, quondam decanus noster, viii sol. par. quos ob dictum faciendum nobis legavit; et si non sufficit, supplebitur de Servicio; et si residuum fuerit, Servicio remanebit.
26. —	IX	G xiiii [vii]. — *Obitus patris et matris domini Johannis Furnerii, concanonici nostri, in quorum anniversario distribuentur septem solidi.
27. —		A xiii Kal. [vi]
28. —	XVII	B xii [v]. — **Augustini episcopi.** ix lectiones. *Duplex.
29. —	VI	C xi Kal. [iv]. — **Decollacio sancti Johannis.** ix lectiones. *Obitus magistri Johannis Egreti[2], quondam canonici hujus ecclesie et archidiaconi Drocensis in ecclesia Carnotensi, in cujus anniversario distribuuntur xiiii sol. supra domum Abbacie quam tenuit a nobis ad pensionem, quia una cum melioracionibus, quas in dicta domo posuit, nobis legavit x libras pro augmentacione sui anniversarii antea per ipsum fundati.
30. —		D x [iii]. — Sic obiit Guillermus de Buxis, Aurelianensis episcopus, qui dedit nobis c solidos[3], *in cujus anniversario distribuuntur xx sol. qui capiuntur super domum quam emimus a Michaele *Le Vachier*[4].
31. —		E [ii]. — Sic obiit Guarinus, in cujus anniversario xii sol. de Bursa.

1. Ces trois derniers mots ont été rayés.
2. L'*obit* de ce chanoine figure le même jour dans le Nécrologe de l'église de Chartres dressé par MM. de Lépinois et Merlet; il fit son testament en 1450. (*Cartulaire de N. D. de Chartres*, t. III, p. 165.)
3. Les cinq derniers mots ont été effacés. — Suivant le *Gallia christiana*, la mort de Guillaume de Bucy aurait été inscrite dans le martyrologe de saint Avit au X des calendes de septembre; on voit qu'il faut lire le III, soit le 30 août, et non le X qui correspondrait au 23 du même mois.
4. Dans l'interligne : *domibus in vico Fratrum Minorum..., tenet.*

[September.]

Tertia septembris vulp[is] ferit a pede[denam].
September habet dies xxx, luna xxix.

1. — XIIII F Kal. — **Egidii abbatis.** *Festum duplex, in [quo] distribuuntur... sol., vi den., qui capiuntur super domum de Sancto Paulo; Jo. de Puteo Lodo debet, quia tenet ad vitam. — De reddendo medietatem ad natale Domini, et aliam medietatem in festo beati Johannis Baptiste.
2. — XVI G iiii Non. — **Lupi confessoris**[1]. *ix lectiones.
3. — V A iii. — Sic obiit Thomas, decanus, in cujus anniversario Guillelmus Hardoini solvit xiiii sol. *(au-dessus : xx sol.)*, pro quodam arpento vinee apud fossam Theobaldi, quam tenet...
4. — B ii Non. — *Obitus reverendi patris bone memorie Egidii, quondam Aurelianensis episcopi, in quo distribuuntur xxxii sol. par., videlicet : quatuor capellanis beneficiatis in ecclesia Sancti Aviti ii sol. ut teneantur celebrare iiii missas, per se vel per alium, infra octo diebus; et iii sol. tam ipsis quam aliis nutriciis ecclesie presentibus in dicto anniversario; clerico capicerii, pro solempni pulsacione campanarum, vi den.; residuum dividatur inter canonicos, prout alias fieri consuevit; et capientur dicti [xxxii] sol. super domum sitam in claustro, ante Puteum Rolendi, quam emit Symon de Villaribus, decanus noster, a Johanne *Le Goige*. Arnulphus..... tenet.
5. — XIII C Non. — Sic obiit Amelina, in cujus anniversario dividuntur x sol. et dimidium, pro domibus quas solet tenere Ysavia *La Bucie*, in claustro et in censiva nostra. *Eas tenet Jo. Baro modo[2]. Raginaldus *Le Vachier* debet x sol.
6. — D viii Id.
7. — II[3] E vii. — **Evurtii episcopi.** *Capitulum generale; cuilibet canonico iiii den. — ix lectiones. *(En marge)* : Capitulum generale; et distribuitur cuilibet canonico qui intererit capitulo predicto iiii den.
8. — F vi Id. — **Nativitas Sancte Marie.** *Festum annuale, in quo distri-

---

1. La fête de saint Loup se célèbre ordinairement le 1er septembre.
2. Les mots *et dimidium*, Ysavia La Bucie, Jo Baro modo ont été successivement rayés.
3. Pour retrouver la combinaison donnée dans les calendriers usuels de l'époque, il faudrait supprimer le nombre d'or XIIII, remonter d'un jour chacun des trois suivants, et substituer, le 7 du mois, le nombre d'or X au II marqué ici.

buuntur v sol. de domo Jo. *Boulain* et III sol. nutriciis super altare Sancti Andree.

9. — XVIII G v.

10. — VII A IIII ID. — *Obitus Stephani de Jargolio, quondam canonici nostri, in cujus anniversario distribuuntur XL sol. super domum de Abbacia.

11. — B III. — *Obitus Coloni de Catalano, fratris Roberti de Catalano canonici istius ecclesie, in cujus anniversario distribuuntur x sol. quos solvet dictus Robertus, quandiu vixerit. Post ejus vero obitum, capientur dicti x sol. super domum dicti Roberti, quam tenet a nobis retro ecclesiam pro melioracione dicte domus. Item post obitum dicti canonici, capientur x sol. par. super dictam domum pro anniversario dicti canonici in ecclesia nostra faciendo, quia hoc sibi concessimus in nostro capitulo generali, ratione predicte melioracionis.

12. — XV C II ID. — *Obitus Roberti de Checiaco, quondam capicerii Sancti Petri virorum, pro cujus anniversario distribuuntur x sol. qui capiuntur super domum Ase, in vico Episcopi.

13. — IIII D IDUS. — *Hic obiit Richardus Boni Amici et Johanna, ejus uxor, parentes domini Jacobi Boni Amici, in quorum anniversario distribuuntur xv sol. paris. assignati super domo Confratriæ, sita in angulo claustri nostri, pro melioracionibus in dicta domo appositis per dominum dictum Jacobum. Solvet dictos xv solidos dictus dominus Jacobus de suo proprio, quandiu vixerit, et capiet idem dominus Jacobus ut canonicus, si presens sit[1].

14. — E XVIII KAL. — **Exaltacio Sancte Crucis.** *Festum duplex cum sollempnitate.

15. — XII F XVII

16. — I G — *Missa Sancti Spiritus pro P. Egret; x sol.

17. — A XV KAL. — *Obitus Radulphi[2], quondam Aurelianensis episcopi, et suorum benefactorum; VII sol.

18. — IX B XIIII.

19. — C XIII KAL. — *Sic obiit Ludovicus rex, pro cujus anniversario dividuntur xx sol. de Bursa;
(plus bas) : et benefactorum suorum, in quorum anniversario distribuuntur VII sol[3].

---

1. Même *obit* aux nones de février.
2. Raoul Grosparmi, mort en 1311.
3. Ce paragraphe a été raturé.

20. — XVII   D xii. — Sic obiit Ludovicus'...
21. — VI.   E xi Kal. — **Mathei apostoli.** *ix lectiones. Duplex.
22. —   F x. — *Obitus reverendi patris bone memorie Guillelmi de Yssiaco, quondam episcopi Atrebatensis², pro cujus anniversario singulis annis faciendo dominus Johannes Bouchier dedit nobis x libr. paris. ad emendum redditus; super domibus novis capiuntur x sol. pro ejus anniversario annuatim faciendo.
23. — XIIII   G ix Kal. — *Obitus Johannis Anglici; x sol. de Confratria super domum ad Portas.
24. — III   A viii.
25. —   B vii Kal.
26. — XII   C vi. — Sic obiit Petrus de *Nangeville,* canonicus Sancte Crucis, in cujus anniversario dividuntur xii sol. qui capiuntur super domum que est apud Sanctum Paulum.
27. —   D v Kal.
28. — XIX³   E iiii. — Sic obiit Manasses, episcopus, in cujus anniversario dividuntur x sol., qui capiuntur in domo Ase. *Cap. debet.
29. — VIII   F iii Kal. — *Dedicatio Sancti Michaelis. Festum duplex, in quo distribuuntur v sol. de domo Jo. *Boulain;* et iii nutriciis de altari Sancti Andree.
30. —   G ii. — *Sancti Jeromini. Festum duplex.

[**October.**]

Tercius octobris gladius decem in ordine nectit.
October habet dies xxxi, luna xxix.

1. — XVI   A Kal. — **Germani, Remigii episcoporum.** *ix lectiones.
2. — V   B vi Non. — Sic obiit Galterus, capicerius, in cujus anniversario dividuntur canonicis xii den., capellanis vi den., nutritiis iiii den.; et capiuntur in redditibus matutinis.
3. — XVIII⁴ C v. — *Obitus Stephani de Tremonte, distribuuntur xx sol. qui

---

1. Même *obit* que ci-dessus, rayé après coup. — Probablement Louis VII, mort le 18.
2. Mort en 1293 d'après le *Gallia christiana.*
3. Au 26 correspond ordinairement le nombre d'or XI, et au 27 le nombre XIX, qui a été descendu ici d'un jour.
4. XIII, dans les calendriers usuels.

capiuntur super domum in vico Sancti Vincencii, que pertinet ad Matutinas Communes. Capellani capiunt sicut canonici.

4. — II D iiii Non.

5. — E iii. — Sic obiit Letitia de *Genveri,* in cujus anniversario x sol. qui capiuntur super cameras sitas retro ecclesiam, quas tenet Guido de Barra.

6. — X F ii Non.

7. — G Non.

8. — XVIII A viii Id.

9. — VII B vii. — **Dyonisii, Rustici et Eleutherii.** *Festum duplex.

10. — C vi Id. — Capitulum generale. *(En marge) :* In crastino beati Dionisii et distribuitur cuilibet qui intererit dicto capitulo vi den. *Obitus Hugonis, succensoris *(sic)* Aurelianensis, sacerdo[tis], pro cujus anniversario distribuuntur xii sol. super domum Johannis Bocherii, canonici quondam Sancti Aviti. Confratraria debet.

11. — XV D v. — *Obitus Johannis de Porta, archidiaconi in ecclesia Aurel., pro cujus anniversario distribuuntur x sol. de Servicio, super domum Sancii de Barra.

12. — IIII E iiii Id. — Sic obiit Alid de Barra, in cujus anniversario dividuntur x sol. qui capiuntur in domo Ase. Capellani capiunt tanquam canonici. *Cap. debet.

13. — III F iii. — **Mamerti episcopi.** * Hic obiit Johannes de Porta, sacerdos, canonicus Sancte Crucis, archidiaconus Belsie, in cujus anniversario distribuuntur x sol. quos solvit Ivo, comdam capicerius; et post ejus decessum capientur super domos quas tenet Sanctius de Barra. Vacat.

14. — II¹ G ii Id. — Sic obiit Johannes *Li Bergoinz,* in cujus anniversario dividuntur v sol. (x *sol.*) qui capiuntur in domo Ase. *Cap. debet.

15. — I A Idus. — Sic obiit Andreas², cantor, in cujus anniversario xliiii sol. et dimidium, *de quibus Ivo, comdam capicerius, solvit x sol. pro vineis de *Fose Aubert,* et Jo. *Boulain* xv sol. pro domo de Burgo-Novo, A... pro vino(?) v sol., Marienville viii sol. *(En marge) :* pro arpento de Vilers et tribus carteriis de Sancto Marco, de decima sancti Johannis de Ruella vi sol. vi den.

16. — B xvii Kal. — Sic obiit Thecelinus, sacerdos, cantor Sancti Petri Virorum, in cujus anniversario Gilo solvit v sol. *pro...³ *(En marge) :* duobus arpentis de Chaudet quos tenet... Robinus *Le Cerf.*

1. Il faudrait XII.
2. Il y avait primitivement *Johannes* qu'on a remplacé par *Andreas.*
3. La suite a été grattée et le nom *Gilo* raturé.

				Item eodem die, obitus Auberti de Ruella, matricularii Aurel., in cujus obitu distribuuntur III sol. de Servicio.
17.	— IX	C	XVI.	— Sic obiit Johannes, canonicus Sancti Aviti, in cujus anniversario X sol. qui capiuntur in domo Ase. *Capicerius debet.
18.	—	D	XV Kal.	— Luce evangeliste. *IX lectiones. Duplex.
19.	— XVII	E	XIIII.	— **Verani episcopi et confessoris.**.
20.	— VI	F	XIII Kal.	— *Obitus Radulphi Gibbosi, quondam capellani in ecclesia Sancte Crucis, pro cujus anniversario distribuuntur X sol. super domum quam tenebat a nobis juxta puteum Rolendi, quam modo tenet Johannes Anglicus. Panis debet.
21.	—	G	XII.	
22.	— XIIII	A	XI Kal.	
23.	— III	B	X.	— *Obitus Reginaldi Bufetarii et ejus matris, in quorum anniversario distribuuntur X sol. de Servicio.
24.	—	C	IX Kal.	— Obitus amicorum Ivonis, capicerii, X sol., *super cameras de Burgo novo[1]; de Confratria.
25.	— XI	D	VIII.	— *Obitus Petri de Mariolo, archidiaconi de Soliaco, in cuju anniversario distribuuntur IX sol. super domo quam tenet dictus... *Oussiau;* de Servicio.
26.	—	E	VII Kal.	— Obitus Manase majoris, episcopi Aurelianensis, in cujus anniversario distribuuntur canonicis VIII den., nutriciis II den. Confratria solvit quia dedit annualia Confratrie.
27.	— XIX*	F	VI.	— *Obitus Ivonis, quondam capicerii, pro cujus anniversario distribuuntur X sol. de Servicio. Vigilia apostolorum.
28.	— VIII	G	V Kal.	— **Symonis et Jude apostolorum.** IX lectiones. Duplex.
29.	—	A	IIII.	— Sic obiit Matheus *Breons,* succentor Aurelianensis, in cujus anniversario, super cameras de Burgo Novo, X sol. Capellani capiunt tanquam canonici. *(En marge) :* Hic dedit nobis decem libras.
30.	— XVI	B	III Kal.	— Sic obiit Aubericus, in cujus anniversario X sol. qui capiuntur in domo G. *Cruaut,* *quam tenet Johannes Sellarius. *Capellani capiunt tanquam canonici.
31.	— V	C	II.	— *Capitulum generale; cuilibet canonico qui intererit IIII den. Obitus Reginaldi *Le Bufetier,* X sol. de Servicio[3].

1. Les quatre derniers mots rayés.
2. Ce nombre est un jour trop bas.
3. Cette dernière phrase a été rayée. Voir cet *obit* au X des calendes.

[November.]

Quinta novembris acus vix tertia mansit in urna.
November habet dies xxx, luna xxix.

1. —   **D** Kal. Novembris. — **Festivitas Omnium Sanctorum.** *Festum annuale; totum de Servicio.
2. — XIII   **E** iv Non. — **Commemoracio fidelium.** *ix lectiones.
3. — II   **F** iii Non. — Sic obiit magister David, in cujus anniversario xxx sol. *qui capiuntur in domo quam tenet Stephanus de Jargolio, concanonicus¹. Cap. debet pro dicta domo quia tenet.
4. —   **G** ii. — Sic obiit Stephanus *Ymbaut,* in cujus anniversario xix sol. qui capiuntur in domibus quas tenet Guido de Barra.
5. — X   **A** Non. — Sic obiit Galterus, matricularius Sancte Crucis. Capellani capiunt tanquam canonici. x sol., *qui capiuntur in domo *Gruaut* quam tenet Gilo², concanonicus.
6. — XVIII **B** viii Id. — *Obitus Symonis *Pichot,* quondam cantoris Sancti Petri Virorum, in cujus anniversario distribuuntur x sol., quia dedit nobis x libr. ad emendum redditus. Confratria debet.
7. — VI   **C** vii. — Sic obiit Agnes *La Fornière,* in cujus anniversario v sol... Gilo debet, *pro quodam dimidio arpento vinee quod tenet.
         Obitus magistri Leodegarii de Seravilla et parentum Guillelmi, ejus nepotis; canonicis x sol., super quibus habent quilibet capellanus et quilibet nutricius i den. tantum; item ii sol. capellanis, ut infra viii dies habeant quilibet celebrare unam missam de *requiem.*
8. —   **D** vi Id. — ***Octabe Omnium Sanctorum.** ix lectiones.
9. — XV   **E** v. — Sic obiit Robertus, presbiter Sancti Lazari; x sol. de Bursa.
10. — IIII   **F** iiii Id. — **Sancti Verani episcopi.** *Festum duplex, in quo distribuuntur x sol., *(en marge) :* qui capiuntur super domum defuncti Hardoini... pro dicta domo, medietas matutinis, et residuum vesperis et misse.
11. — IIII³   **G** iii. — **Sancti Martini episcopi.** Festum duplex, in quo distribuuntur ii sol. nutriciis, de domo⁴ Jo. *Boulain,* concanonici.

1. Les quatre derniers mots ont été rayés et remplacés par *Jacobus de Stempis.*
2. *Gilo* a été remplacé par *Johannes Sellarius.*
3. Les nombres d'or XVIII, VI (VII), XV, IIII ont été ici remontés d'un jour sur leur place habituelle. Le nombre IIII ne doit figurer qu'une fois au 11.
4. Il y a dans l'interligne un mot illisible, *claustri?*

— 28 —

12. —   A II Id. — Sic obiit Thomas *Li Verriers,* in cujus anniversario v sol. supra domum suam, * quos debet Gaufridus *Le Goige,* in claustro.
13. — XII   B Idus. — *Bricii episcopi et confessoris. ix lectiones. Hic fit anniversarium pro deffuncto domin[o] Johann[e] *Balier,* quondam capicerio hujus ecclesie, qui dedit nobis xx francos pro suo anniversario, in quo distribuuntur viii sol. par. accipiendi supra vineam nostram Sancti Flosculi, quam tenet magister J. Herveus.
14. — I   C xviii Kal. — * Obitus Philippi *Levite* de Vico Novo, canonici Sancti Aviti, in cujus anniversario distribuuntur x sol. super patrimonium suum apud *Corsi,* de Servicio.
15. —   D xvii.
16. — IX   E xvi Kal.
17. —   F xv. — Aniani episcopi et confessoris. *ix lectiones.
18. — XVII   G xiiii Kal. — Sic obiit Johannes, decanus, in cujus anniversario xx sol.; G. *Hardoin* solvit, *(en marge)* : pro domo retro ecclesiam quam tenet ad vitam.
19. —   A xiii Kal. — *Sic obiit Guillelmus Muto, capellanus istius ecclesie, in cujus anniversario distribuuntur x sol. qui capiuntur super domum quam fecit in claustro, quam tenet J. *de Berri,* canonicus noster. *(Sur la marge du haut)* : Ivo, quondam capicerius, solvit pro dicta domo quam tenet ad vitam. *(Plus bas)* : iiii libras... penssione
20. — VI[1]   B xii.
21. —   C xi Kal.
22. — XIIII   D x. — Cecilie Virginis. *ix lectiones.
23. — III   E ix Kal. — Clementis pape. * ix lectiones.
24. —   F viii. — Hic fit anniversarium pro defuncto magistro Aguietardi, quondam archidiacono Belsie in ecclesia Aurel.; x sol., quia dedit nobis x libras.
25. — XI   G vii Kal. — Katerine virginis. *Festum duplex, in quo distribuuntur xii sol. paris.; de quibus vii sol. distribuentur canonicis, nutricits iii sol., capellanis ii sol.; ita tamen quod unusquisque tenebitur cantare ad altare suum, in illa die vel in crastina; et isti xii sol. capiuntur supra domum Johannis dicti *Luze,* juxta domum Burchete *La Bulie (sic).* Item de Servicio sicut in aliis duplicibus.

    (En marge) : Capitulum Sancti Petri Virorum consuevit solvere super quadam domo sita in vico Sancti Vincencii, juxta domum Ra-

---

1. Les nombres d'or VI, XIIII, III et XI sont chacun un jour plus bas que dans les calendriers usuels. Le nombre XIX qui correspond au 25 ne se trouve pas ici.

dulphi de Aquario, ut dicitur; inquiramus. Item de Servicio sicut in aliis duplicibus.

26. —   A vi. — Sic obierunt pater et mater Jacobi de Stampis; x sol. supra domum quam solet tenere Stephanus de Jargolio¹. Panis debet. Cap.

27. — VIII   B v Kal. — *Obitus Droconis Bernardi, presbiteri, et Johannis Sellarii, xv sol. Capellani capiunt sicut canonici. Panis debet.

28. —   C iiii. — *Obitus Johannis de Armavilla, canonici nostri quondam, in cujus anniversario distribuuntur decem solidi. Panis debet quia recepit pro ipso x libras.

29. — XVI   D iii Kal. — *Sic obiit mater Andree, cantoris, in cujus anniversario *(en marge) :* distribuuntur xviii sol. iii den.; dividitur tercia pars quam ipse ecclesie nostre contulit².

In ultimis vesperis et matutinis Beate Marie, que celebrantur ante adventum, distribuuntur vi sol. qui capiuntur in domo de Abbacia; de quibus quilibet nutricius habet ad vesperas unum denarium, et ad matutinas alium denarium; residuum vero distribuitur canonicis. Gilo de Solio³ solvit pro dicta domo quam tenet. It. pro missa viii sol. canonicis, et ii sol. capellanis et nutritiis.

30. — V   E ii. — *Passio Sancti Andree. Festum duplex, in quo distribuuntur v sol. de domo Jo. *Boulain,* et iii nutriciis de altari Sancti Andree.

[**December.**]

Dat duodena cohors septem [inde] decemque december.
December habet dies xxxi, luna xxix.

1. — XIII   F Kal. — *Eligii episcopi. ix lectiones. Missa de Sancto Spiritu pro Guillelmo Anglici; x sol. quos solvit idem Guillelmus.

2. — II   G iiii Non. — *Obitus patris et matris Stephani de Jargolio, canonici nostri quondam, in quorum anniversario distribuuntur xx sol. super domo in vico Sancti Vincencii, pro melioracione dicte domus, quia posuit in dicta domo lx libras vel amplius. Capellani capiunt ut canonici.

---

1. Les six derniers mots ont été rayés.
2. Les huit derniers mots ont été rayés.
3. Remplacé par *capitulum.*

3. —   A III. — *Obitus Nicolai Gandelart, in cujus anniversario distribuuntur x sol. qui capiuntur super domum quam tenuit..... capitulo. Panis debet.
4. — X   B II Non.
5. —   C Non. — *Obitus magistri Benedicti Avis, quondam canonici nostri, pro cujus anniversario distribuuntur quadraginta solidi par. super domibus nobis ab eo donatis, quas tenent Johannes *Binet* et Alexandris ejus uxor, ad vitam suam et unius eorum liberorum de proprio corpore eorumdem infra annum ab eis nominandi, sitas in vico de Porta Renardi, extra muros, in censiva capituli Aurel. Obiit autem dictus Benedictus, anno Domini mccc duodecimo, in festo beati Andree apostoli. Item dedit quatuor volumina legum ad augmentacionem Servicii, que fuerunt vendita quinquaginta et quatuor libras paris.
6. — XVIII D VIII Id. — Nicholai episcopi. *Festum duplex, in quo distribuuntur canonicis v sol. de domo *Boulain,* et III sol. nutritiis de altari Sancti Andree.
7. — VII   E VII. — *Capitulum generale.
8. —   F VI Id. — *Conceptio Beate Marie Virginis. Festum annuale, in quo distribuuntur viginti sol. par., capiendi super domum Confratrie, in angulo claustri nostri, assignati per dominum Jacobum Boni Amici pro melioracionibus per eundem in eadem appositis; ita quod in prima collecta misse, secreta et communione fiet oratio propria pro dicto domino Jacobo, quandiu vixerit, et similiter pro anima ipsius, post ejus obitum, oratio defunctorum *Inclina,* ita quod oracio ipsius fiet una cum collecta de Beata Maria per unum *Dominum,* et similiter de defunctis post ejus obitum. Et solvet idem dominus Jacobus dictos xx sol. de proprio, quandiu vixerit, et ipso mortuo capientur super dicta domo; et accipiet idem dominus Jacobus tanquam canonicus, si sit presens.
9. — XV   G v.
10. — IIII A IIII Id. — *Obitus Arnulphi, cantoris Aurel., in cujus anniversario distribuuntur xx sol. qui capiuntur super domum de Sancto Vincencio, pro melioracione dicte domus. Capellani capiunt tanquam cononici.
11. —   B III. — Hic fit anniversarium pro omnibus [benefactoribus] hujus ecclesie, in quo distribuuntur VIII sol. par. accipiendi super tribus quarteriis vinearum in clauso de Belnis, quas tenet Colinus *Barbot.* Item eodem die distribuuntur in dicto anniversario tres solidi par. accipiendi supra tribus quarteriis vinearum sitis in clauso *de la Borrée* quas tenet Nicolaus *Bureau.*

— 31 —

12. — XII   C II Id.
13. — III¹ D Idus. — **Lucie virginis.** *ix lectiones.
14. —   E xix Kal. — Sic obiit Gaufridus, capellanus Sancti Michaelis; *x sol. quos G. *(rayé et au-dessus)* : Johannes Sellarius; concanonicus, solvit de domo dicti defuncti. Capellani capiunt tanquam canonici.
15. — IX   F xviii. — **Maximini abbatis.** ix lectiones.
16. —   G xvii Kal.
17. — XVII A xvi. — Obitus magistri Johannis de Misouis; xxiiii sol. Servicium debet².
18. — VI   B xv Kal. — *(En marge)* : Capitulum generale; cuilibet qui intererit dicto capitulo, vi den.
19. —   C xiiii. — **Translacio Sancti Aviti.** *Festum duplex, in quo dividuntur xl sol., qui capiuntur super terram de *Gomet* quam tenet dominus Nicolaus de Cimazo, concanonicus noster. *(En marge)* : Medietas ad matutinas; residium vero vesperis et misse.
20. — XIIII D xiii Kal.
21. — II   E xii Kal. — ***Thome apostoli.** Duplex³.
22. —   F xi.
23. — XI   G x Kal.
24. —   A ix. — *In vigilia natalis Domini capitulum generale; et distribuuntur cuilibet qui intererit capitulo iiii den.
25. — XIX⁴ B viii Kal. — **Nativitas Domini.** *Festum annuale, in quo distribuuntur canonicis qui intererunt matutinis v sol. qui capiuntur super domum de Abbacia. Cap. solvit (?) pro dicta domo; et de Matutinis similiter cuilibet canonico xii den.; et ad majorem missam iii den., et ad vesperas iii den.
26. — VIII C vii. — **Stephani prothomartyris.** *Festum duplex, in quo distribuitur medietas census cum relevacionibus, quem emimus a gagiariis defuncti Philipi de Solio.
27. —   D vi Kal. — **Johannis evangeliste.** *Festum duplex, in quo distribuitur alia medietas dicti census cum relevacionibus.

1. Il faudrait le nombre d'or I au lieu de III.
2. Cet *obit* avait été primitivement inscrit au jour précédent, il y a été cancellé.
3. La fête de ce saint avait été d'abord inscrite par erreur au jour précédent. Le nombre d'or correspondant au 21 est III et non pas II.
4. Ce nombre est ordinairement marqué un jour plus haut, ainsi que le nombre V qui figure ici le 30, au lieu du 29.

28. — XVI   E v. — Sanctorum Innocentum. ix lectiones.
29. —   F iiii Kal. — Thome martyris. *ix lectiones.
30. — V   G iii.
31. — XIII A ii Kal. — Silvestri pape. *ix lectiones.

[*PRIVILEGIA*]

N° 1. — HOC PRIVILEGIUM, A DOMINO PAPA NOBIS ET ECCLESIE NOSTRE CONCESSUM, LOQUITUR DE OMNIBUS TERRIS QUAS HABET ECCLESIA NOSTRA, UBICUMQUE SINT.

Fol. 51.

Alexander[1] episcopus, servus servorum Dei, dilectis filiis Andree, decano ecclesie Sancti Aviti, ejusque fratribus tam presentibus quam futuris canonice sustituendis in perpetuum. Quotiens a nobis illud petitur quod religioni et honestati convenire dinoscitur, animo nos decet libenti concedere, et petentium desideriis congruum impertiri suffragium. Ea propter, dilecti in Domino filii, vestris justis postulationibus clementer annuimus, et prefatam ecclesiam, in qua divino mancipati estis officio, sub beati Petri et Nostra protectione suscipimus, et presentis scripti privilegio communimus, statuentes ut quascumque possessiones, quecumque bona eadem ecclesia in presentiarum juste et canonice possidet, aut in futurum concessione pontificum, largitione regum vel principum, oblatione fidelium, seu aliis justis modis, prestante Domino, poterit adipisci, firma vobis vestrisque successoribus et illibata permaneant. In quibus hec propriis duximus exprimenda vocabulis : villam scilicet que vocatur *Ceris* cum omnibus pertinentiis suis, et ecclesiam ejusdem ville; prebendam quam habetis in ecclesia Sancte Crucis; villam que vocatur Escobolie cun pertinentiis suis, et ecclesiam ejusdem ville; ecclesiam de *Venneci* cum decimis et omnibus pertinentiis suis, et ecclesiam de Avaziaco cum omnibus pertinentiis suis. Preterea libertates, et immunitates, et antiquas et rationabiles consuetudines ecclesie vestre, integras et illibatas, presenti decreto, manere sancimus. Decernimus ergo ut nulli omnino hominum liceat supradictam ecclesiam temere perturbare, aut

---

1. Alexandre III, élu pape le 11 septembre 1159 et mort le 30 août 1181. C'est le seul pape de ce nom qui ait été contemporain d'André, doyen de Saint-Avit, et le seul par conséquent auquel on puisse attribuer cette bulle.

ejus possessiones aufferre vel ablatas retinere, minuere seu quibuslibet vexationibus fatigare, sed illibata omnia et integra conserventur, eorum pro quorum gubernatione et sustentatione concessa sunt esibus omnimodis profutura, salva sedis apostolice auctoritate et diocesani episcopi canonica justitia. Si qua igitur in futurum ecclesiastica secularisve persona, hanc Nostre constitutionis paginam sciens, contra eam [1]. . . . .

N° 2. — [PRIVILEGIUM A BLESENSI COMITE NOBIS CONCESSUM].

1197. — Fol. 52.

. . . .
. . . .
futuri se observaturos jurabunt; et si quis forte huic facto contradixerit eum compellam id ipsum tenere. Canonici vero ad preces meas benigne michi concesserunt et promiserunt se anniversarium boni patris mei et meum singulis annis in ecclesia sua de cetero celebraturos, statuentes viginti solidos qui canonicis qui servitio intererunt annuatim distribuentur. Ego autem ad petitionem utrorumque in cujus elemosina terra et homines consistunt, hanc pactionem firmiter tenendam et garizandam manucepi, litteris commendavi et sigilli mei munimine confirmavi. Actum Blesis, anno Domini M° C° nonagesimo septimo. Datum per manum Teobaldi cancellarii mei, mense februario.

N° 3. — QUALITER HOMINES DE CERIZ FUERUNT DECLARATI PER LUDOVICUM, COMITEM BLESENSEM, NON DEBERE FULCHERIO BOEL ET PHILIPO BOEL, QUONDAM MILITIBUS, PENAGIUM ET CARNERAGIUM.

Février 1197 (1198). — Fol. 52.

Ego Ludovicus, comes Blesensis et Claromontensis, omnibus tam futuris

[1]. La fin de cette pièce manque ainsi que la plus grande partie de la suivante, dont la fin seule reste. En effet, d'après le numérotage ancien, deux folios (XXV et XXVI) ont disparu.

quam presentibus notum facio quod canonici Sancti Aviti Aurelianensis et homines de Cerisio, qui in mea protectione et in mea atque antecessorum meorum elemosina consistunt, conquesti sunt michi de Fulcherio [et Philippo] *Boel* qui ab hominibus ejusdem ville fenagium et charneragium exigebant, que nunquam ab eis habuerant. Ego autem, hujus rei veritate inquisita, cognoscens quod consuetudinem istam nunquam ab hominibus habuerunt, nec de jure debent habere, ipsos homines et eorum heredes erga predictos milites ab ista consuetudine bona fide garantizandos et immunes perpetuo existendos manucepi, litteris commendavi, et sigillo meo confirmavi. Actum Blesis, anno Incarnationis Dominice M° C° nonagesimo septimo. Datum per manum Teobaldi cancellarii, mense februario.

N° 4. — SIMILE PRIVILEGIUM DE VERBO AD VERBUM ET ANTIQUIUS ISTO EST SUPRA IN TERCIO FOLIO, QUOD INCIPIT : « EGO LUDOVICUS »; SED HIC DE ALIO COMITE LOQUITUR.

1183. — Fol. 52. verso.

Ego Theobaldus, Blesensis comes, Francie Senescallus, notum facio universis quod canonici Sancti Aviti Aurelianensis, coram me venientes, conquesti sunt quod quedam eorum villa que Cerisum appellatur, quam ipsi ex antecessorum meorum elemosina possidebant, maleficorum vexacionibus gravaretur, quas vexaciones, ut Dei et meo possent consilio declinare, super hospites ejusdem ville, ad ipsorum peticionem, tensamentum michi assignaverunt, tale scilicet : ad festum sancti Remigii, de unaquaque hospitisia duos sextarios avene, ad minam Blesensem qua publice venditur et emitur singulis annis. Quod si homines tarditate aut negligencia usque ad octabas sancti Remigii illud reddere distulerint, in crastino octabarum illud michi reddent cum emendacione quinque solidorum de singulis qui a reddendo defecerent; serviens tamen Beati Aviti qui hanc avenam faciet Blesis ab hominibus ville defferri, sed et granea canonicorum immunes ab hac consuetudine remanebunt. Ego autem, pro amore Dei, et quia eadem villa de elemosina antecessorum meorum habebatur, et pro tensamento michi concesso et prestito, villam et hospites ejus in custodia et protectione mea suscepi, ita quod eos contra omnes homines ad rectum in bona fide manutenebo, et custodiam, atque deffendam, salvo jure ecclesie beati Aviti. Ut autem canonici hujus protectionis mee certiorem fiduciam in perpetuum haberent, eis concessi quod nec ego de manu mea tensamentum hoc extra mittere potero, nec heres meus qui dominus Blesis erit illud de manu sua extra mittere poterit, nec ego aut heres meus pro hac defensione a terra illa vel ejus hospitibus aliquid preter tensamentum exigere poterit. Quod ut ratum sit semper et firmum litteris commendavi et sigilli mei impressione confirmavi. Actum Castriduni, anno Incarnationis Dominice m° c° lxxxiii°. Datum per manum Hildrici cancellarii mei.

N° 5. — Qualiter Guillermus, episcopus Aurelianensis, confitetur se vidisse litteras Theobaldi, comitis, precedentes immediate, sanas et integras, et recitat tenorem eorum de verbo ad verbum, ut statim sequitur [1].

1250 (25 janvier 1251). — Fol. 54, verso.

Guillermus, divina miseracione Aurelianensis episcopus, universis presentes litteras inspecturis, salutem in Domino. Noveritis nos quasdam litteras non cancellatas, non abolitas, nec in aliqua parte sui viciatas, sigilli quarum impressio erat quidam miles sedens super equm, galeatus galea accuta more antiquo, tenens in manu gladium, et circumscriptio : Sigillum Theobaldi Blesens. comitis, vidisse et diligenter inspexisse; in hec verba : « Ego Theobaldus, Blesensis comes, Francie Senescallus, notum facio universis, etc [2]... »
Nos vero precedentes litteras vidimus anno Domini m° cc° quinquagesimo, in festo Conversionis sancti Pauli. In cujus rei testimonium presentibus litteris sigillum nostrum duximus apponendum.

1. On lit sur la marge du fol. 54 : Qualiter tensamentum fuit introductum in villa de Ceris, videlicet pro unaquaque hospitisia ii sextorios avene reddendos ad minam Blesensem in festo sancti Remigii.
2. Suit la teneur de la charte qui précède. En marge on lit cet avertissement : Hic est de verbo ad verbum tenor proximo supra precedencium litterarum, et idcirco non legantur.

N° 6. — QUALITER COMES BLESENSIS FATETUR SE IN VILLA DE CERIZ HABERE TANTUMMODO MAJOREM JUSTICIAM ET TAXAMENTUM, ET NOS MINOREM JUSTICIAM ET RELIQUA.

Mars 1250. — Fol. 54, verso.

J.[1] Blesensis comes, universis presentes litteras inspecturis, salutem in Domino. Notum vobis facimus quod, cum verteretur contentio inter venerabiles viros decanum et capitulum Beati Aviti Aurelianensis ex una parte, et nos ex altera, super justicia cujusdam ville ad dictos decanum et capitulum pertinentis, que Cerisium appellatur, quam ipsi racione elemosinarum ab antecessoribus nostris possident, tandem a dictis decano et capitulo nobis quibusdam litteris exibitis in hec verba :

Ego Theobaldus, Blesensis comes, Francie Senescallus, etc...[2]

Recognoverunt iidem decanus et capitulum in dicta villa et hospitibus ipsorum ejusdem ville tensamentum, prout superius est expressum, et majorem justiciam nos habere, et quod nos in dictis villa et hospitibus nichil aliud habebamus, et nos recognovimus minorem justiciam et omnia alia, exceptis majori justicia et tensamento predictis, in dicta villa et hospitibus ipsorum decani et capituli esse et ad ipsos pertinere, que eisdem concedimus in perpetuum pacifice tenenda et habenda. Nec nos, nec heredes nostri, aliquid preter magnam justiciam et tensamentum, prout superius est expressum, exigere poterimus in dicta villa vel in hospitibus eorumdem, et quia dictam villam habent dicti canonici de elemosina antecessorum nostrorum, sicut in supradictis litteris continetur, nos dictam villam et ejusdem ville hospites, secundum predictarum tenorem litterarum suscipimus in custodia et protectione nostra. In cujus rei memoriam et testimonium presentibus litteris sigillum nostrum duximus apponendum. Datum anno Domini M° CC° quinquagesimo, mense marcio.

1. Jean I.
2. Suit la teneur de la charte n° 4. En marge on lit : Tenor precedentium litterarum usque illuc in fine hujus folii, *recognoverunt*.

N° 7. — QUALITER REGINALDUS BOELLI ET HENRICUS, FRATER EJUS, ET ELISABETH EORUM MATER, OMNE JUS QUODCUMQUE FUERIT, SI QUOD UNQUAM HABUERINT SUPER HOMINES DE CERIZ, QUITTAVERUNT, SALVIS TAMEN SIBI CENSIBUS ET TERRA QUAM HABENT IDEM REGINALDUS ET EJUS HEREDES IN DICTA VILLA.

1220. — Fol. 56, verso.

Manasses, Dei gracia Aurelianensis episcopus, omnibus presentes litteras inspecturis, salutem in Domino. Noverint universi quod, cum esset contentio inter dilectos filios decanum et capitulum Sancti Aviti Aurelianensis ex una parte, et Raginaldum Boelli ex altera, super justicia, tallia ad placitum bis in anno, tribus oblitis, redibicionibus et consuetudinibus aliis, que omnia idem Raginaldus se habere dicebat in villa de Ceresio ad ecclesiam Sancti Aviti Aurelianensis pertinente, et super homines ejusdem ville; et propter dampna, gravamina et injurias quas tam canonicis dicti ecclesie quam eorumdem hominibus de Ceresio per longum tempus multipliciter irrogaverat[1], fuisset per quinque annos et amplius excomunicacionis vinculo denodatus; tandem ipso Raginaldo ad cor revertente, de bonorum virorum consilio, inter ipsum, et Henricum fratrem suum, et Elisabeth matrem eorumdem ex una parte, et prefatos decanum et canonicos Sancti Aviti ex altera, nobis et bonis viris mediantibus, talis composicio amicabiliter intercessit : Prefatus Raginaldus Boelli, et Henricus frater ejus, et Elisabeth eorum mater, per interposicionem fidei corporalis in manu nostra prestite, omnes redibiciones, justiciam, talliam ad placitum bis in anno, tres oblitas et omnes alias consuetudines seu redibiciones quascumque, quas in villa de Ceresio et super homines ejusdem ville qui sunt in terra vel censiva Sancti Aviti reclamaverant, et insuper si quid juris in rebus omnibus premissis, vel racione justicie, vel alia quacumque occasione, habebant vel habere debebant, ecclesie Sancti Aviti penitus et in perpetuum quitaverunt, sub fidei date vinculo promittentes quod nec per se, nec per alium ad se modo quolibet pertinentem, in rebus premissis omnibus aliquid de cetero quacumque racione reclamabunt, nec contra composicionem premissam venire aliquatenus attemptabunt, salvis tamen eidem Raginaldo et heredibus suis censibus et terra quam habet in villa de Ceresio; super hoc

1. En marge : *De hoc infra vertendo* xii *folia.*

eciam coram nobis plegios interposuerunt erga decanum et canonicos, Fulcherium Boelli, Bartholomeum de Plesseto, milites, et Herbertum de Bello Villari, qui de premissis omnibus tenendis firmiter et servandis fidem in manu nostra prestiterunt corporalem. Memorati itaque decanus et canonici, pro bono pacis, assignarunt et in perpetuum concesserunt Raginaldo Boelli et heredibus suis' octo libras par., annis singulis in octabis sancti Remigii, apud Ceresium in grangia Sancti Aviti per manum servientis canonicorum persolvendas*, tali condicione apposita, quod si ad terminum nominatum summa predicta non fuerit persoluta, extunc per tot septimanas, usque ad mensem, per quarum spacium de solvenda peccunia fuerint in deffectu canonici supradicti vel eorum serviens, dictus Raginaldus habebit tociens quinque solidos pro emenda. Voluerunt autem et concesserunt decanus et canonici quod, mense elapso, si dictus Raginaldus, vel heredes sui, de hoc nobis vel successoribus nostris conquesti fuerint, nos vel successores nostri eos ad faciendum persolvi dictam summam compellamus. Sane prenominatus Fulcherius Boelli, miles, de cujus feodo dictus Raginaldus consuetudines et res alias, sicut superius exprimuntur, advocabat et esse dicebat, premissam composicionem coram nobis laudavit, ratam habuit fide media, et concessit tali modo, videlicet quod, si dictus Raginaldus vel heredes sui erga ipsum Fulcherium aut heredes suos in aliquo interceperint vel foreffecerint, idem Fulcherius aut heredes sui, propter hoc vel pro aliis, ad saisiendum vel capiendum aliquid de rebus canonicorum vel hominum suorum de Cerisio non pouterunt *(sic)* se convertere. Nos itaque, facta composicione premissa, supradicto Raginaldo, qui absolvi a nobis postulabat humiliter et devote, absolutionis impendi beneficium facientes, presentes litteras ad utriusque partis petitionem fieri fecimus et sigilli nostri munimine roborari. Actum anno Domini m° cc° vicesimo.

1. En marge : Capitulum acquisivit istam summam titulo empcionis. Habemus litteras confectas super hoc que scribuntur de verbo ad verbum in xi folia.
2. En marge : Nichil de hoc solvimus; unde non est bonum hoc omnibus exhibere; et inquire si aliquo' alio privilegio eximamur.

N° 8. — DE EXEMPCIONE ECCLESIE DE GERISIO A SINODO ET AB OMNI ARCHIDIACONALI ET ARCHI-
PRESBITERIALI EXACTIONE.

1176. — Fol. 58.

In nomine Sancte et Individue Trinitatis, ego Manasses, Dei gracia Aurelianensis episcopus, ecclesie Beati Aviti in perpetuum. Espiscopali attinet moderamini circa ecclesias sibi Deo volente commissas, magnam habere sollicitudinem et earum conservare propensius libertatem. Eapropter notum facimus tam presentibus quam futuris quod, cum Deo volente Aurelianensis Ecclesia nos recepit, ecclesia Beati Aviti ab antiquo possidebat ecclesiam de Ceresiaco liberam a sinodo, et circada, et ab omni archidiaconali exactione et archipresbiteriali liberam et immunem. Nos autem, eandem libertatem ecclesie integram et illibatam conservare volentes, rogatu capituli eam confirmantes, statuimus quod nulli omnino liceat in ea sinodum nec exigere, nec gravamine exactionis sacerdotem urgere ; sed sacerdos a capitulo libere electus archidiacono et episcopo presentabitur, et ab ipso episcopo curam accipiet animarum. Quod ne possit oblivione vel dissensione turbari, sigilli [nostri] auctoritate Beati Aviti ecclesiam communimus. Si vero aliquis, quod absit, contra hanc nostre confirmacionis paginam agere presumpserit, excommunicacioni subjaceat et indignacionem Dei Omnipotentis incurrat. Actum Aurelianis, anno Incarnacionis Dominice M° C° LXXVI°.

N° 9. — QUALITER PETRUS DE MONTELOT, IN PRESENCIA ABBATIS DE BALGENCIACO, CONFITETUR SE VENDIDISSE NOBIS QUATUOR SOLIDOS CENSUS CUM UNA ODLIA, QUOD HABEBAT APUD CERIZ.

1202. — Fol. 59.

Ego G.[1], abbas de Balgenciaco, notum facio tam presentibus quam futuris quod Petrus de *Montelot*, in nostra presencia constitutus, vendidit canonicis Beati Aviti quatuor solidos census cum una oblia, quod habebat apud

---

1. Gaufridus.

Cerisiacum, sub pensione sex librarum. Hanc eciam vendicionem Fulcherius Boelli et uxor ejus Annes, ex cujus feodo predictus P. censum et obliam tenebat, voluerunt et firmiter concesserunt. Hujus pactionis ex parte Petri testes sunt et fidejussores : Jecolinus Bona Uva, Guillermus de *Joi*, Petrus de Pennis. Voluit eciam predictus P. et concessit quod, si inde aliqua columpnia oriretur, tota terra et proventus tocius terre quam habebat apud Ciriacum *(sic)* in manum canonicorum veniret, donec predictam pactionem liberam redderet et quietam. Ex parte canonicorum testes fuerunt : Gaufridus abbas, et Richerius prepositus, et Paschasius frater et canonicus Beati [Avili], et Manasses de Porta Renardi. Ad peticionem vero utriusque partis presentem paginam feci sigilli nostri munimine roborari. Actum anno Incarnati Verbi M° CC° II°.

N° 10. — QUALITER GUILLERMUS DE VILLA CHAUMONT VENDIDIT REGINALDO BOELLI, MILITI MEDIETATEM SEPTEM PECIARUM TERRE APUD CERIS. — NON VIDETUR NOS IN ALIQUO TANGERE.

1228. — Fol. 59, verso.

Omnibus presentes litteras inspecturis, Odo, archipresbiter Balgenciacensis, salutem in Domino. Noverint universi quod Guillermus de Villa *Chaumont* recognovit coram nobis se vendidisse de consensu et voluntate matris sue Raginaldo Boelli, militi, medietatem septem peciarum terre apud Ceris site, sub precio sex librarum turonensium, qui Guillermus et dicta mater ejus Maria vendicionem istam fide media firmaverunt. Uxor vero dicti Guillermi de Villa *de Chaumont* voluit et concessit coram nobis vendicionem istam, fide media promittens quod in dicta medietate dictarum septem peciarum terre racione dotalicii, seu alia, nichil de cetero per se nec per alium reclamaret nec faciet reclamari. In cujus rei memoriam presentes litteras ad peticionem et preces parcium sigilli nostri munimine dedimus confirmatas, anno Domini M° CC° XXXVIII° [1].

1. En marge : Simile privilegium habuimus supra in duobus locis : videlicet unum per VII folia supra, quod incipit sicut hic : *Ego Theobaldus;* et aliud per IX folia supra et incipit : *Ego Ludovicus.*

N° II. — QUALITER PER ORDINACIONEM EPISCOPI MANASSE QUOAD HOC ELECTI ARBITRI, LOCO PLURIUM JURIUM ET SERVICIORUM QUE PETEBAT HAMELINUS BOEL AB HOMINIBUS VILLE DE CERIZ, HABUIT IDEM HAMELINUS CERTAS PECUNIARUM SUMMAS ET PER HOC QUICTAVIT TOTALITER.

Mars 1217. — Fol. 60.

Manasses, Dei gracia Aurelianensis episcopus, omnibus presentes litteras inspecturis, in Domino salutem. Noverit universitas vestra quod, cum inter Hamelinum *Boel*, Cenomanensem canonicum ex una parte, et homines ecclesie Sancti Aviti Aurelianensis de Cerisio ex alia, coram venerabilibus viris Sancti Vincencii et Belliloci abbatibus et priore Belliloci, Cenomanensibus, a domino papa judicibus delegatis, contentio verteretur super articulis inferius annotatis : Primo videlicet quod idem Hamelinus petebat ab hominibus feodaliter talliam bis in anno, in marcio scilicet et in septembri; preterea quod fenarent prata que fuerunt patris sui et predecessorum suorum apud Balgenciacum sita, et fenum propriis sumptibus adductum reponerent in grangia sua apud Balgenciacum; item quod ducerent paxillos ad vineas que fuerunt patris sui et antecessorum suorum apud Balgenciacum, et circa Natale Domini redderent ei ligniagium; item eciam quod singuli hominum semel in anno eidem redderent unum anserem vel tres pullos; insuper eciam petebat ut super eos haberet sanguinem et latronem et omnimodam justiciam; et super premissis articulis inter partes fuisset diutius litigatum; tandem dictus Hamelinus, bonorum virorum acquiescens consilio, se super premissis voluntati et ordinacioni nostre supposuit, per fidem in manu nostra corporaliter prestitam promittendo quod quicquid super hiis statueremus teneret firmiter et servaret. Nos autem, pro bono pacis, per dictum nostrum duximus et ordinavimus quod homines memorati dicto Hamelino darent viginti libras parisiensium, quarum solucionem se recepisse confessus est coram nobis. Et memoratus Hamelinus a premissis peticionibus predictos homines quictavit in perpetuum et absolvit, sub fidei date vinculo promittens quod nec ipsos homines, nec eorum heredes, nec etiam memoratam Sancti Aviti ecclesiam, per se vel per alium in aliquo de cetero molestaret. Hanc autem quitacionem Fulcherius et Jocelinus Boelli, milites, fratres dicti Hamelini, coram nobis voluerunt, et per fidem corporaliter prestitam concesserunt; et pro hujusmodi quictacione et concessione a predictis facta liberaliter et libenter, nos unicuique eorumdem militum quadraginta solidos parisiensium dari fecimus ab hominibus supradictis. Quod ut ratum et firmum permaneat, presentes litteras ad peticionem utriusque partis scribi fecimus et sigilli nostri munimine roborari. Actum anno Domini M° CC° septimo decimo, mense marcio.

N° 12. — QUALITER COMITISSA BLESENSIS IN SUA CUSTODIA ET PROTECTIONE SUSCEPIT VILLAM DE CERIZ ET EJUS HOMINES.

1206. — Fol. 62.

Ego Katelina, Blesis et Clarimuntis comitissa, omnibus notum facio quod ego villam canonicorum sancti Aviti Aurelianensis, que vocatur Ceresium, et homines ejusdem ville in illa custodia et protectione salva suscepi, qua Theobaldus, comes felicis memorie, et ejus filius comes Ludovicus, dominus meus, sub confirmacione suarum litterarum patentium susceperunt, villam jam dictam et ejus homines ab omni injuria secundum tenorem comitum jam dictorum, dominorum meorum, quoad vixero, liberaliter et firmiter deffensura. Quod ut ratum et firmum teneatur sigilli mei munimine roboravi. Actum anno Incarnacionis M° CC° sexto.

N° 13. — QUALITER VILLA DE MANSO, ALIAS LUCEIUM, ANNEXA FUIT PARROCHIE DE CERIZ, LICET ANTEA FUISSET DE PARROCHIA DE AVAZEIO.

Décembre 1219. — Fol. 62.

Manasses, Dei gracia Aurelianensis episcopus, omnibus presentes litteras inspecturis, salutem in Domino. Noverint universi quod cum ecclesia de Avazeio vacaret, nos attendentes quod mansum quod Luceium dicitur, de ejusdem ecclesie parrochia existens, valde remotum esset et longo distaret intervallo ab illa ecclesia, considerata vero paupertate ecclesie de Cerisio et reddituum tenuitate ad presbiterum ipsius pertinencium, et quod mansum de Luceio ipsi ecclesie de Cerisio esset propinquius et vicinius quam alie ecclesie supradicte, ipsum mansum cum appendiciis suis et territoriis a parrochia de Avazeio sequestrantes, ad peticionem dilectorum filiorum decani et capituli Sancti Aviti Aurelianensis ad quos jus patronatus utriusque ecclesie dinoscitur pertinere, parrochie de Cerisio integre duximus adnectendum, et ipsi parrochie de Cerisio volumus et statuimus irrevocabiliter et in perpetuum adherere. Quod ut ratum permaneat et notum, presentes litteras fieri fecimus et sigilli nostri munimine roborari. Actum anno gracie M° CC° nono decimo, mense decembri.

N° 14. — QUALITER HUGO GUIEDON, GUIBURGIS UXOR EJUS ET JOHANNES DICTE GUIBURGIS FILIUS, DE DUOBUS SOLIDIS PARISIENSIUM QUOS PERCIPIEBANT SINGULIS ANNIS NOMINE CENSUS IN FESTO DECOLLACIONIS BEATI JOHANNIS BAPTISTE, IN PARROCHIA DE CERIS, XII DENARIOS ECCLESIE NOSTRE ELEMOSINARIE DEDERUNT, ET POSTMODUM TOTUM JUS SUUM NOBIS VENDIDERUNT, PROUT IN SEQUENTI LITTERA CONTINETUR.

1229. — Fol. 63.

Universis presentes litteras inspecturis, Th. decanus et capitulum Sancti Aviti Aurelianensis, salutem in Domino. Noverint Universi quod Hugo *Guiedon*, et Guiburgis uxor ejus, et Johannes dicte Guiburgis filius, de duobus solidis par. quos percipiebant singulis annis nomine census, in festo decollacionis beati Johannis Baptiste, in parrochia de Ceris, duodecim denarios censuales in perpetuam elemosinam pro remedio animarum suarum ecclesie nostre dederunt et concesserunt; ita quod, quando relevaciones vel vendas tam in parte nostra quam in parte retenta evenire contigerit, medietatem dictarum relevacionum seu vendarum nomine ecclesie nostre percipiemus, et ipse Hugo et uxor ejus, vel heredes eorum aliam medietatem. Concessimus, eciam et volumus quod hospites censive propter mutacionem prebende relevare nullatenus tenebuntur, nisi tantum modo propter mutacionem hospitum censive memorate. Nos autem eidem Hugoni et uxori ejus bona fide promisimus quod ipsos vel heredes ipsorum, sicuti alios hospites nostros, quantum ad dictam censivam, conservaremus. Datum anno Domini M° CC° vicesimo nono.

N° 15. — QUALITER HUGO GUIEDON, GUIBURGIS EJUS UXOR ET JOHANNES EJUS UXORIS FILIUS, TOTAM TERRAM CUM CENSU QUEM HABEBANT APUD CERISIUM NOBIS VENDIDERUNT.

Décembre 1230. — Fol. 63, verso.

Omnibus presentes litteras inspecturis, Robertus, officialis Aurelianensis, salutem in Domino. Noverint universi quod Hugo *Guiedon* et Guiburgis uxor ejus, et Johannes dicte Guieburgis filius, in nostra presencia constituti, totam terram cum censu quam habebant apud Cerisium, decano et capitulo Beati Aviti Aurelianensis vendiderunt et quitaverunt eidem capitulo in perpetuum pacifice possidendam, pro quindecim libris parisiensium, de quibus ipsi se tenuerunt coram nobis integre pro pagatis, fide prestita promittentes quod in dicta terra per se vel per alium nichil de cetero reclamabunt, nec facient reclamari; immo jam dictam venditionem prefatis decano et capitulo ad usus et consuetudines Aurelianenses legitime garentient contra omnes. De qua garentia dictis decano et capitulo, prout dictum est, facienda Hugo *Guidon* et Robertus *Guidon,* fratres dicti Hugonis *Guidon* mariti dicte Guiburgis, erga dictos decanum et capitulum fide media plegii extiterunt. In cujus rei memoriam et testimonium presentes litteras ad requisitionem partium fieri fecimus, et sigillo Aurelianensis curie, salvo jure domini episcopi per omnia, roborari. Actum anno Domini M° CC° tricesimo, mense decembri.

N° 16. — QUALITER RAGINALDUS BOELLI, MILES, ET HENRICUS EJUS FRATER CONFIRMAVERUNT VENDICIONEM TERRE ET CENSUS FACTAM PER HUGONEM GUIEDON ET EJUS UXOREM ECCLESIE NOSTRE.

1231. — Fol. 64.

Omnibus presentes litteras inspecturis, magister Robertus, officialis Aurelianensis, in Domino salutem. Noverint universi quod, cum esset contentio coram nobis inter decanum et capitulum Beati Aviti Aurelianensis ex una parte, et Raginaldum Boelli, militem, et Henricum fratrem ejus ex altera, super terra et censu apud Cerisium sitis, que emerant dicti decanus et capitulum a Hugone *Guidon* et uxore ejus, quam venditionem inpediebant dicti fratres, tamdem eidem fratres, ducti consilio saniori, dictam vendicionem coram nobis voluerunt, laudaverunt et approbaverunt, fide prestita promittentes quod in dicta terra per se vel per alium nichil de cetero reclamabunt, nec facient reclamari, et quod contra dictam vendicionem venire nullatenus attemptabunt. Actum anno Domini m° cc° tricesimo primo.

N° 17. — QUALITER PETRUS, FILIUS MAJORIS DE CERISIO, QUAMDAM DOMUM QUAM HABEBAT APUD CERISIUM IN CENSIVA NOSTRA NOBIS VENDIDIT.

Juillet 1235. — Fol. 64, verso.

Omnibus presentes litteras inspecturis, magister Robertus, archidiaconus Balgenciacensis, in Domino salutem. Noverint universi quod Petrus, filius majoris de Cerisio, in nostra presencia constitutus quamdam domum quam se habere dicebat apud Cerisium, in censiva decani et capituli Beati Aviti Aurelianensis, eisdem decane et capitulo vendidit pro duodecim libris turonensium, de quibus idem Petrus se tenuit coram nobis integre pro pagato. Amelina vero, uxor dicti Petri, eamdem vendicionem coram nobis voluit et laudavit, fide media renuncians omni juri quod in dicta domo jure dotalicii seu alia quacumque ex causa habere poterat aut debebat. Hanc autem vendicionem promiserunt idem Petrus et Amelina uxor ejus eidem decano et capitulo ad usus et consuetudines patrie contra omnes legitime garentire. In cujus rei memoriam et testimonium presentes litteras ad peticionem parcium fieri fecimus et sigilli nostri munimine roborari. Datum anno Domini m° cc° tricesimo quinto, mense julio.

N° 18. — QUALITER CORAM JUDICIBUS DELEGATIS HIC NOMINATIS, MOTA CONTROVERSIA SUPER PLURIBUS JURIBUS QUE PETEBAT HAMELINUS BOEL AB HOMINIBUS DE CERIZ HIC NOMINATIS, FUIT IDEM HAMELINUS IN POSSESSIONEM PETITORUM SINTINCIALITER MISSUS, PROPTER CONTUMACIAM IPSORUM HOMINUM, CORAM EISDEM JUDICIBUS AD TERMINOS STATUTOS NON COMPARENCIUM. VERUMPTAMEN PER ORDINACIONEM EPISCOPI MANASSE QUICTAVIT IDEM HAMELINUS EOSDEM HOMINES TOTALITER, MEDIANTE CERTA PECUNIA QUAM HABUIT AB EISDEM HOMINIBUS, PROUT DE ISTA QUITACIONE HABETUR SUPRA PER IIII FOLIA, ET INCIPIT : MANASSES..., ET EST IN DATA NOVIOR ISTA, LICET FUERIT ANTE SCRIPTA IN HOC LIBRO.

Juillet 1210. — Fol. 65.

In nomine Domini Nostri Jesu Christi, Beati Vincencii, Beate Marie de Bello Loco abbates, et prior de Bello Loco Cenomanensi, judices a domino papa delegati, universis Christi fidelibus presentem paginam inspecturis, salutem in Domino. Cum causa coram nobis verteretur inter Hamelinum Boel, canonicum Cenomanensem, ex una parte, et Girardum Mathei, Odonem filium suum, Gaufridum *Galafre,* Theobaldum filium defuncti Galterii, Prepositum, Ogerum, Pinetum et Morellum de Cruce ex alia, super hoc, videlicet quod idem Hamelinus petebat ab eis feodaliter bis talliam in anno, in marcio scilicet et in septembri, et quod ipsi venirent ad prata sua fenanda que sunt apud Balgenciacum, et ducerent fenum apud Balgenciacum, et repponerent in grangia, et circa Natale Domini ducerent ligna ejusdem Hamelini ad domum suam apud Balgenciacum, quod dicitur lignagium, et paxillos ad vineas suas ducerent Balgenciaco, que vinee fuerunt patris sui et antecessorum suorum, et hec omnia facerent propriis sumptibus, et quod singuli eorum redderent eidem Hamelino singulos anseres, vel tres pullos; et quod eciam petebat ab eis quod sanguinem et latronem haberet super eos, et omnimodam justiciam; super hiis omnibus lite contestata, dictis adversariis predicti Hamelini presentibus, sed postmodum contumaciter absentibus, et post multas citationes, sicut nobis legitime constitit, comparere nolentibus, receptis ejusdem Hamelini contra eos testibus, assignato parti adverse termino ut venirent dicturi in testes et in dicta testium, si aliquid contra eos ducerent proponendum, vel publicacionem testium audituri et judicium recepturi, cum ipsi ad nullos dictorum terminorum comparuerint, nec sufficientem miserint responsalem, dicto Hamelino comparente ad singulos, nos tandem, de prudentium virorum consilio, eorum absenciam propter contumaciam pro presencia reputantes, dicto Hamelino, secundum ea que coram nobis per sufficientes testes legitime sunt probata, ordine judiciario in omnibus observato, omnia predicta per sentenciam diffinitivam adjudicavimus, et eundem Hamelinum in petitorum veram et corporalem misimus possessionem. Contra autem Lambertum, S. Passum Lupi, Guillermum *Malrat,* Ascenlmam *Goaude* et Gaufridum filium suum, *Blanchet,* Odonem *Eschacerat* et fratrem suum Guirardum, Raginaldum *Poston,* Raginaldum Pelliparium et filium ejus Albericum de Forisvillari, Albericum de *Otrigne,* Odonem Balliveum, Johannem filium Garini defuncti, Reginam, Robertum filium Servientis, uxorem defuncti Galterii de *Ceres,* S. Lucratorem, matrem Morelli de Cruce, P. *Chevalier,* Servientem, Noel, et Guillermum Chotardum, dicto superius Hamelino, ut pote lite nondum contestata, sed jam nominatis post multas citationes legitimas contumaciter absentibus, rerum petitarum ab eis sicut superius. salvo jure partis adverse de proprietate, causa rei servande, per sentenciam adjudicavimus possessionem. Actum publice coram nobis in aula domini Cenomanensis episcopi, anno ab incarnatione Domini M° CC° X°, mense julio. Valete.

N° 19. — QUALITER MOTA CONTROVERSIA INTER NOS ET RAGINALDUM BOELLI SUPER III QUARTERIIS TERRE ARABILIS, SITIS IN INGRESSU VILLE DE CERIZ, ET SUPER XXII DENARIIS QUOS PETEBAT IDEM RAGINALDUS SUPER HOSTISIIS HIC NOMINATIS, FUIT NOBIS TOTUM ADJUDICATUM, ET EIDEM RAGINALDO SILENCIUM IMPOSITUM.

1223. — Fol. 66.

Universis presentes litteras inspecturis, Philippus, Transligerinus archidiaconus, salutem in Domino. Noverit universitas vestra quod, cùm inter venerabiles viros decanum et capitulum Sancti Aviti Aurelianensis ex una parte, et Raginaldum Boelli ex altera, contentio verteretur, videlicet super tribus quarteriis terre arabilis, in ingressu ville de Ceresio sitis, et super viginti duobus denariis paris., quos dictus Raginaldus petebat super hostisiis Girardi *Petite*, et Vitalis, et filii defuncti G., videlicet Odonis de Cerisio, que idem Raginaldus ad se dicebat jure hereditario pertinere, tandem partes pro bono pacis in nos compromiserunt, promittentes quod ratum haberent et firmiter observarent quicquid de predictis convencionibus, mediante judicio, ordinaremus, inquisisione tamen prius legitime facta. Venerabilis vero in Christo pater Philippus, Dei gracia Aurelianensis episcopus, pro dictis decano et capitulo manucepit quod ipsi super premissis nostro starent arbitrio. Dictus etiam Raginaldus fide media promisit quod super eisdem controversiis similiter arbitrio nostro staret. Elisabeth vero, dicti Raginaldi mater, et Henricus, ejusdem E. filius, conpromissionem super premissis factam in nos approbaverunt per interposicionem fidei corporalis. Nos vero, super predictis controversiis veritate plenius inquisita, habito prudentium virorum consilio, arbitrando pronunciavimus quod dictus Raginaldus a peticione viginti duorum denariorum desisteret, eidem Raginaldo super hiis perpetuum silencium imponentes; dictorum autem trium quarteriorum possessionem adjudicamus decano et capitulo memoratis. Quod ut ratum permaneat in futurum, presentes litteras sigilli nostri munimine fecimus roborari. Actum anno Domini M° CC° XX° III°.

N° 20. — QUALITER COMPROMISIMUS INTER NOS ET DOMINUM DE BALGENCIACO SUPER EO QUOD APUD CERISIUM FURCAS LEVAVERIMUS ET IN EIS FUERAT LATRO SUSPENSUS IN PREJUDICIUM IPSIUS DOMINI, UT DICEBAT, ET PROPTER HOC EASDEM FURCAS IDEM DOMINUS AMOVERAT. TANDEM DE CONSENSU PREDICTI DOMINI ET NOSTRO FUIT DICTA TERRA NOSTRA QUIBUSDAM FURCIS RESAISITA, NULLI PARCIUM PREJUDICIUM GERENDO. SI TAMEN ALIQUA JUSTICIA EMERSERIT FACIENDA, ANTEQUAM DISCUSSUM FUERIT PER ARBITROS, EADEM JUSTICIA DEBEBAT EXERCERI PER ARBITROS, EXTRA TERRAM UTRIUSQUE PARTIS, SALVO TAMEN JURE PARTIS UTRIUSQUE. — QUID TAMEN INDE FUERIT SENTENCIATUM PER ARBITROS SUPER JURE REI NON INVENITUR, SALTEM IN HOC LIBRO.

Octobre 1230. — Fol. 67.

Philippus, Dei gracia Aurelianensis episcopus, omnibus presentes litteras inspecturis, salutem in Domino. Noverint universi quod, cum esset contentio inter nobilem virum S., dominum Balgenciaci, ex una parte, et dilectos filios decanum et capitulum Sancti Aviti Aurelianensis ex altera, super eo quod, cum idem decanus furcas levasset et fecisset apud Cerisium in terra Beati Aviti in prejudicium ipsius domini Balgenciaci, et quidam latro suspensus fuerat in eisdem per ipsius decani justiciam, que fieri non poterant nec debebant, ut idem dominus asserebat, et ideo dictus dominus Balgenciaci dictas furcas de dicta terra amoverat, et super hiis inter dictas partes diu fuisset litigatum, tandem dilectus filius S., decanus Aurelianensis, et magister Henricus de Balgenciaco, pro dicto domino Balgenciaci, et decanus et capitulum Sancti Aviti, in nostra presentia constituti in hoc consenserunt ut dicta terra Sancti Aviti Aurelianensis de voluntate et assensu dicti domini resaisiatur quibusdam furcis et restituatur, et furce in eadem leventur, ita quod propter construccionem dictarum furcarum, vel propter amocionem earumdem factam per dominum memoratum, vel propter restitucionem dictarum furcarum, alteri parcium nullum prejudicium generetur, et de jure et de possessione utriusque partis, quantum ad justiciam sanguinis et latronis, superdicte partes in nos et magistrum Laurencium, canonicum Aurelianensem, compromiserunt; qui scilicet L., decanus Aurelianensis et magister Henricus pro dicto domino, et decanus et capitulum Sancti Aviti Aurelianensis, sub pena quadraginta marcharum argenti promiserunt quod dicti S., dominus Balgenciaci, ex una parte, et decanus et capitulum Sancti Aviti ex altera, firmiter observabunt quicquid nobis cum magistro Laurencio et dilecto filio A., capicerio Aurelianensi, qui nobiscum adjunctus est si nos et magistrum Laurencium discordare contigerit, de dicta contencione infra octabas Nativitatis beati Johannis proximo venturas a nobis terminanda, facta prius a nobis super hiis legitima inquisicione, per jus videbitur statuendum; ad quam penam solvendam, si necesse fuerit, dictus decanus Aurelianensis et magister Henricus de Balgenciaco, pro jamdicto domino Balgenciaci, et dilecti filii R., Soliacensis archidiaconus, J., capicerius, et Stephanus Imbaudi, canonicus Sancti Aviti Aurelianensis, pro dictis decano et capitulo se coram nobis obligarunt; ita quod, quando littere domini Balgenciaci sub hac forma nobis tradite et plegii dati modo predicto fuerint, ipsi decanus Aurelianensis et magister Henricus a dicta obligacione erunt pro dicto domino liberati; si autem infra dictum terminum aliqua justicia exercenda propter delictum in jam dicta terra emerserit, nos dictam justiciam exercebimus, salvo jure utriusque partis, extra terram parcium predictarum. Datum anno Domini M° CC° tricesimo, mense octobri.

N° 21. — QUALITER SENTENCIA EXCOMMUNICATIONIS, LATA IN RAGINALDUM BOELLI PRO MULTIS DAMPNIS NOBIS IRROGATIS, FUIT AGGRAVATA.

18 juillet 1219. — Fol. 68, verso.

Manasses, Dei gracia Aurelianensis episcopus, dilectis filiis archipresbitero et presbiteris omnibus per archidiaconatum Balgenciacensem constitutis, salutem et dilectionem. Cum Raginaldus Boelli pro multiplicibus excessibus, dampnis, gravaminibus et injuriis ecclesie Beati Aviti Aurelianensis et hominibus ejusdem ecclesie de Cerisio multipliciter irrogatis, a nobis diu excommunicacionis sit vinculo innodatus[1], et jam fere per quinquennium excommunicacionis sentenciam animo sustinuerit indurato, nos manum nostram super ipsum Raginaldum aggravare volentes, universitati vestre sub pena suspensionis injungimus, precipiendo firmiter et districte, quatinus singulis diebus dominicis et festivis, pulsatis campanis et candelis accensis, ipsum Raginaldum excommunicatum nominatim et publice denunciantes, faciatis ab omnibus arcius evitari, omnesque cum ipso scienter de cetero participantes pro interdictis habeatis. Omnes autem illos qui eumdem Raginaldum

---

1. On lit en marge : De his supra vertendo XII folia.

de cetero receptaverint, de quibus vobis vel alicui vestrum constare poterit, sub districto teneri volumus et precipimus interdicto, et ad quamcumque villam devenerit, quandiu in ea presens extiterit, cessari precepimus penitus a divinis. Datum in festo sancti Arnulphi, anno Domini M° CC° nonodecimo, mense julio. — Reddite litteras.

N° 22. — QUALITER SENTENCIA EXCOMMUNICATIONIS CONTRA RAGINALDUM BOELLI AD INSTANCIAM NOSTRAM FUIT AGGRAVATA IN DIOCESI CARNOTENSI.

Août 1219. — Fol. 69.

G.[1], Dei gracia Carnotensis episcopus, dilectis filiis decanis et presbiteris omnibus per Carnotensem diocesim constitutis ad quos littere presentes pervenerint, salutem in Domino. Cum quidam malefactor Aurelianensis diocesis, qui nuncupatur Raginaldus Boelli, pro multiplicibus [excessibus] quos contra ecclesiam Sancti Aviti Aurelianensis commisit, videlicet homines ipsius ecclesie de Ceresio et eorum res capiendo, dampna, gravamina et injurias multipliciter inferendo, a venerabili patre M., Aurelianensi episcopo, sit excommunicacionis vinculo innodatus, et excommunicacionis sentenciam per longum tempus animo sustinuerit indurato, universitati vestre mandamus, precipiendo firmiter et districte, quatinus dictum Raginaldum Boelli singulis diebus dominicis et festivis, pulsatis campanis, candelis accensis, nominatim et publice denuncietis excommunicatum; et non solum ipsum, sed eciam omnes cum ipso participantes, omnesque qui ipsum receptaverint aut eidem consilium seu auxilium impendere presumpserint, excommunicatos publice nuntietis; taliter autem mandatum nostrum exequi procuretis, ne de inobediencia vel negligencia possitis a nobis aliquatenus reprehendi vel puniri. Datum anno Domini M° CC° nonodecimo, mense augusto. — Reddite litteras.

1. Galterus.

N° 23. — ALIA AGGRAVACIO CONTRA RAGINALDUM BOEL.

Mai 1217. — Fol. 69, verso.

Manasses, Dei gracia Aurelianensis episcopus, dilectis filiis archipresbiteris, presbiteris omnibus per Aurelianensem diocesim constitutis ad quos presentes littere pervenerint, salutem in Domino. Cum nos, diu est, propter dampna, gravamina et injurias hominibus ecclesie Sancti Aviti de Cerisio a Rainaldo Boelli tociens irrogatas, et pro rebus eciam eorumdem hominum, et predis, et bonis aliis ab eodem captis et detentis, excommunicacionis sentencia fecerimus innodari, et, licet eundem postmodum moneri fecerimus pluries et requiri ut res captas redderet, vel saltem recrederet et ad emendam veniret, super premissis de hominibus ecclesie supradicte coram nobis justiciam recepturus, si de eis vel eciam de canonicis Sancti Aviti, ad quos eorumdem hominum justicia pertinet, vellet in aliquo conqueri, ipse tamen, monicionibus nostris pretermissis, ad emendam venire negligit, et excommunicacionis sentenciam animo sustinet indurato; universitati igitur vestre precipiendo mandamus firmiter et districte, quatinus prefatum Rainaldum *Boel*, singulis diebus dominicis et festivis, in ecclesiis vestris, excommunicatum publice nuntietis, omnesque cum eo scienter participantes de cetero, et qui ei consilium et auxilium impenderint, vel scienter receptabunt. Datum anno Domini M° CC° septimodecimo, mense mayo. — Reddite litteras.

N° 24. — QUALITER RAGINALDUS ET HENRICUS BOELLI, FRATRES, FECERUNT EMENDAM DECANO NOSTRO PRO EO QUOD, IN JUSTICIA IPSIUS DECANI APUD CERIZ, BONA SEU RES ALIQUAS MATHEI DE CERISIO, HOSPITIS SANCTI AVITI, CEPERANT.

Octobre 1225. — Fol. 70.

Philippus, Dei gracia Aurelianensis episcopus, omnibus presentes litteras inspecturis, salutem in Domino. Noverint universi quod, cum esset contencio inter Raginaldum Boelli militem, et Henricum fratrem ejus, et Elisabeth matrem eorum ex una parte, et Matheum de Cerisio hospitem Sancti Aviti Aurelianensis ex altera, super quodam mesnagio cum pertinenciis ejus apud

Cerisium sito; quod mesnagium ipsi fratres dicebant ad se de jure hereditario pertinere; dicto Matheo in contrarium respondente quod defunctus Raginaldus, pater eorumdem fratrum, et dicta Elysabeth illud mesnagium cum pertinenciis ejus eidem vendiderant et quittaverant, quam vendicionem idem Matheus petebat a dicta Elisabeth sibi garentiri; tandem post multas altercaciones hinc inde propositas dicti fratres, si quid juris in dicto mesnagio habebant, dicto Matheo fide prestita quictaverunt, et dilecto filio Roberto, decano Sancti Aviti, fecerunt emendam pro eo quod ceperant in dicto mesnagio res dicti Mathei, in justicia decani memorati. In cujus rei memoriam et testimonium presentes litteras ad requisicionem parcium fieri fecimus, et sigilli nostri munimine roborari. Actum anno Domini M° CC° vicesimo quinto, mense octobri[1].

N° 25. — QUALITER PREPOSITUS DE BALGENCIACO SE SUPPOSUIT VOLUNTATI DOMINI AURELIANENSIS EPISCOPI SUPER EO QUOD IN TERRA NOSTRA DE CERIZ CEPERAT QUADRIGAM MAJORIS DE CERISIO.

18 octobre 1230. — Fol. 70, verso.

Philippus, Dei gracia Aurelianensis episcopus, omnibus presentes litteras inspecturis, salutem in Domino. Noverint universi quod, cum esset contencio inter dilectos filios decanum et capitulum Beati Aviti Aurelianensis ex una parte, et Matheum Lancelini, prepositum de Balgenciaco, ex altera, super eo quod idem prepositus ceperat in terra Sancti Aviti apud Cerisium quadrigam majoris de Cerisio, idem postmodum prepositus ad nostram accedens presenciam promisit fide prestita corporali quod super hiis mandato nostro stabit, et nostram faciet voluntatem; pro quo preposito magister Henricus de Balgenciaco de premissis extitit fidejussor. Datum anno Domini M° CC° tricesimo, mense octobri, in festo sancti Luce evangeliste.

1. En marge : Pro decano super justicia de Cerisio.

N° 26. — QUALITER ANTECESSORES JOCELINI BOEL, PROUT EX TESTIMONIO FIDE' DIGNORUM CONSTAT, NICHIL ALIUD HABEBANT SUPER HOSPITES SANCTI AVITI APUD CERIZ NISI UNUM MODIUM ORDEI DE TENSAMENTO PRO CONSERVACIONE ET DEFENSIONE IPSIUS VILLE DE CERIZ.

Fol. 71.

Karissimo et naturali domino suo Th., illustri Blesis comiti, Manasses, Dei gracia Aurelianensis ecclesie minister humilis, salutem et utriusque vite felicitatem. Sicut accepimus, antiquam malicie tirannidem exercere non cessant in villa Beati Aviti de Cerisio Joscellum *(sic)* Boelli et fratres ejus, hospites ejusdem ecclesie talliis, rapinis et exactionibus aggravantes in tantum quod inpaciencia et dolor vulneris canonicos illius ecclesie ad nostre confugere conpulit refugium pietatis. Quia ergo in presencia vestra predicti canonici super hiis causam debent agere, celsitudinem vestram scire volumus, vobis eciam et omnibus qui presentem viderint cartam, pro testimonio veraciter perhibemus quod, de confessione bone quondam memorie domini Symonis de Balgenciaco positi in extremis, recepimus quod antecessores Joscelini Boelli in villa de Cerisio, pro ejusdem ville conservacione et deffensione, unum tantum ordei modium de tensamento suscipere consueverunt antiquitus, et quia ipsi nec eorum heredes talliam, aut rapinam, seu aliquam exactionem de jure vel de consuetudine in ejusdem ville habere debebant hospitibus, a domino eciam Lancelino, salva pace sua, sepius audivimus dominum Radulfum, patrem suum, hoc confessum fuisse quando viam Iherosolimitanam debuit intrare. Unde liberalitati vestre intendimus supplicare ut predictam villam, quam sepedicta ecclesia de antecessorum vestrorum et vestre beneficio habet elemosine, tyrannicis studeatis exactionibus misericorditer amovere. Valete.

N° 27. — COMPROMISSUM INTER NOS, ET RAGINALDUM ET HENRICUM BOELLI FRATRES ET MATREM IPSORUM, SUPER XXI DENARIIS ANNUI REDDITUS QUOS IIDEM FRATRES ET MATER PETEBANT APUD CERIS DE TRIBUS HOSTISIIS HIC NOMINATIS, ET SUPER TRIBUS QUARTERIIS TERRE SITE IN INGRESSU VILLE DE CERIZ, ET ETIAM SUPER II ARPENTIS TERRE SITE IN TERRITORIO DE LUÇOI.

Juillet 1222. — Fol. 75.

Philippus, Dei gracia Aurelianensis episcopus, omnibus presentes litteras inspecturis, salutem in Domino. Noverint universi quod, cum mota esset contentio inter capitulum Sancti Aviti Aurelianensis ex una parte, et Raginaldum, Henricum Boelli fratres et matrem eorum ex altera, super xxi denariis annui redditus quos iidem fratres et mater ipsorum petebant apud *Ceris* de tribus hostisiis, videlicet de hostisia Girardi *Petite*, de hostisia Thome Benedicte, et de hostisia Girardi Mathei, et super tribus quarteriis terre site in ingressu ejusdem ville, et super duobus arpentis terre site in territorio de Lucoi, tandem saniori usi consilio, presentibus magistro Roberto capicerio, Stephano et Ivone presbitero, canonicis Sancti Aviti, pro ipso capitulo, dictis fratribus et matre comparentibus personaliter coram nobis, in venerabilem virum Philippum, Turonensis ecclesie archidiaconum Transligerinum, compromiserunt, ratum et firmum habituri quicquid per eumdem archidiaconum, diligenti facta super hoc inquisicione, visis eciam litteris composicionis que inter eosdem alias intercessit, mediante justicia, fuerit ordinatum. Ego vero Philippus, episcopus Aurelianensis, in manu cepi quod dictum prefati archidiaconi a predicto capitulo firmiter et inviolabiliter facerem observari, dictis fratribus et eorum matre fidem prestantibus corporalem de eodem dicto firmiter et inviolabiliter conservando. Actum anno Domini m° cc° xxii°, mense julio.

N° 28. — QUALITER FUIT CONTRA RAGINALDUM BOEL ADJUDICATA POSSESSIO TRIUM QUARTERIORUM TERRE IN INGRESSU VILLE DE CERIZ SITORUM, ET SILENCIUM IMPOSITUM EIDEM RAGINALDO SUPER XXII DENARIIS QUOS IDEM PETEBAT SUPER HOSTISIIS TRIBUS HIC NOMINATIS.

Juin 1223. — Fol. 75, verso.

Philippus, Dei gracia Aurelianensis episcopus, omnibus presentes litteras inspecturis, salutem in Domino. Noverit universitas vestra quod, cum inter dilectos filios decanum et capitulum Sancti Aviti Aurelianensis ex una parte, et Raginaldum Boelli ex altera, contencio verteretur, videlicet super tribus quarteriis terre arabilis in ingressu ville de Cerisio sitis, et super viginti duobus denariis par. quos dictus R. petebat super hostisiis Girardi *Petite*, et Vitalis, et filii defuncti G., videlicet Odonis de Cerisio, que idem Raginaldus ad se dicebat jure hereditario pertinere, tandem partes, pro bono pacis, in virum venerabilem Philippum, Transligerinum archidiaconum

Turonensem, compromiserunt, promittentes quod ratum haberent et firmiter observarent quicquid de predictis contencionibus, mediante judicio, dictus archidiaconus ordinaret, inquisicione tamen legitime prius facta : Nos vero pro dictis decano et capitulo manu cepimus quod ipsi super premissis starent arbitrio archidiaconi memorati. Dictus eciam Raginaldus fide media promisit quod super eisdem controversiis similiter arbitrio archidiaconi dicti staret. Elisabeth vero dicti Raginaldi mater, et Henricus ejusdem E. filius composicionem super premissis factam in dictum archidiaconum approbaverunt per interposicionem fidei corporalis. Dictus autem archidiaconus, super prefatis controversiis veritate plenius inquisita, habito prudencium virorum consilio, in nostra presencia constitutus, arbitrando pronunciavit quod dictus Raginaldus a peticione viginti duorum denariorum desisteret, eidem Raginaldo super hiis perpetuum silencium inponendo. Dictorum eciam trium quarteriorum possessionem adjudicavit decano et capitulo memoratis. In cujus rei memoriam et testimonium presentes litteras fieri fecimus et sigilli nostri munimine roborari. Actum anno gracie M° CC° XX° III°, mense junio.

N° 29. — Philippus, Dei gracia Aurelianensis episcopus, omnibus presentes, etc.[1]....

N° 30. — QUALITER RAGINALDUS BOELLI VENDIDIT OBLATAM UNIUS ARPENTI TERRE APUD CERISIACUM GAUFRIDO BONO HOMINI. — NON VIDETUR NOS TANGERE.

1202. — Fol. 77.

Notum sit omnibus presentes litteras inspecturis quod Raginaldus Bodelli *(sic)*, concedente uxore sua Elysabeth et heredibus suis Raginaudo et Henrico, vendidit Gaufrido Bono Homini Blesis oblatam unius arpenti terre apud Ciriscum que fuit Petri militis. Hoc cessit Fulgerius Bodelli, de cujus feodo Raginaudus hoc habebat. Ad precem siquidem canonicorum Beati

1. On lit en marge, à la place de la rubrique, cet avertissement : Ista eadem littera scribitur supra per VI folia, et est eadem et in data et in omnibus. — Voyez ci-dessus, n° 24.

Aviti, et Raginaudi, et uxoris sue, et Fulcherii Bodelli, ego Gaufridus, ecclesie Beate Marie de Baugenciaco abbas, vendicionem istam in presencia mea factam sigilli mei impressione confirmavi. Actum anno gracie M° CC° secundo.

N° 31. — QUALITER HOMINES DE CERIZ TENENTUR NOBIS PRESTARE MINUTAS DECIMAS OMNIUM RERUM SUARUM.

Fol. 77, verso.

Manasses, Dei gracia Aurelianensis episcopus, dilecto filio suo R. de Corn...lla, militi, salutem et dilectionem. Dilectionem vestram non credimus ignorare qualiter a dilectis filiis canonicis Beati Aviti Aurelianensis et hominibus eorum de Cerisio sit in nos compromissum, in causa que super minutis decimis vertitur inter ipsos. Dicimus igitur per dictum nostrum quod dicti homines tenentur prestare prenominatis canonicis minutas decimas omnium rerum suarum, scilicet porcorum, agnorum, lane, et lini, et consimilium. — Reddite litteras.

N° 32. — QUALITER PLURES PERSONNE HIC NOMINATE ACCEPERINT A NOBIS DE TERRIS NOSTRIS APUD CERIZ AD XII DEN. DE CENSU REDDENDOS ANNUATIM IN CRASTINO OMNIUM SANCTORUM, ET AD XII DEN. DE RELEVACIONIBUS; ITEM AD VENDAS SECUNDUM USUM PATRIE; ITEM TENENTUR AD DUODECIMAM JARBAM DE TERRIS SUIS; ITEM IN VINEIS PRO QUOLIBET MODIO UNAM LAGENAM, ET TENENTUR IRE QUESITUM NUNCIUM CAPITULI PRO NUMERACIONE JARBARUM, ET TENENTUR PROPRIIS SUMPTIBUS DECIMAM NOSTRAM ADDUCERE AD GRANCHIAM NOSTRAM.

Décembre 1250. — Fol. 77, verso.

Universis presentes litteras inspecturis, officialis curie Aurelianensis, salutem in Domino. Notum facimus quod Stephanus de Benis, Radulphus *Bacheler*, Stephanus *Doucet*, Johannes *Chotart*, Robinus *Grosse*, Gaufridus Lamberti, Odo Morelli, Guillotus filius Osanne, Stephanus Jaqueti, Petrus *Raber*, Odo *Leduc* et dictus *Masconnel*, coram mandato nostro ad hoc specialiter destinato constituti, confessi fuerunt se cepisse a viris venerabilibus decano et capitulo Sancti Aviti Aurelianensis de terris ipsorum decani et capituli sitis apud Ceris ad tales redevencias, scilicet que sequuntur : ad duodecim denarios parisiensium census, dictis decano et capitulo, vel eorum mandato, apud Ceriz in crastino Omnium Sanctorum annis singulis persolvendos; item ad duodecim denarios par. pro relevacionibus, quando evenerint; item ad vendas secundum usum patrie, quando evenerint. Item confessi fuerunt dicti homines se teneri reddere dictis decano et capitulo de dictis deciman numeratam, videlicet duodecimam jarbam, et si plantarentur in eisdem terris vinee, ipsi tenerentur solvere decimam vini, scilicet pro quolibet modio unam lagenam. Item confessi fuerunt dicti homines se teneri ire quesitum illum qui de mandato dictorum decani et capituli erit in grangia eorumdem, ut eat numeratum decimam de terris predictis; qua numeracione facta, ipsi homines et eorum successores tenebuntur propriis sumptibus adducere ad grangiam dictorum decani et capituli decimam numeratam. In cujus rei memoriam et testimonium presentibus litteris sigillum Aurelianensis curie duximus apponendum. Actum anno Domini millesimo ducentesimo quinquagesimo, mense decembri.

N° 33. — MAJOR DE CERIS [1]. . . . .
. . . .

10 octobre 1264. — Fol. 110.

Omnibus presentes litteras inspecturis, Nicholaus, decanus Beati Aviti Aurelianensis, salutem in Domino. Noveritis quod, cum contentio verteretur inter nos et capitulum predicte ecclesie Beati Aviti super eo quod dicebamus, contra dictum capitulum, quod major noster de Ceris debebat morari in grangia seu domibus dicti capituli, iterum super eo quod nos petebamus terciam partem vendarum cujusdam carruce terre dicti capituli proprie, site apud Ceriz, quam dictum capitulum tradiderat quibusdam hominibus dicti territorii; item super eo quod dicebamus nos esse in possessione ligandi et ponendi malefactores et cipum nostrum in grangiis de Ceris et de Aqueboillis; item super duobus modiis bladi annui redditus, quos Thomas de *Truigni* vendiderat dicto capitulo, quos dicebamus movere de feodo nostro et in quibus

---

1. La suite est devenue illisible.

dicebamus nos habere jus racione feodi nostri, quare petebamus nos, racione decanatus nostri, nos restitui ad predicta, dicto capitulo contrarium asserente, videlicet nos nullum jus habere in predictis; et pro bono pacis nos et dictum capitulum supra predictis compromisimus in virum venerabilem I., quondam capicerium ejusdem ecclesie, promittentes per fidem, sub pena xx librarum hinc inde apposita, perpetuo firmiter observare quicquid dictus I. super predictis *haut et bas* diceret faciendum, ordinandum seu arbitrandum. Dictus vero I., de bonorum consilio, dixit per suum arbitrium et ordinando de predictis nos nullum jus habere in predictis, precipiens nobis quod nos remitteremus et perpetuo quitaremus dicto capitulo totum jus, si quid habebamus in duobus modiis ante dictis, nobis super omnibus et singulis predictis perpetuum silencium imponendo. Nos autem dictum et ordinacionem ejus ratum et gratum habemus et habebimus in futurum. In cujus rei testimonium sigillum nostrum presentibus litteris duximus apponendum. Datum anno Domini M° CC° sexagesimo IIII°, die veneris post beatum Dyonisium.

N° 34. — [DE REDDITU OCTO LIBRARUM PARISIENSIUM ET VIGINTI SOLIDORUM TURONENSIUM DEBITO A CAPITULO SANCTI AVITI ET AB IPSO REDEMPTO].

6 août 1367. — Fol. 37, verso.

Universis presentes litteras inspecturis, officialis Aurelianensis, salutem. Cum jamdudum inter venerabiles et discretos viros dominos decanum et capitulum ecclesie Beati Aviti Aurelianensis ex una parte, et Reginaldum Belli *(sic)* armigerum ex altera, certe fuissent dissenciones et finaliter taliter inter ipsos extitisset conventum, quod dicti decanus et capitulum, nomine dicte ecclesie et pro ipsa, octo libras parisiensium in grangia sua de Seris, in octabis festi sancti Remigii ex una parte, et viginti solidos turonensium ad festum Decollacionis sancti Johannis Baptiste ex alia parte, solvere promiserant annis singulis in futurum, certis penis super hoc appositis in casu quo dicti decanus et capitulum dictas summas non solverent in terminis supradictis, prout hoc in litteris bone memorie Manasses, quondam episcopi Aurelianensis, in filis siricis sigillatis super dictis octo libris, et aliis litteris sub sigillo curie Aurelianensis super dictis viginti solidis turonensium confectis, sanis et integris, ut prima facie apparebat, plenius vidimus contineri, et postmodum dictus armiger dictos redditus, quibus dicti decanus et capitulum sic erga eum tenebantur, vendidisset, cessisset, quictavisset et penitus imperpetuum dimi[si]sset deffuncto Michaeli Sauzsam, ut per litteras sub sigillo curie comitis Blesis super hoc confectas potest apparere cuilibet intuenti nobisque constitit atque constat, decessissetque dictus Michaël, relicto et superstite Michaele Sanzsam *(sic)* burgense Blesis, ejus herede solo et in solidum, ad quem dicti redditus per mortem ejusdem patris sui solum et in solidum devenerant, ut dicebat; notum facimus quod in nostra presencia personnaliter constitutus dictus Michaël Sanzsam, burgensis Blesis, filius et heres solus et in solidum dicti deffuncti Michaelis Sanzsam, ejus patris, ut asserebat et asseruit, legitime coram nobis sponte sua confessus est vendisse, cessisse, quictavisse et penitus in perpetuum dimisisse, vendiditque, cessit quictavit et in perpetuum dimisit titulo pure et perpetue vendicionis dictis decano et capitulo, nomine dicte ecclesie et pro ipsa, dictas octo librarum parisiensium et viginti solidorum turonensium summas, et omne jus, et omnem actionem eidem venditori in eis et ad eas competentes et competere valentes quocumque modo, pro precio et summa centum florenorum francorum auri, de quibus dictus venditor se tenuit pro contento in integre et pagato, excepcioni eorumdum florenorum sibi non traditorum, numeratorum et ab eo non receptorum renuncians specialiter et expresse, jus, dominium, proprietatem et possessionem dictorum reddituum sic venditorum in dictos decanum et capitulum ac ecclesiam predictos totaliter transferendo, seque de eis dessesiando et devestiando, et dictos emptores sesiando et investiando per tradicionem dictarum, de quibus supra fit mencio, et presencium concessionem litterarum; promictens dictus venditor per fidem suam ob hoc ab ipso in manu nostra prestitam corporalem contra vendicionem, cessionem, quictationem et dimissionem predictas per se vel per alium futuris temporibus non venire, nec in dictis redditibus sic venditis aliquid jus reclamare vel petere, seu ipsos decanum et capitulum aut dictam ecclesiam impetere alliqualiter super ipsis aut occasione eorumdem; imo dictos redditus sic venditos eisdem garentizare, liberare et deffendere, in judicio et extra judicium, erga et contra omnes, tociens quociens opus erit et fuerit super hoc requisitus, et si dicti emptores facerent, sustinerent vel incurrerent sumptus, misias, vel expensas, aut dampna occasione premissorum, vel propter defectum garentizacionis, liberacionis et deffensionis predictarum, illos eisdem reddere, restituere et super ipsis credere simplici juramento presencium portitoris. Et quoad premissa tenenda, adimplenda, observanda, perficienda et complenda, et de non veniendo contra dictus venditor obligavit dictis emptoribus et supposuit jurisdicioni, cohercioni et compulsioni curie Aurelianensis, quorumcumque judicum et curiarum in quibus placuerit dictis emptoribus ipsum prosequi pro premissis et occasione eorumdem ; renuncians in hoc facto dictus venditor per dictam fidem suam omni lesioni, decepcioni, circonvencioni, erronee confessioni rei sic non geste, decepcioni ultra medietatem justi precii, excepcioni erroris calculi, et omnibus aliis excepcionibus, racionibus et deffensionibus facti et juris canonici et civilis que contra presentes litteras vel eorum effectum possent obici sive dici. Et insuper dictus venditor ob devocionem quam erga dictam ecclesiam Sancti Aviti se habere dicebat, omnia arreragia reddituum predictorum et emendas in quibus prefati decanus et capitulum teneri poterant erga dictum venditorem, et que idem venditor ab eis petere poterat a toto tempore retroacto usque in diem hodiernam, quittavit, liberavit, absolvit penitus in futurum, et contra quittationem, liberationem et absolucionem hujusmodi non venire promisit per dictam fidem suam, et sub suorum omnium et singulorum ypotheca et obligacione bonorum. In cujus rei testimonium litteris presentibus sigillum curie Aurelianensis duximus apponendum. Datum et actum Aurelianis, anno Domini M° CCC° sexagesimo septimo, die veneris post festum sancti Petri ad vincula.

N° 35. — [DE EODEM].

12 janvier 1367 (1368). — Fol. 38, verso.

A touz ceuz qui verront cestes presentes lettres, le bailli de Blois, salut. Saichent tuit que comme Micho Sanssain, bourgois de Blois, ait vendu à touz iourz mes aux doien et chapitre de Saint Davi *(sic)* d'Orls., unze livres tourn. de rente annuele et perpétuelle que il avoit assise et assignée sur certainz et plusieurs héritages appartenanz auxdiz doyen et chapitre au lieu de Ceris, certeine somme de florinz soluz et paiez au dit Micho des diz doien et chapitre, et de la dicte rente vendue se soit le dit Michiel dessaisi et devestu, et en ait saisiz et vestuz à touz jours mes les dicts doyen et chapitre, leur successeur et ceuz qui auront cause d'eulx et promis à garentir espéciaument envers Johanne sa femme et envers touz autres, si comme toutes ces chouses sont plus pleinement contenue et déclarées en lectres de la vente de ladicte rente que ledit Michel a donné et passées aux dessuz diz doyen et chapitre, comme l'en disoit; establiz en droit pardevant nous ledit Michel et Jonnete sa femme, la dicte femme ou l'auctorité et assentement dudit Michel son seigneur, qui li a donné povair et auctorité de faire ce qui s'ensuit, cognut et confessa que la dicte Jannerte ou la dicte auctorité que ladicte vente de la rente dessusdicte ainssi faicte, comme dit est dessuz, a volue, acordée, louée, approuvée, ratiffiée et confermée, et de touz les florinz issuz de la dicte vente de la dicte rente qui soluz et paiez ont esté audit Michel son seigneur par les dessusdiz doyen et chapitre, comme dit est dessuz, s'est tenue la dite Jannette a bien paieze et en a quitté et absols à touz journnes les dessus diz doyen et chapitre et leurs successeurs. Et a promis la dicte Jannete que james en la dicte rente vendue comme dit est riens ne demandera ne ne fera demander par autres an cause de douaire, ni autre autrement, ne ès diz heritages et domaynes sur les quex ladicte rente vendue est assisse et assignée, comme dit est, et a promis ladicte Jannette, ou l'auctorité dessus dicte et par sa foy, que elle ne vendra dores en avant ne n'essaira à venir par autres contre les chouses dessusdites ne contre aucunes d'icelles, eincois les tendra, gardera et aura fermes et estables à touzjournes, sanz rappeler ne venir encontre; obligent quant à ce la dicte Jannete o la dicte auctorité aux diz doien et chapitre et à leur successeur, et à ceuz qui auront cause d'eulx, elle, ses heirs et touz ses biens meubles et non meubles présens et à venir, renuncent par sa foy, quant à cest faict, à tous privilèges, graces et benefices donnés et à donner, a exception de decevance quelle que soit, et à toutes autres exceptions, supposent quand ad ce elle et ses biens à la juridiction de nostre court de Blois, sanz autre court avoer. Ce fu fait l'an de grace m. ccc. soixante et sept, lo mecredi xiie jour du mois de janvier.

[*DE AVAZEIO.*]

N° 36. — QUALITER ECCLESIA DE AVAZEIO FUIT CONCESSA NOBIS.

1174. — Fol. 71, verso.

In nomine Sancte et Individue Trinitatis, amen. Ego Manasses, Dei gracia Aurelianensis episcopus, omnibus declaratum esse volumus tam futuris quam instantibus quod ecclesiam de Avaziaco canonicis Beati Aviti liberam et quietam, et sacerdotis presentacionem, salvo jure archidiaconi, in perpetuum habendam concessimus et donavimus, eo tamen tenore quod Ansellus de Avaziaco, cujus interventu et precibus hoc donum fecimus, eamdem ecclesiam, sicut prius possidebat, quam diu vixerit possidebit, et capitulum Beati Aviti duodecim solidos ab eodem Ansello in festo Beati Aviti de junio inde annuatim habebit. Statutum est etiam quod, si idem Ansellus unum de nepotibus suis in sacerdotem ejusdem ecclesie capitulo Beati Aviti presentare voluerit, capitulum nequaquam eum refutare poterit; et ipse capitulo fidelitatem faciens in jam dicto festo eidem capitulo, Ansello juvente, quindecim solidos persolvet annuatim; post decessum autem Anselli, in ipsius Anselli anniversarii die quindecim illi solidi persolventur. Si vero predictus Anselli nepos, vel morte preventus, vel aliquo casu interveniente, prefatam ecclesiam non obtinuerit, Josbertus capellanus ejusdem ecclesie quoad vixerit ecclesiam illam obtinebit, et in jam dicti Anselli anniversarii die quinquaginta solidos memorato capitulo annuatim inde persolvet. Sunt autem possessiones ad presbiteratum ecclesie de Avaziaco pertinentes : Arpentum unum vince, arpentum unum prati, arpenta sex terre arabilis. Ut autem hec omnia, quemadmodum superius distincta et annotata esse noscuntur, rata et inconcussa maneant in perpetuum, ea presentis scripti munimine et sigilli nostri auctoritate firmavimus, statuentes ut, si aliqua ecclesiastica secularisve persona huic confirmacionis nostre pagine sciens obviare presumpserit, vel infringere atemptaverit, anathema sit. Actum anno Incarnacionis M° C° LXXIIII°, episcopatus nostri anno XX° VIII°, ordinatis in ecclesia Sancte Crucis majoribus personis Hugone decano, Andrea cantore, Letoldo subdecano, Manasse capicerio.

N° 37. — QUALE JURAMENTUM HABEAT NOBIS PRESTARE NOVUS CURATUS DE AVAZEIO.

1179. — Fol. 72, verso.

In nomine Sancte et Individue Trinitatis, amen. Manasses, Dei permissione Aurelianensis episcopus, dilectis in Christo filiis decano totique capitulo Aurelianensis ecclesie Beati Aviti eorumque successoribus canonice substituendis, in perpetuum. Ex injuncto nobis episcopatus tenemur officio conmissarum ecclesiarum necessitatibus et profectui misericorditer inminere, quatenus et temporalium bonorum incrementa suscipiant, et divinis proficiant institutis. Sciant ergo presentes ac posteri quod nos ecclesie vestre, dilecti filii, paupertatem pietatis paterne visceribus attendentes, ecclesiam de Avaziaco, a laicali manu et potestate exemptam, vobis pacifice possidendam concessimus et habendam. Huic autem donacioni et concessioni nostre Hugo, Sancte Crucis decanus, et universum ejusdem ecclesie capitulum benignum prestiterunt assensum. Dilectus quoque in Christo filius Henricus, in cujus archidiaconatu prefata de Avaziaco consistit ecclesia, donacionem istam, salva canonica justicia archidiaconali, voluit, approbavit et concessit. Statuimus quoque ut, quociens illa ecclesia a sacerdote vacaverit, idoneam libere personam eligatis, que beatissimo patri Avito et vobis fidelitatis prestet juramentum, et que pro jam dicti Confessoris ecclesie utilitate et augmento capituli vestri fuerint eidem persone racionabiliter injuncta, fideliter exequi reverenter et devote studeat adimplere. Quecumque vero persona secularis aut ecclesiastica, privilegium hoc infirmare presumpserit indignacionem Omnipotentis Dei, et gloriose Virginis Marie, et beatissimi confessoris Aviti se noverit incursurum, et in die districti judicii cum iniquis recipiat porcionem. Actum publice Aurelianis, in camera nostra, anno Incarnati Verbi M° C° LXX° IX°, indictione duodecima, episcopatus vero nostri anno tricesimo tercio, ordinatis in ecclesia Sancte Crucis majoribus personis Hugone decano, Andrea cantore, Letoldo subdecano, Manasse capicerio; cancellario nullo.

N° 38. — QUALITER DECANUS ET CAPITULUM SANCTE CRUCIS DONACIONEM NOBIS FACTAM DE ECCLESIA DE AVAZEIO APPROBAVERINT.

1179. — Fol. 73, verso.

In nomine Sancte et Individue Trinitatis, amen. Ad augmentum matris Ecclesie pertinere dinoscitur si in membris suis largicione fidelium augeatur. Ea propter ego, Sancte Crucis decanus, et universum ejusdem ecclesie capitulum, notum facimus universis presentibus et futuris quod dominus noster Manasses, Aurelianensis episcopus, ecclesiam de Avaziaco, a laicali manu et potestate exemptam, ecclesie Beati Aviti Aurelianensi et canonicis dedit in perpetuum possidendam. Hanc autem donacionem frater et concanonicus noster Henricus, in cujus archidiaconatu memorata consistit ecclesia, salva canonica justicia archidiaconali, voluit, concessit et approbavit; et nos quoque, tenuitatem ecclesie Beati Aviti misericorditer attendentes et volentes habere patronum in die judicii Confessorem, donacionem ipsam concessimus et approbavimus, et, sigillo nostre confirmacionis apposito, ratam et inviolabilem perpetuo volumus permanere. Actum publice in capitulo nostro, anno Incarnati Verbi m° c° lxx° nono. Cancellario nullo.

N° 39. — QUALITER ARCHIDIACONUS APPROBAVIT DONACIONEM NOBIS FACTAM DE CURA DE AVAZEIO.

1179. — Fol. 74.

In nomine Sancte et Individue Trinitatis, amen. Ecclesiam Dei decet fidelium congaudere beneficiis ut dilecte quies ab aliquo nullatenus excitetur qui se matris ecclesie filium confitetur. Ea propter ego Henricus, Aurelianensis ecclesie archidiaconus, universis notum facio presentibus et futuris quod dominus noster Manasses, Aurelianensis episcopus, ecclesiam de Avaziaco, a laicali potestati exemptam, dedit ecclesie Beati Aviti in perpetuum possidendam, ita quod donum ecclesie et presentatio sacerdotis capituli Beati Aviti erit in perpetuum, salva tamen in aliis justicia archidiaconali et consuetudine. Capitulum itaque Beati Aviti, quociens ecclesiam de Avaziaco vacare contigerit, idoneam personam libere eliget, que ab eodem capitulo michi et successoribus meis presentabitur, et per manum archidiaconalem ab episcopo curam accipiet animarum. Sacerdos itaque a capitulo Beati Aviti electus quod fidelis erit ecclesie et capitulo juramentum prestabit, et singulis annis duodecim solidos Aurelianensis monete in estivali festivitate beati Aviti sepedicto capitulo persolvet. Ego autem Henricus pro remedio anime mee et successorum meorum prefatam donacionem volui, approbavi et concessi. Quod, ne oblivione deleri vel ab aliquo successorum meorum valeret infringi, presentis scripti testimonio et sigilli mei munimine roboravi. Actum Aurelianis publice in aula domini episcopi, astantibus ibidem venerabilibus Aurelianensis ecclesie personis Andrea cantore, Letoldo subdecano, Buchardo cancellario Carnotensi et Aurelianensi archidiacono, Radulpho succentore, Adam Breum preposito, anno incarnati Verbi M° c° septuagesimo nono.

LITTERE QUE SEQUNTUR PERTINENT AD ESCOBOLIAS.

N° 40. — QUALITER VILLA DE ESQUOBOLIIS FUIT EX REGIA BENIGNITATE HOSPITATA. — MULTA ALIA HIC CONTINENTUR QUE LONGUA ESSENT RECITARI [1].

1142. — Fol. 78.

In nomine Sancte atque Individue Trinitatis. Ego Ludovicus, Dei gracia rex Francorum et dux Aquitanorum, notum facimus omnibus tam futuris quam et presentibus Petrum, dilectum capellanum nostrum, abbatem Beati Aviti, et Johannem decanum cum communi assensu capituli nostram presenciam adiisse, multisque depostulasse precibus quatenus terram quemdam *(sic)* illius ecclesie, que Escobolie dicitur queque usque tunc inhospitata

1. Insérée par M. Maurice Prou, p. 144 de son ouvrage sur *Les Coutumes de Lorris et leur propagation aux douzième et treizième siècles*, Paris, Larose et Forcel, 1884. — Ap. Luchaire, *Institutions des premiers Capétiens*, t. II, p. 324. Appendices n° 22. Il est important de remarquer que le scribe ne donne ici, comme il l'annonce lui-même, qu'un faible extrait de cette charte de pariage aujourd'hui détruite, suivant toutes les probabilités.

permanserat, hospitari faceremus. Quorum peticioni ex regia benignitate annuentes, terram illam voluimus et concessimus hospitari, hiis pactis et ea condicione que subscripta est : Hospitate scilicet ville redditus omnes, sive in terris, sive in hospitibus, sive undecumque provenerint, preter ecclesiam, et preter decimas que illorum proprie erunt, communes erunt, et si que forte terrarum empciones surrexerint, communiter ememus et communiter possidebimus, nisi nos voluerimus emere; illis per se licebit et erit illorum proprium quod comparaverint. Forisfacta vero communia erunt sicut et redditus. Redditus autem ville sic statuti : In Nativitate Beati Johannis Baptiste, quisque hospitum de propria masura quoque anno Aurelianensis monete sex denarios reddet censuales, et mense augusti quatuor de camparcagio; in Natale Domini, duas minas ordei ad mensuram granarii Beati Aviti, et duos capones, denarios duos et panes duos de frumento; mense augusti, omnem annonam que canonicorum erit hospites ad ecclesiam Beati Aviti Aurelianum cum suis expensis deferent, et canonici unicuique quadrige unum denarium dabunt, partem vero nostram aut apud Stampas, aut apud Piverim, aut apud Curciacum deferent, et alios redditus suis temporibus similiter. Sic igitur hospites hujus ville, preter de redditibus supra denominatis, ab omni tallia, ab omni exactione liberi erunt et immunes manebunt. Post decessum vero nostrum villa ista sic hospitata, sic libera, cum universis redditibus ad propriam prefate ecclesie possessionem redibit, nec alicui successorum nostrorum in ea aliquid reclamare licebit. Major qui in villa per manum decani et canonicorum positus fuerit nobis et decano hominum fidelitatem faciet; hac tamen condicione quod post decessum ejus nulli filiorum vel heredum in majoria aliquid reclamare liceat. Ne vero inter canonicos et majorem aliqua de feodo majorie oriatur discordia, statuimus ut major in feodum habeat terram dimidie carruce, et quintum denarium de forifactis, nec aliquid amplius in grangia vel in aliquibus ville redditibus sui juris esse contendat. Grangia vero nostra et canonicorum communis erit, et communi expensa edificabitur. Si autem acciderit quod decanus vel aliqui canonicorum pro causis ad villam pertinentibus in villam venerint, communi hospitum expensa procurentur. Quod perpetue stabilitatis obtineat munimenta, scripto commendari, et sigilli nostri auctoritate muniri, nostrique nominis subter inscripto caractere corroborari precepimus. Actum publice Aurelianis, anno Incarnati Verbi millesimo centesimo quadragesimo secundo, regni vero nostri sexto, astantibus in palacio nostro quorum nomina subtitulata sunt et signa : Signum Radulphi, Viromandorum comitis, dapiferi nostri, S. Guillelmi buticularii, S. Mathei camerarii, S. constabularii.

(Monogramme.)

Data per manum Cadurci cancellarii.

N° 41. — QUALITER QUEDAM MASURA APUD ESQUEBOLIAS FUIT VENDITA PER NOS MAJORI NOSTRO LIBERA AB OMNI TALLIA, RETENTIS NOBIS OMNIBUS CONSUETUDINIBUS SICUT IN ALIIS MASURIS EJUSDEM VILLE.

1199. — Fol. 79, verso.

Ego C., Beati Aviti decanus, et totum ejusdem capitulum notum facimus quod quendam masuram, que est apud Esquebolias, majori nostro vendidimus tam ipsi quam uxori sue in vita sua jure hereditario possidendam, quietam et liberam possidendam ab omni tallia, retentis nobis omnibus aliis consuetudinibus sicut in ceteris masuris ejusdem ville, et si quis eis aliquod inferre gravamen presumpserit, parati erimus garentire. Si vero major masuram alicui vendiderit, paratum erit capitulum garentire, ita quod talliam et omnes consuetudines reddat, sicut et ceteri de villa. Quod ut ratum sit sigillum nostrum huic pagine apposuimus; actum anno gracie M° [C°] XC° IX°.

N° 42. — QUALITER ECCLESIA DE ESQUEBOLIIS FUIT FACTA CRISMALIS PROPRIUM SACERDOTEM ET CIMITERIUM EIDEM ADJUNGENDO; ITEM QUALITER CONSTITUTA FUIT LIBERA ET ABSOLUTA AB OMNI ARCHIDIACONALI EXACTIONE.

1158. — Fol. 80.

In nomine Sancte et Individue Trinitatis. Ego Manasses, Dei gracia Aurelianensis ecclesie episcopus, ecclesie Beati Aviti in perpetuum. Quoniam disponente Dei misericordia in ecclesia Dei locum majorem optinemus, ecclesiis nobis subditis pre ceteris providere debemus. Inde est quod capellam illam, que est Coboliis *(sic)* in villa Beati Aviti, que usque ad tempus nostrum sine proprio sacerdote et sine cimiterio extiterat, crismalem constituentes ecclesiam, proprium sacerdotem et cimiterium ei addiximus; ut autem hoc beneficium ecclesie Beati Aviti gracius et utilius esset, liberam eam et absolutam ab omni archidiaconali consuetudine et exactione, post decessum domini Algrini tunc temporis archidiaconi, constituimus. Hoc tamen nobis et successoribus nostris retinuimus, ut sacerdos a canonicis Beati Aviti libere electus episcopo presentetur, ei soli super excessibus suis et de justicia facienda responsurus. Pro istius vero nostri beneficii recompensacione, canonici prefate ecclesie anniversarium patris nostri et matris, domini eciam Stephani avunculi nostri, singulis annis se celebraturos promiserunt. Actum publice Aurelianis, anno Incarnati Verbi millesimo centesimo quinquagesimo octavo; ordinatis in ecclesia sancte Crucis majoribus personis Johanne decano, Guillermo cantore, Zacharia subdecano, Hugone capicerio. Data per manum Algrini cancellarii.

N° 43. — QUALITER RADULPHUS DE PUSEOLIS DEDIT ET REMISIT NOBIS UNUM MODIUM AVENE QUEM IN GRANEA NOSTRA DE ESQUEBOLIIS SINGULIS ANNIS DE TENSAMENTO POSSIDEBAT.

1172. — Fol. 80, verso.

In nomine Sancte et Individue Trinitatis. Ego Manasses, Dei gracia Aurelianensis episcopus, ecclesie Beati Aviti in perpetuum. Sancta Dei Ecclesia, que supra petram a Christo fundata consistit, nullis debet concursibus fatigari, sed beneficia sibi a fidelibus pro redempcione animarum concessa inviolabiliter possidere, ut Domino valeat liberius deservire. Notum itaque facimus tam futuris quam presentibus quoniam Radulphus de Puseolis nostram adivit presenciam et unum modium avene, quem in granea Beati Aviti de Esqueboliis singulis annis de tensamento possidebat, pro remedio anime sue ecclesie Beati Aviti in perpetuum dereliquit. Capitulum autem prefate ecclesie, considerata devocione illius, XL et tres solidos eidem presencialiter dedit pro hujusmodi beneficio: Hoc autem voluit et concessit uxor ejusdem Radulphi, Calva nomine, et ejus heredes Ugon et Hugo, et ceteri, et Aucherius de cujus feodo predictus Radulphus illum modium in homanagium obtinebat. Posuit autem idem Radulphus nos testem et fidejussorem hujus beneficii, et deffensorem contra omnem que in posterum super hoc posset oriri calumpniam, et omnes in episcopatu nobis Deo propicio successuros, super universa que ab episcopo Aurelianensi possidere cognoscitur, hujus beneficii voluit testes esse, et contra omnem malignitatem robustissimos adhibuit deffensores. Nos quoque, nostrum benigne imparcientes assensum, id voluimus et sigilli nostri auctoritate firmamus, statuentes et sub anathemate prestito prohibentes ut nulli omnino hominum liceat hanc nostre confirmacionis paginam infringere, vel ei aliquatinus contraire. Actum publice Aurelianis, in capitulo Beati Aviti, anno Incarnati Verbi, millesimo centesimo LXX° II°, ordinatis in ecclesia Sancte Crucis majoribus personis Hugone decano, Guillermo cantore, Letoldo subdecano, Manasse capicerio, assistentibus canonicis Beati Aviti Roboam capicerio, Ansello presbitero, Nicholao diacono, Archembaldo, magistro Guarino, et magistro Gaufrido, Galterio subdiaconis, et servientibus nostris Johanne, camerario nostro, Corriano, Laurencio, Vaslino et Petro filio ejus et aliis multis.

N° 44. — QUALITER PER ORDINACIONEM EPISCOPI DEBEMUS HABERE APUD ESQUEBOLIAS DECIMAM AGNORUM SICUT AB ANTIQUO PLENO JURE PERCIPIEBAMUS; DE DECIMA VERO DE NOVO ACQUISITA PORCHORUM, LANE ET ALIORUM RERUM MINUTARUM PERCIPIET PRESBITER MEDIETATEM ET NOS ALIAM MEDIETATEM.
Septembre 1210. — Fol. 81, verso.

Ego Manasses, Dei gracia Aurelianensis episcopus, omnibus presentes litteras inspecturis, salutem in Domino. Noverint universi quod, cum inter canonicos Beati Aviti Aurelianensis ex una parte, et presbiterum de Esqueboliis ex altera, super minuta decima de Esqueboliis coram nobis ordinaria potestate questio verteretur, tandem inter ipsos de predicta decima taliter ordinavimus; videlicet quod memorati canonici decimam agnorum pleno jure percipient, sicut eamdem ab antiquo percipere consueverunt; de decima vero de novo acquisita, porcorum scilicet et lane et aliarum rerum minutarum, medietatem percipiet presbiter, et aliam medietatem percipient canonici memorati. Quot ut ratum permaneat et stabile, ad peticionem partis utriusque, presentem cartulam annotari fecimus et sigilli nostri munimine roborari. Actum anno gracie M° ducentesimo decimo, mense septembri.

N° 45. — QUALITER CAPITULUM PITHUERENSE QUICQUID JURIS HABEBAT IN TERRA NOSTRA APUD ESQUEBOLIAS ET SUPER HOSPITES NOBIS REMISIT PENITUS ET QUITAVIT IN PRESENCIA EPISCOPI AURELIANENSIS.

1214. — Fol. 82.

Manasses, Dei gracia Aurelianensis episcopus, omnibus in perpetuum. Noverint universi presentes pariter et futuri quod, cum inter capitulum Piverense ex una parte, et capitulum Sancti Aviti Aurelianensis ex altera, coram nobis contencio verteretur super eo videlicet quod in terra Sancti Aviti aput Esquebolias consuetudinem quandam, que forestagium appellatur, annis singulis persolvendam Pithuerense capitulum reclamaret, capitulo Sancti Aviti e contrario firmiter asserente quod dictam terram ita prorsus liberam possideret ut nec ab ipsa, nec ab hospitibus manentibus in eadem, dicta consuetudo vel quelibet alia Pithuerensi capitulo deberentur, privilegium piissimi recordacionis Ludovici, quondam Francorum regis, super hac exhibens libertate; tandem partibus in nostra presencia constitutis, Pithuerense capitulum, si quid juris habebat in terra prenotata et super manentes ibidem hospites, capitulo Beati Aviti remisit penitus et quitavit, promittens quod nichil juris super hoc de cetero reclamaret. Quod ut notum maneat et stabile perseveret, ad peticionem parcium presentes litteras sigilli nostri caractere fecimus roborari. Actum anno gracie millesimo ducentesimo quartodecimo.

N° 46. — QUALITER CAPITULUM PITHUERENSE CONFITETUR SE NOBIS REMISISSE SI QUID JURIS HABERET IN TERRA NOSTRA ET HOSPITIBUS APUD ESQUEBOLIAS.

1214. — Fol. 82, verso.

Tecelinus, cantor, totumque capitulum Pithuerense, omnibus in perpetuum. Noverint universi presentes pariter et futuri quod, cum inter nos ex una parte, et capitulum Sancti Aviti Aurelianensis ex altera, coram venerabili patre ac domino M., Aurelianensi episcopo, contentio verteretur super eo videlicet quod in terra Sancti Aviti apud Esquebolias consuetudinem quandam, que forestagium appellatur, annis singulis persolvendam reclamaremus, capitulo Sancti Aviti e contrario firmiter asserente quod dictam terram ita prorsus liberam possideret ut, nec ab ipsa, nec ab hospitibus manentibus in eadem, dicta consuetudo vel quelibet alia nobis debereñtur, privilegium piissime recordacionis Ludovici, quondam Francorum regis, super hac exhibens libertate[1]; tandem in presencia ejusdem domini episcopi, si quid juris habebamus in terra prenotata et super manentes ibidem hospites, capitulo Beati Aviti remisimus penitus et quitavimus, promittentes quod nichil juris super hoc reclamaremus. In cujus rei memoriam et testimonium presentes litteras prenominato capitulo concessimus sigilli nostri munimine roboratas. Actum anno gracie m° ducentesimo quartodecimo.

N° 47. — QUALITER PER ORDINACIONEM EPISCOPI PRESBITER DE ESQUEBOLIIS PERCIPIT ANNUATIM SUPRA NOS IN GRANGIA NOSTRA DE ESQUEBOLIIS IIII MODIOS BLADI AD MENSURAM DE ESQUEBOLIIS, VERUMPTAMEN MASURA TERRE ET DIMIDIA QUAM ANTEA IDEM POSSIDEBAT AD NOS FUIT REVERSA PLENO JURE.

Mai 1217. — Fol. 83.

Manasses, Dei gracia Aurelianensis episcopus, omnibus presentes litteras inspecturis, in Domino salutem. Cum ecclesia de Esqueboliis in redditibus et facultatibus adeo pauper et tenuis extiteret quod presbiter ecclesie servicio deputatus non haberet unde posset commode sustentari, nos redditus ipsius ecclesie juxta instituta generalis concilii ampliare volentes, de assensu dilectorum filiorum Constantini, decani, et capituli Sancti Aviti Aurelianensis ad quos jus patronatus ipsius ecclesie dinoscitur pertinere, duximus statuendum quod memoratus presbiter, ejusque successores universi in perpetuum, in grangia Sancti Aviti quatuor modios bladi, videlicet duos modios hibernagii competentis et duos modios marcheschie, unum scilicet ordei et alium de avena, ad minam granarii percipiet annuatim, et minutam decimam ejusdem ville; masura vero terre et dimidia, quam presbiter memoratus in eadem villa ad villenagium habebat, ad capitulum Sancti Aviti, ad voluntatem suam omnimo faciendam, quiete et libere revertetur. In cujus rei memoriam et testimonium ad peticionem supradictorum presentes litteras annotari fecimus et sigilli nostri caractere consignari. Actum anno gracie millesimo ducentesimo septimo decimo, mense maio.

1. Voy. ci-dessus, n° 40.

N° 48. — QUALITER ALEXANDER PAPA DONACIONEM NOBIS FACTAM DE ECCLESIA DE ESQUEBOLIIS PER EPISCOPUM AURELIANENSEM CONFIRMAVIT.

Fol. 83, verso.

Alexander episcopus[1], servus servorum Dei, dilectis filiis canonicis ecclesie Sancti Aviti, salutem et apostolicam benedictionem. Justis petencium desideriis dignum est facilem prebere consensum, et vota que a racionis tramite non discordant effectu sunt prosequente complenda. Ea propter, dilecti in Domino filii, vestris justis postulacionibus grato concurrentes assensu, ecclesiam de Escoboliis, quam frater noster M., Aurelianensis episcopus, canonice vobis concessit, velut in autentico scripto ex inde facto noscitur contineri, vobis et per vos ecclesie vestre, sicut eam pacifice possidetis, auctoritate apostolica confirmamus et presentis scripti patrocinio communimus, statuentes ut nulli omnino hominum liceat hanc paginam nostre confirmacionis infringere, vel ei aliquatenus contraire. Si quis autem hoc attemptare presumpserit, indignacionem Omnipotentis Dei et Beatorum Petri et Pauli apostolorum ejus se noverit incursurum. Datum Janiculi, vııı Kal. februarii.

N° 49. — [DE MAJORIA DE ASQUEBOLIIS.]

16 juin 1238. — Fol. 26.

Ego G., Beati Aviti decanus, totumque ejusdem ecclesie capitulum, omnibus presentes litteras inspecturis, salutem in Domino. Noverint universi quod nos Stephano Fabro majoriam de Asqueboliis quite et libere concessimus quoad vixerit possidendam pro sexaginta solidis parisiensium, quorum tenebitur, singulis annis, in vigilia sancti Aviti estivalis medietatem, in vigilia sancti Aviti hyemalis aliam medietatem persolvere; ita tamen quod de masura terre ad majoriam pertinente major tantummodo reddet decimam, per clericum vel mandatum nostri capituli numeratam. Præterea de clamoribus que majori fient, major quatuor denarios habebit; de forefauctis vero

---

1. Alexandre III, contemporain de Manassès I, évêque d'Orléans. Cette charte est par conséquent antérieure au 20 août 1181, date de la mort de ce pape.

et clamoribus que ante decanum venient, si decanus inde emendam levaverit, major quintum denarium habebit, et tunc de clamoribus decano factis quatuor denarios non habebit. Item de una quacumque vendicione apud Esqueboliis facta major unam lagenam vini habebit et percipiet ab emptore. In cujus rei memoriam et testimonium presentes litteras scribi fecimus et sigilli nostri munimine roborari, anno Domini M CC XXX octavo, mense junio, in vigilia Beati Aviti estivalis.

LITTERE QUE SEQUNTUR LOQUNTUR DE SARCHOTIS ET DE TRUGNIACO.

N° 50. — QUALITER TERRA DE SARCOTIS PER SENTENCIAM FUIT NOBIS ADJUDICATA REVERTI, QUE ANTEA PER ODONEM DE REMIS MILITEM DETINEBATUR.

1207. — Fol. 84.

Manasses, Dei gracia Aurelianensis episcopus, omnibus in perpetuum. Notum facimus universis tam presentibus quam futuris quod, constitutis in presencia dilecti nostri viri venerabilis ac discreti Johannis, magistri scolarum Aurelianensis, vice nostra cognoscentis, Constantino decano et capitulo Sancti Aviti ex una parte, et Odone milite de Remis ex altera, questio mota est et controversia diucius agitata super terra quadam Beati Aviti apud Sarchotas sita, lite igitur contestata, et controversia suo marte discurrente, cum predicti canonici terram prenominatam ad se pleno jure et sine calumpnia reverti debere proponerent et efficacissime comprobarent, qui inter ipsos et predictum militem talem intercessisse pactionem asserebant, quod, si sepefatam terram sicut deberet non coleret miles sepefatus, ad ipsos sine calumpnia terra reverteretur, quod apertissime probabant et convincebant ex autentico venerabilis patris et predecessoris nostri Hugonis bone memorie, quondam Aurelianensis episcopi, et ex instrumento et litteris patentibus Petri de Tiliaco, ballivi domini regis et assessoris Aurelianensis; tandem post multas altercaciones, predictus miles publice et in jure, figura judicii durante et judice pro tribunali residente, confessus est quod predictam terram sicut debuerat non excoluerat, et pactionem prelibatam inter eos intercessisse non negabat; magister igitur scolarum, qui sicut dictum est vice nostra cognoscebat, audita militis in jure confessione, et autentici venerabilis patris nostri H., quondam Aurelianensis episcopi, diligenter et subtiliter inspecto tenore, et testimonio litterarum P. assessoris Aurelianensis non neglecto, terram predictam ad capitulum Sancti Aviti pleno jure et sine calumpnia debere reverti judicavit. Nos vero sententiam istam approbamus et confirmamus, et in hujus rei fidem perpetuam et perempne testimonium presentem paginam sigilli nostri munimine fecimus roborari. Actum Aurelianis, anno gracie M° CC° septimo.

N° 51. — QUALITER TERRA NOSTRA DE SARCOTIS ET PER QUAM FORMAM TENEBATUR PER ODONEM DE REMIS MILITEM, ET POST MORTEM EJUS AD NOS REVERSURA ERAT.

1203. — Fol. 85.

Hugo, Dei gracia Aurelianensis episcopus, omnibus in perpetuum. Notum facimus universis quod Odo de Remis, miles, manifeste confessus est coram nobis in terra Beati Aviti apud Sarchotas heredes suos nichil juris habere, nec habituros esse; et quia de dampnis illatis Ecclesie eum sua remordebat consciencia, in nostra concessit presencia se, singulis annis quandiu vixerit, daturum ecclesie Beati Aviti duos modios, unum scilicet de frumento et alterum de avena, ad eminam granarii, conductos ad granarium absolute sicut decimam et campipartem que canonicis ejusdem ecclesie singulis annis redditur. Post decessum vero Odonis, heres ejus predictos modios persolvere non tenebitur, sed terra ad capitulum libera revertetur. Si vero predictus Odo totam terram sicut debet non coluerit, terra illa ad capitulum sine calumpnia revertetur, nec minus predictus Odo quoad vixerit predictos modios persolvere tenebitur annuatim. Quod ut ratum et manifeste permaneat, presentem paginam sigilli nostri munimine fecimus roborari. Actum Aurelianis, anno gracie M° CC° III°.

N° 52. — QUALITER ODO DE REMIS, MILES, CONFESSUS FUIT IN CONSPECTU ASSISIE AURELIANENSIS HEREDES SUOS NICHIL JURIS HABERE IN TERRA NOSTRA DE SARCOTIS, NEC HABITUROS IN FUTURUM; IMMO ET SI MALE COLUERIT IDEM ODO, TERRA ANTE EJUS OBITUM IPSA AD NOS REVERTETUR.

1203. — Fol. 85, verso.

Ego P. de Teliaco, domini regis ballivus assessor Aurelianensis, omnibus in perpetuum. Notum facimus universis quod Odo de Remis, miles, manifeste confessus est in conspectu assisie Aurelianensis in terra Beati Aviti apud Sarchotas heredes suos nichil juris habere, nec habituros esse; et quia de dampnis illatis Ecclesie eum sua remordet consciencia, in nostra concessit presencia se, singulis annis quamdiu vixerit, daturum ecclesie Beati Aviti duos modios, unum scilicet de frumento et alterum de avena, ad eminam granarii, conductos ad granarium absolute sicut decimam et campipartem que canonicis ejusdem ecclesie singulis annis redditur. Post decessum vero Odonis, heres ejus predictos modios persolvere non tenebitur, sed terra ad capitulum libera revertetur. Si vero predictus Odo totam terram sicut debet non coluerit, terra illa ad capitulum sine calumpnia revertetur, nec minus predictus Odo quoad vixerit predictos modios persolvere tenebitur annuatim. Actum Aurelianis in assisia, anno gracie M° CC° tercio.

N° 53. — QUALITER TERRA NOSTRA DE SARCOTIS FUIT VENDITA PERSONIS HIC NOMINATIS PRO CERTA PECUNIE SUMMA ANNUATIM REDDENDA, ET PRO DECIMA ET CAMPIPARTU ANNUATIM NOBIS REDDENDIS, ALIAS NISI DICTAM PECUNIAM, DECIMAM ET CAMPIPARTUM SINGULIS ANNIS NOBIS REDDIDERINT, ET ECIAM SI EANDEM TERRAM INCULTAM DIMISERINT, ITERATO AD NOS SINE CONTRADICTIONE ERAT REVERSURA.

Novembre 1225. — Fol. 86.

Philippus, Dei gracia Aurelianensis episcopus, omnibus presentes litteras inspecturis, salutem in Domino. Noverint universi quod, cum C., quondam Sancti Aviti Aurelianensis decanus, et ejusdem ecclesie capitulum vendidissent Gaufrido et Nicholao fratribus medietatem terre quam habebant apud Sarchotas, tam ipsis quam eorum heredibus in perpetuum jure hereditari[o] possidendam, ita quod infra octabas Sancti Remigii, fide interposita, redderent eisdem decano et capitulo quadraginta solidos paris. annuatim, et decimam et campipartem propriis expensis Aurelianis conducerent, et ad capituli grenarium asportarent, et ita unaquaque quadriga tantummodo unum haberet denarium, post decessum eorum eodem pacto heredibus obligatis; et preterea dictus decanus et capitulum duo arpenta dicte terre dictis fratribus ad hospitandum infra annum assi[g]nassent, ita quod de duobus illis arpentis tantummodo redderent decimam, quam Aurelianis ad capituli grenarium asportare tenerentur, hoc modo quod, si pro conductu uniuscujusque quadrige pro calcea denarius exigeretur, capitulum reddere teneretur; postea dilectus filius R., decanus Sancti Aviti, et ejusdem ecclesie capitulum, aliam medietatem dicte terre dictis Gaufrido, et Stephano filio dicti Nicholai, et aliis coheredibus ejusdem Stephani, et eorum heredibus in perpetuum concesserunt possidendam, sub predictis eisdem convencionibus et redibicionibus dictis decano et capitulo persolvendis, sub quibus aliam medietatem dicte terre receperunt, omni eodem modo sicut superius dictum est et expressum; ita tamen quod dicta duo arpenta a dictis R., decano, et capitulo prefatis hominibus ad hospitandum in ultima convencione tradita, nisi quando voluerint, non tenebuntur hospitari; sed, quamdiu inhospitata manebunt, dicti decanus et capitulum percipient decimam et campipartem ex eisdem sicut de alia terra supradicta. Habebunt insuper, tam ipsi quam eorum heredes, totum nemus Sancti Aviti apud Sarcotas situm ad suum usagium, et unusquisque eorum infra octabas Sancti Remigii quinque solidos solvet pro nemore dicto capitulo annuatim. Condictum eciam fuit quod, si per impotenciam eorumdem hominum vel negligenciam terra illa inculta remanserit, tam hospitata quam inhospitata, quita et libera ad dictum capitulum revertetur. Cum autem predicti homines denarios, decimam, campipartem singulis annis reddiderint, capitulum nichil ab eis exigere poterit nec debebit, et eos capitulum quantum poterit tenebitur garentire. Dictum eciam fuit quod prefatum capitulum duo arpenta terre predicte ubi voluerit habebit pro predicte ecclesie grangia facienda. Si vero plura herbegagia quam duo, in dictis quatuor arpentis dictis hominibus tam ex prima convencione quam ex secunda ad hospitandum assignatis, facta fuerint, pro quolibet herbergagio quinque solidos paris. infra octabas Sancti Remigii annis singulis pro usagio nemoris dictis decano et capitulo persolventur. Quod ut ratum et stabile permaneret, presentes litteras ad peticionem parcium fieri fecimus et sigilli nostri munimine roborari. Actum anno gracie M° CC° XX° V°, mense novembri.

N° 54. — COMPROMISSUM SUPER MOTA CONTROVERSIA INTER NOS ET PETRUM DE REMIS, MILITEM, PRO QUODAM NEMORE IN PARROCHIA DE SARCOTIS VERSUS BORDAS SITO.

Avril 1224. — Fol. 87, verso.

Philippus, Dei gracia Aurelianensis episcopus, omnibus presentes litteras inspecturis, salutem in Domino. Noverint universi quod, cum dilecti filii decanus et capitulum Sancti Aviti Aurelianensis Petrum de Remis, militem, super quodam nemore in parrochia de Sarchotis versus Bordas sito in curia nostra traherent in causam, tandem de bonorum virorum consilio dicti decanus, et capitulum, et dictus miles, pro bono pacis a dicta lite desistentes, compromiserunt in viros venerabiles subdecanum et magistrum scolarum Aurelianenses, sub pena viginti librarum parisiensium promittentes quod firmiter observarent quicquid per dictos arbitros super dicta querela fuerit ordinatum. De dicta autem pena dictus miles recognovit coram nobis se plegios assignasse, videlicet Jodoinum de Alona, Jodoinum de *Lebrefaut,* milites, et Johannem de Remis fratrem Petri supradicti. Datum anno Domini millesimo cc° vicesimo quarto, mense aprili.

N° 55. — SENTENCIA ARBITRALIS SUPER CONTROVERSIA MOTA INTER NOS ET P. DE REMIS, MILITEM, PRO QUODAM NEMORE SITO IN PARROCHIA DE SARCOTIS VERSUS BORDAS.

Juin 1236. — Fol. 88.

Philippus, divina permissione Aurelianensis episcopus, universis presentes litteras inspecturis, salutem in Domino. Noverint universi quod, cum inter decanum et capitulum Sancti Aviti Aurelianensis ex una parte, et Petrum de Remis militem ex altera, super quibusdam peciis nemoris, videlicet super pecia nemoris sita juxta nemus defuncti Odonis de *Librefaut,* militis, super alia pecia sita retro domum Gaufridi, hospitis ecclesie Sancti Aviti, super alia pecia nemoris ubi est puteus, super alia pecia sita juxta nemus dicti Petri, et super alia pecia sita juxta Voveriam, super dampnis eciam et expensis hinc inde questio verteretur, tandem partes post multas altercationes super predictis omnibus in nos de alto et basso unanimiter compromiserunt, hinc inde compromittentes sub pena centum marcharum, fide eciam super hoc utrinque in manu nostra prestita corporali, se inviolabiliter observare quicquid a nobis ordinatum esset super predictis omnibus vel statutum. Nos vero, testibus utriusque partis receptis et eorum deposicionibus diligenter inspectis, juramento de calumpnia hinc inde prius prestito, communicato prudencium virorum consilio, dictum nostrum pro bono pacis protulimus in hunc modum videlicet : Quod ecclesia Sancti Aviti pleno jure habeat et possideat in perpetuum peciam nemoris sitam juxta nemus defuncti Odonis de *Librefaut,* militis, et aliam peciam sitam retro domum Gaufridi, hospitis ecclesie Sancti Aviti, et aliam peciam ubi est puteus. Pecia autem nemoris sita juxta nemus dicti Petri per dictum nostrum dividetur equaliter inter eos, ita quod ecclesia Sancti Aviti habebit medietatem illam que est ex parte hospitum ecclesie supradicte, aliam vero medietatem, que contigua est et vicina nemori quod prefatus Petrus advocat a rege, et eciam peciam nemoris siti juxta Voveriam possidebit et tenebit ab ecclesia Sancti Aviti dictus Petrus, et ejus heredes in posterum, ad duodecim denarios censuales singulis annis in festo Sancti Aviti in estate persolvendos ecclesie supradicte[1]. Nemus eciam quod dictus Petrus advocat a rege sibi et heredibus suis in perpetuum remanebit. Marchesium vero quoddam situm in nemore predicto dividendo per dictum nostrum volumus omnibus esse commune, ita quod omnes, sine prohibicione, defensione vel difficultate aliqua, omnino usum habeant in eodem ; prefatum militem super dampnis ab ipso in predictis nemoribus datis, utramque eciam partem super expensis coram quibuscumque judicibus factis, penitus absolventes. Quod ut ratum et firmum permaneat, ad peticionem parcium presentes litteras sigilli nostri munimine fecimus roborari. Actum anno Domini M° CC° XXX° sexto, mense junio.

1. *En marge* : Credo quod modo tenetur Petrus de Porta miles, et non solvit, et vocatur locus de *Jupiau.*

N° 56. — QUALITER DEBEMUS RAMBALDO DE TRUGNIACO II MODIOS, UNUM MISTIOLI, ALIUM AVENE, ITA QUOD QUILIBET MODIUS VALEAT XIII MINAS DE MARTREIO AURELIANENSI, QUOS MODIOS DEBET APUD TRUGNIACUM IN GRANCHIA NOSTRA PERCIPERE SINGULIS ANNIS.

Décembre 1223. — Fol. 89.

Philippus, Dei gracia Aurelianensis episcopus, omnibus presentes litteras inspecturis, salutem in Domino. Noverint universi quod, cum esset contencio inter dilectos filios decanum et capitulum Sancti Aviti Aurelianensis ex una parte, et Rambaldum de Trugniaco ex altera, super eo quod idem Rambaldus dicebat quod duo modii bladi, scilicet unum mistioli et unum avene, qui eidem R. annis singulis debentur a capitulo prenotato, debebant eidem R. apud Trugniacum in decima Sancti Aviti reddi ad minam granarii Sancti Aviti, dictis decano et capitulo in contrarium dicentibus quod dictus R. eosdem duos modios apud Trugniacum debebat recipere ad minam de martreio Aurelianensi; tandem partes in nostra presencia constitute, habito prudencium virorum consilio, taliter inter se composuerunt, quod dicti decanus et capitulum dicto R. annis singulis duodecim minas, pro quolibet dictorum duorum modiorum, que valebunt tresdecim minas de martreio Aurelianensi, reddere tenebuntur, ita quod, si aliquis mansionarius extra parrochiam de Sogiaco dictam decimam a predicto capitulo ad admodiacionem receperit, ipsi decanus et capitulum reddere tenebuntur annis singulis predicto Rambaldo, in parrochia de Sogiaco ubicumque voluerint, duos modios bladi supradictos. In cujus rei memoriam et testimonium presentes litteras ad requisicionem parcium fieri fecimus et sigilli nostri munimine roborari. Actum anno Domini millesimo ducentesimo vicesimo iii°, mense decembri.

N° 57. — QUALITER POSSUMUS TRADERE CUI VOLUMUS ET UBI VOLUMUS DECIMAM DE TRUGNIACO.

Novembre 1220. — Fol. 89, verso.

Manasses, Dei gracia Aurelianensis episcopus, omnibus presentes litteras inspecturis, in Domino salutem. Noverint universi quod, cum esset contencio inter dilectos filios Constantinum decanum et capitulum Beati Aviti Aurelianensis ex una parte, et Rambaldum de Trugniaco ex altera, super eo quod idem Rambaldus dicebat se debere trahere decimam Beati Aviti de Trugniaco, et pro tractu percipere decimam decime, et habere farragina et jarbam avene pro equo suo trahente decimam, et sedem curie post paleam sine scopa, et insuper in eadem decima percipere duos bladi modios, unum ibernagii et unum avene, et super hiis fuisset inter partes aliquamdiu coram nobis litigatum; tandem receptis testibus ex utraque parte productis, diligenter examinatis et postmodum publicatis, quia per testes nobis non constitit quod Rambaldus habere deberet ea que in tractu decime et aliis reclamabat, nos, de bonorum virorum consilio, sentencialiter pronunciavimus quod in obcione supradictorum decani et capituli erit, de cetero et in perpetuum, decimam suam de Trugniaco tradere cuicumque voluerint, ad modiacionem vel ad colligendum, et in quocumque loco voluerint eam trahi facient et reponi, salvis tamen Rambaldo duobus bladi modiis tantummodo, uno ybernagii et uno avene, si decimam non trahat; si vero supradictis decano et capitulo placuerit decimam suam tra[d]ere ad trahendum supradicto Rambaldo, idem Rambaldus pro tractu decime tantummodo percipiet singulis diebus jarbam avene pro equo decimam trahente quamdiu decimam trahet, et decimam decime cum paleis et farraginibus tantummodo; sed duos bladi modios eo anno non percipiet quo trahet decimam supradictam. Quod ut ratum et firmum permaneat, ad peticionem utriusque partis presentes litteras sigilli nostri munimine fecimus roborari. Actum anno Domini M° CC° XX°, mense novembri.

LITTERE SEQUENTES PERTINENT AD VENECIACUM.

N° 58. — QUALITER QUEDAM MULIER, HIC NOMINATA, ET EJUS HEREDES DECIMAM NOSTRAM DE VENECIACO, QUAM OCCUPAVERANT, NOBIS RELIQUERUNT[1].

1176. — Fol. 90, verso.

Guillermus, Dei gracia archiepiscopus Senonensis, Apostolice Sedis legatus, omnibus ad quos littere iste pervenerint, in Domino salutem. Bonum

---

1. Publiée par de Maulde, *Condition forestière de l'Orléanais*, p. 103.

est litterarum tradi memorie quod per oblivionem poterat deperire. Hinc est quod universitati vestre notum fieri volumus quod uxor Engorrandi defuncti et heredes ejus, in presencia [nostra] constituti, decimam ecclesie Beati Aviti, quam occupaverant in territorio de Veneciaco de nemore extirpato, tam de nemore quam de terra alia in perpetuum prefate ecclesie in presentia nostra reliquerunt; ita quod nec ipsi nec eorum successores aliquid in ea deinceps reclamabunt, sed ecclesia tam in nemore, quocumque modo excolatur, quam in alia terra decimam posterum sine omni calumpnia obtinebit. Quod, ut ratum et inconcussum in posterum permaneat, presentis scripti attestatione et sigilli nostri auctoritate confirmamus. Actum Aurelianis, anno Dominice Incarnacionis M° C° LXXVI°.

N° 59. — QUALITER AUBERTUS DE JAVERCIACO, MILES, VENDIDIT NOBIS TOTAM PARTEM SUAM DECIME VINI QUAM HABEBAT IN PARROCHIA DE VENECIACO.

1225. — Fol. 91.

Philippus, Dei gracia Aurelianensis episcopus, omnibus presentes litteras inspecturis, in Domino salutem. Noverint universi quod Aubertus de Javerciaco, miles, in nostra constitutus presencia, vendidit et quitavit in perpetuum ecclesie Beati Aviti Aurelianensis totam partem suam decime vini quam habebat in parrochia de Veneciaco, et promisit, fide in manu nostra prestita corporali, se garentiturum bona fide vendicionem istam ecclesie memorate. Hanc siquidem vendicionem Guillermus filius et Elysabeth filia dicti Auberti per fidei date in manu nostra vinculum voluerunt, approbaverunt et liberaliter concesserunt. Rubertus vero de *Estive,* miles, de cujus feodo primitivo, Odo de Veneciaco, miles, de cujus feodo secundario eadem decima movere dicebatur, laudaverunt, voluerunt et concesserunt vendicionem predictam, et feodum quitaverunt. Quod ut ratum permaneat et stabile, presentes litteras ad peticionem supradictorum fieri fecimus et sigilli nostri munimine roborari. Actum anno gracie millesimo ducentesimo vicesimo quinto, mense marcio.

N° 60. — QUALITER PER COMPOSICIONEM FACTAM INTER NOS ET ABBATEM ET CONVENTUM CURIE DEI, DE XVI ARPENTIS VINEE QUE HABENT IN PARROCHIA DE VENECIACO DEBENT NOBIS SOLVERE VI SOL. PAR. ANNUATIM DIE SANCTI REMIGII, ET SI IN FUTURUM PLUS ACQUIRANT IN EADEM DECIMACIONE DICTI ABBAS ET CONVENTUS, PRO QUOLIBET ARPENTO ANNUATIM VI DENARIOS PRO MEDI[ET]ATE DECIME NOBIS DEBITE REDDENT. VERUMPTAMEN SI IN FUTURUM NOS ACQUIRAMUS PLUS JURIS IN DICTA DECIMA ULTRA MEDIETATEM QUAM NUNC HABEMUS, DICTUS CONVENTUS PLUS ECIAM SOLVET QUAM VI DENARIOS, SCILICET PRO RATA. IN CASU TAMEN UBI TOTA DECIMA ESSET NOSTRA, NON SOLVERENT ULTRA XII DENARIOS PRO ARPENTO.

Juin 1224. — Fol. 91, verso.

Philippus, Dei gratia Aurelianensis episcopus, omnibus presentes litteras inspecturis, salutem in Domino. Noverint universi quod, cum esset contencio inter dilectos filios abbatem et conventum Curie Dei ex una parte, et decanum et capitulum Beati Aviti Aurelianensis ex altera, super eo quod dicti decanus et capitulum petebant sibi reddi a prefatis abbate et conventu sex denarios parienses annuatim pro medietate decime cujuslibet arpenti de sexdecim arpentis vinee, que dicti abbas et conventus in parrochia de Veneciaco possidebant, quorum sexdecim arpentorum decimam dicti decanus et capitulum pro medietate ad se pertinere dicebant, dictis abbate et conventu respondentibus ex adverso quod plus quam tres denarios pro decima cujuslibet dictorum sexdecim arpentorum ipsis decano et capitulo reddere non debebant, ea racione quia de illis sexdecim arpentis nunquam reddiderant nisi illos tres denarios supradictos; tandem partibus de hujusmodi contentione in dilectum filium magistrum Bartholomeum de Monciaco, canonicum Aurelianensem, sub pena decem librarum parisiensium hinc inde compromitentibus, dictus magister Bartholomeus in nostra presencia constitutus, pro bono pacis, per dictum suum dixit quod dicti abbas et conventus de illis sexdecim arpentis de cetero reddant singulis annis sex solidos parisiensium, in festo Sancti Remigii, decano et capitulo memoratis pro medietate dicte decime que pertinet ad eosdem; et si in eadem decimacione dictos abbatem et conventum plus vinearum in presenciarum habere, vel in posterum acquirere contingeret, ipsi abbas et conventus de medietate decime cujuslibet arpenti, quod ipsi in eadem decimacione ultra sexdecim predicta arpenta habent vel in posterum acquirent, sepedictis decano et capitulo singulis annis sex denarios reddere tenebuntur; si autem dicti decanus et capitulum in dicta parrochia plus decime acquirent in futuro quam habent in presenti, pro ea porcione quam ipsi percipient in decima illa, reddent dicti abbas et conventus annuatim eisdem, ita quod, si tota decima illius territorii tota erit dictorum decani et capituli, ipsi plus quam duodecim denarios pro decima cujuslibet arpenti non poterunt a dictis abbate et conventu exigere, nec debebunt; nec abbas et conventus minus solvendo pro decima quam duodecim denarios de arpento erunt liberati; et sic pro medietate decime cujuslibet arpenti sex denarios, pro tercia parte quatuor denarios, et sic de reliquis porcionibus, dicti abbas et conventus solvere tenebuntur decano et capitulo memoratis. In cujus rei memoriam et testimonium presentes litteras fieri fecimus et sigilli nostri munimine roborari. Actum anno Domini M° CC° vicesimo quarto, mense junio.

N° 61. — QUALITER ABBAS ET CONVENTUS CURIE DEI CONFITENTUR SE DEBERE NOBIS, RACIONE VINEARUM QUAS NUNC HABENT, ET TERRARUM ET VINEARUM QUAS IN FUTURUM ACQUIRERE POTERUNT IN TERRITORIIS DE SULENIACO ET VENECIACO, VI DEN. PAR. PRO QUOLIBET ARPENTO DIE SANCTI REMIGII SOLVENDOS. — ET EST ISTA LITTERA ANTIQUIOR IN DATA QUAM PRECEDENS, QUANTUMCUMQUE SUBSEQUATUR IN ORDINE.

Août 1209. — Fol. 92, verso.

Universis ad quos presens scriptum pervenerit, ego frater Hugo dictus abbas et conventus Curie Dei, salutem in perpetuum. Universis notum fieri volumus quod, cum inter nos et capitulum Sancti Aviti Aurelianensis diutina fuisset contentio super decimis vinearum quas exigebat a nobis in territoriis de Suleniaco et de Venecciaco, pace mediante taliter compositum est inter nos et ipsum, quod de singulis arpentis vinearum quas habemus in prefatis territoriis et terrarum sive vinearum quas ibi de cetero, Domino juvante, acquirere poterimus, ex quibus de jure ad eos decime pertinent, sex denarios tantum in festo Sancti Remigii singulis annis jamdicto capitulo persolvemus. Et ut hoc perpetuam obtineat firmitatem, paginam hanc sigilli nostri munimine voluimus confirmari. Actum anno gracie millesimo ducentesimo nono, mense augusti.

N° 62. — QUALITER HENRICUS DE VADO TOTAM DECIMAM VINI QUAM HABEBAT IN PARROCHIA DE VENECIACO NOBIS VENDIDIT.

Août 1228. — Fol. 93.

Philippus, Dei gracia Aurelianensis episcopus, omnibus presentes litteras inspecturis, salutem in Domino. Noverint universi quod Henricus de Vado in nostra presencia constitutus totam decimam vini, quam ipse Henricus habebat in parrochia de Veneciaco, dilectis filiis decano et capitulo Sancti Aviti Aurelianensis pro decem libris parisiensium vendidit penitus et quitavit in perpetuum possidendam, fide prestita promittens quod in dicta decima vini nichil de cetero per se vel per alium reclamabit; inmo dictam vendicionem predictis decano et capitulo secundum consuetudines Aurelianenses garentiet contra omnes. Quam venditionem Odo de Veneliaco, miles, de cujus feodo predicta decima movere dicebatur, coram nobis voluit et laudavit fide prestita corporali. De garentia autem jam dicte venditionis eisdem decano et capitulo facienda contra omnes et contra retro dominum predicti feodi, Johannes *Boufaut*, Hernaudus de *Espesses*, Odo de Graneavilla et Benedictus *Boufaut* plegii per fidem astricti erga dictos decanum et capitulum coram nobis extiterunt, et de dampnis omnibus eisdem decano et capitulo resarciendis, si qua sustinuerint dicti decanus et capitulum per defectum garentie supradicte. In cujus rei memoriam et testimonium presentes litteras ad requisitionem predictarum parcium fieri fecimus et sigilli nostri munimine roborari. Actum anno Domini millesimo cc° xx° viii°, mense augusto.

ISTE LITTERE QUE SEQUNTUR LOQUNTUR DE EMPCIONIBUS SEU DATIS, SIVE ECIAM ACQUISITIS IN CLAUSTRO NOSTRO SIVE EXTRA CLAUSTRUM.

N° 63. — QUALITER REX CONCESSIT GOHERIO DE BRISSIACO UT QUAMDAM PLATEAM SITAM JUXTA PUTHEUM HABERET LIBERAM AB OMNI EXACTIONE; QUE QUIDEM PLATEA ERAT IN NOSTRO CLAUSTRO.

1112. — Fol. 94.

In nomine Sancte et Individue Trinitatis. Ego Ludovicus, Dei gracia Francorum rex, notum fieri volumus tam presentibus quam futuris quod, cum abbacia Sancti Aviti in manu nostra esset, venit ad nos Goherius de Brissiaco humiliter rogans ut plateam unam, in claustro Sancti Aviti sitam juxta puteum, quam Johanni *Vallot* servienti suo dederat ad hospitandum, liberam et inmunem a relevacionibus et vendicionibus, ab omni exactione et gravamine, sigilli nostri auctoritate confirmaremus; voluit eciam supradictus Goherius, et Johannes *Vallot* in platea sive in domo ibi sita, ne in causam trahatur, quatuor denarios pro censu habeat, qui singulis annis in festo Sancte Crucis in maio Goherio et successoribus suis in claustro Sancti Aviti reddentur. Si autem usque in crastinum reddere distulerint *(sic)*, infra octabas cum emendacione duorum caponum reddantur, et nichil ulterius. Et quia platea sive domus claustralis existit, non licebit jamdicto Goherio aut successoribus suis Johannem *Vallot* aut successores ejus pro aliquo forisfacto submonere vel in causam trahere, nisi supradictum censum quoquo modo in prefixo termino reddere desierit. Nos autem peticioni Goherii et amicorum ejus benigne annuentes, et ex dominio abbacie, et ex regia potestate, plateam illam hospitatam sive inhospitatam, ut superius dictum est, volumus et concedimus in perpetuum liberari. Quod ut ratum et inconcussum permaneat scripto commendari, et sigilli nostri actoritate *(sic)* corroborari precepimus. Actum publice, astantibus in palatio nostro Aurelianensi quorum et nomina et signa subscripta sunt : Signum Ludovici buticularii, S. Hugonis camerarii, S. Hugonis constabularii, cancellario nullo, anno ab Incarnacione Domini M°[C°]XII°, regni autem nostri quarto.

N° 64. — QUALITER DOMUS ABBACIE FUIT NOBIS CONCESSA.

Décembre 1213. — Fol. 94, verso.

Manasses, Dei gracia Aurelianensis episcopus, omnibus presentes litteras inspecturis, salutem in Domino. Noverint universi presentes pariter et futuri quod nos, attendentes paupertatem ecclesie Beati Aviti Aurelianensis et devocionem quam ejusdem ecclesie canonici erga nos actenus habuerunt, domos quasdam juxta eamdem ecclesiam sitas ad abbaciam ipsius ecclesie pertinentes, quas nomine abbatie tenebamus, prefatis canonicis contulimus irrevocabiliter et quiete perpetuo possidendas. Quod ut ratum et stabile permaneret, presentes litteras eisdem concessimus sigilli nostri munimine roboratas. Actum anno Domini millesimo ducentesimo terciodecimo, mense decembri.

N° 65. — QUALITER ROBOAM, QUONDAM CAPICERIUS NOSTER, DEDIT NOBIS DOMUM SUAM QUE EST SUPRA BARRAM CLAUSTRI, QUE VOCATUR ROBOAM.

Juillet 1174. — Fol. 95.

In nomine Sancte et Individue Trinitatis, amen. Firma et inconcussa debent manere statuta que racionabiliter et communi assensu fuerint in capitulo stabilita. Propterea ego Manasses, Dei gracia Aurelianensis episcopus et Sancti Aviti abbas, notum facimus presentibus et futuris quoniam Roboam, capicerius ecclesie Beati Aviti, dedit eidem ecclesie et capitulo domos suas que sunt in claustro eodem, pro remedio anime sue, et idem capitulum ipsi eas in vita sua dedit et concessit possidendas. Cognita eciam ipsius devocione, capitulum predicte ecclesie easdem domos Gualterio, concanonico suo ejusdem Roboam consanguineo, in vita ipsius Gualterii possidendas concessit, et duo agripenta vinearum, que sunt ad Sanctum Vincencium, quas idem Roboam a capitulo Beati Aviti in vita sua possidebat, et singulis annis duodecim solidos pro eisdem vineis capitulo in festo Beati Aviti estivalis persolvebat. Post decessum vero prefati Roboam, Gualterius duodecim solidos similiter annuatim capitulo persolvet, et duos solidos de domibus premissis, ita quod quatuordecim solidi de toto a jam dicto Gualterio reddentur qui, in die anniversarii memorati Roboam capicerii, inter canonicos qui presentes aderunt servicio dividentur. Exeunte vero de vita predicto Gualterio, libere et sine contradictione tam domus quam vinee ad proprietatem capituli revertentur, et alicui concanonicorum suorum, vel ubi commodum eis videbitur, sub sorte que videbitur eis utilis, domos et vineas habendas permittent; ita tamen quod distribucio quatuordecim solidorum in die anniversarii prenominati Roboam capicerii non cessabit. Johannes autem decanus, de nostra permissione et voluntate, domos predictas et domum Beati Aviti, que juxta est ad opus granarii edificata, a censuali consuetudine quatuordecim denariorum liberas in perpetuum esse dimisit, ita quod aliquis decanus successor ejus censum aliquem in eis non poterit reclamare vel requirere, sed domus ille libere sine omni censu et consuetudine capitulo deinceps remanebunt. Hec autem, ut inviolabiliter permaneant, sigilli nostri auctoritate et capituli predicti fecimus roborari, et sub cyrographo memorie commendari, statuentes ut si aliquis hujus confirmacionis pagine obviare presumpserit anathema sit. Actum Aurelianis in capitulo Beati Aviti, anno Incarnacionis Dominice millesimo centesimo LXX° quarto, episcopatus nostri vicesimo nono, XVIII Kal. augusti, assistentibus ibidem Andrea Sancte Crucis cantore, Letoldo Sancte Crucis subdecano, Guarnaldo succentore, magistro Gaufrido de Graciaco, Herveo Morini, Hugone Catalaunensi canonico Sancte Crucis, Odone sacerdote sancti Laurencii de Aeriis, Gualterio Guidonis, Johanne decano Beati Aviti cum canonicis suis, Nicholao diacono, Archambaldo, Goffrido, Guarino, Gualterio.

N° 66. — QUALITER PAGANUS MANSELLI CESSIT JURA, SI QUID HABEBAT, XII DENARIORUM CENSUALIUM QUOS DE MASURA QUADAM IN CLAUSTRO SANCTI AVITI ANTE CONSPECTUM ECCLESIE ASSEREBAT SE JURE HEREDITARIO POSSIDERE.

1177. — Fol. 96.

Ego Manasses, Dei gracia Aurelianensis episcopus et ecclesie Beati Aviti abbas, notum facimus presentibus et futuris quod, cum quedam controversia verteretur inter capitulum Beati Aviti et Paganum Manselli juniorem super duodecim denariis censualibus, quos de masura quadam in claustro Beati Aviti ante conspectum ipsius ecclesie hereditario jure se possidere asserebat de feodo abbatie, canonici responderunt nullum feodum esse in claustro, nullum quoque preter decanum aut capitulum censum in eo habere, et quod pater Pagani, qui eosdem duodecim denarios exigere presumebat, sentencia anathematis correptus, in extremis eosdem denarios ecclesie in perpetuum refutando dimisit, confitens se injuste eos, peccatis suis exigentibus, occupasse. Verum cum idem Paganus se illud ignorare assereret, et canonicis jam probacio inmineret, consilio nostro, idem Paganus ductus penitencia, pro remedio anime patris sui et peccatorum suorum remissione, si quid juris eciam in hoc habuerit, ecclesie in perpetuum condonavit. Nos quoque, quia de feodo abbacie Beati Aviti se eos tenuisse opponebat, voluimus, laudavimus et approbavimus. Actum in capitulo Beati Aviti, anno Incarnacionis Dominice M° C° LXX° VII°.

N° 67. — QUALITER CONCESSIMUS CUIDAM DECANO SANCTE CRUCIS HIC NOMINATO, QUANDIU DECANUS VIXERIT, QUEMDAM HOSPITEM QUEM HABEBAMUS APUD MANSUM, ET CENSUM, PROVENTUM ET JUSTICIAM, EXCEPTA DECIMA NOSTRA. HABEBAT TAMEN IDEM DECANUS SINGULIS ANNIS DIE SANCTI AVITI ESTIVALIS. XVI DENARIOS CENSUALES NOBIS SOLVERE POSTQUAM AUTEM SUUM DIMISERIT DECANATUM MORTE, VEL ALIAS, AD NOS TOTUM DEBET REVERTI.

1173. — Fol. 97.

Ego Manasses, Dei gracia Aurelianensis ecclesie minister humilis, notum facio tam futuris quam presentibus quia Johannes, Beati Aviti decanus, totumque ejusdem ecclesie capitulum Hugoni, decano Sancte Crucis, quamdiu ipse decanatum tenebit, assensu et voluntate nostra, quemdam hospitem Rainaldum scilicet filium Boni Hominis quem habebant apud Mansum, et censum, et totum proventum, et justiciam, et quicquid habebant in terra illius hospitis, excepta decima, communi tocius capituli conivencia concesserunt, tali tamen condicione et pacto, quod prefatus Hugo decanus, singulis annis ecclesie Beati Aviti in sollempnitate ejusdem que celebratur mense junio, sexdecim denarios censuales persolvet; et post decessum ejusdem decani, vel si forte decanatum non tenebit, memoratus hospes Rainaldus cum omnibus rebus ejusdem, cum rebus eciam omnibus quas in memorata terra idem Hugo decanus acquirere et augmentare poterit, ad ecclesiam Beati Aviti revertetur. Quod ut firmum et inviolabile permaneret, actoritate *(sic)* tam nostri quam ipsius Hugonis decani sigilli corroboratum est. Actum publice in capitulo Beati Aviti, anno ab Incarnacione Domini millesimo C° LXX° III°.

N° 68. — QUALITER JOHANNES DECANUS PRO REMEDIO ANIME SUE ET PETRI CAPELLANI, FRATRIS SUI, DEDIT NOBIS DUAS CAMERAS CUM TOTO VIRIDARIO AD EASDEM PERTINENTI IN PARROCHIA SANCTI VINCENCII PRO ANNIVERSARIO IPSIUS DECANI ET FRATRIS SUI PERPETUO FACIENDO.

1175. — Fol. 97, verso.

Ego Manasses, Dei gracia Aurelianensis episcopus et ecclesie Beati Aviti abbas, Johannes quoque decanus et universum capitulum ecclesie Sancti Aviti, notum facimus presentibus et futuris quia Johannes prefatus decanus, pro remedio anime sue et Petri capellani fratris sui, dedit ecclesie predicte

Sancti Aviti duas cameras cum toto viridario ad easdem pertinenti, que sunt vicine domui ejusdem decani in parrochia Sancti Vincencii, tali modo quod anniversaria dies obitus tam predicti decani quam fratris ejus Petri capellani in ecclesia Beati Aviti perpetuo celebrarentur. Nos vero attendentes devocionem memorati decani circa ecclesiam Beati Aviti, precibus ipsius, predictas cameras Petro clerico nepoti ipsius in vita sua post obitum decani possidendas quiete et pacifice concessimus; ita quod singulis [annis] in celebracione anniversarii sex solidos Aurelianensis monete persolvet, qui inter canonicos et clericos ecclesie Beati Aviti, qui presentes servicio interfuerint, distribuentur. Decedente autem Petro, camere satisdicte ad confrariam Beati Aviti revertentur, et de confrarie bonis sex solidi deinceps reddentur in predicto anniversario inter canonicos et clericos, ut predictum, est dividendi. Capitulum vero de rebus confrarie censum predictarum vinearum singulis annis persolvet; arpentum quoque vinee, quod de prebenda Sancte Crucis apud Sanctum Flosculum capitulum Beati Aviti habere dinoscitur, et predictus decanus illud edificaverat, et plantaverat, et illud in vita sua possidebat, gracia et amore ipsius decani, Petro nepoti ejus prenominato quamdiu vixerit possidendum concessimus; ita quod annuatim capitulo nostro in festivitate Beati Aviti in junio pro censu et decima duodecim denarios persolvet, et post ipsius Petri obitum capitulum eamdem vineam ad usus suos libere et sine calumpnia possidebit. Quod ut ratum haberetur auctoritate sigilli nostri, capituli eciam Beati Aviti sigillo, sub cyrographo confirmatum est. Actum in capitulo Beati Aviti, anno Incarnati Verbi millesimo centesimo LXX° quinto, assistentibus et concedentibus Johanne decano, Roboam capicerio, Ansello presbitero, Nicholao diacono, Archanbaldo, Guarino, Gaufrido, Galterio, Stephano, subdiaconis, et Paschario, Beati Aviti canonicis, Judicello presbitero, Momo diacono, Guillermo Anselli clerico, Guillermo Anglico, Johanne de Sancto Evurcio.

N° 69. — QUALITER DUE CAMERE IN VICO EPISCOPI SITE, VIE PUBLICE CONTIGUE, CUM VIRIDARIO ADJACENTE FUERUNT NOBIS CONCESSE.

1180. — Fol. 98, verso.

Beneficia que a fidelibus Sancte Dei Ecclesie conferuntur litterarum debent memoria commendari, ne per oblivionem vel calumpniam posterorum valeant perturbari. Eapropter ego Manasses, Dei gracia Aurelianensis episcopus, notum facimus presentibus et futuris quoniam Benedictus, matricola Sancte Crucis, et Elysabeht uxor ejus concesserunt et dederunt ecclesie Beati Aviti duas cameras in vico Episcopali sitas, vie publice contiguas, cum toto viridario adjacente quas Deo juvante adquisierant; ita tamen quod ipse vel ipsa, altero decedente, easdem domos in vita sua possideat, et post eorumdem decessum Andreas clericus, nepos prefate Elysabeht, domos illas et viridarium in vita sua ab ecclesia obtinebit, et in anniversario die obitus predictorum Benedicti et Elysabeht sollempniter celebrato quinque solidos persolvet distribuendos Beati Aviti canonicis et clericis qui officium anniversarii celebrabunt. Post obitum vero Andree, capitulum Beati Aviti prefatas domos cum viridario possidebit, et in anniversario predictorum quinque solidos distribuet. Actum in ecclesia Beati Evurcii, anno Incarnacionis Dominice M° centesimo LXXX°.

N° 70. — QUALITER FUERUNT NOBIS ADJUDICATI V SOLIDI ANNUATIM SUPER DIMIDIO ARPENTO VINEE APUD BANLIVAM SITO IN CENSIVA NICHOLAI LAMER.

Septembre 1218. — Fol. 99.

Manasses, Dei gracia Aurelianensis episcopus, omnibus presentes litteras inspecturis, salutem in Domino. Noverit universitas vestra quod, cum inter decanum et capitulum Beati Aviti Aurelianensis ex una parte, et Hamericum de Martreio ex altera, coram nobis contentio verteretur super eo quod idem capitulum petebat annuatim quinque solidos parisiensium super dimidio arpento vinee apud banlivam in censiva Nicholaï *Lamer* site, quos a defuncta Maria, ejusdem Hamerici nepte, in lecto egritudinis extreme laborante, idem capitulum sibi legatos asserebat ad anniversarium suum singulis annis celebrandum, et inter partes super hoc fuisset diu litigatum, tandem testibus super hoc receptis et diligenter examinatis, et attestacionibus publicatis, die etiam ad proferendum diffinitivam sentenciam assignata, partibus in nostra presencia constitutis, de bonorum virorum consilio, predictos quinque solidos super prefato dimidio arpento vinee annuatim percipiendos per diffinitivam sentenciam adjudicavimus capitulo memorato, eidem Hamerico perpetuum super hoc silencium imponentes. Quod ut ratum et notum permaneat, presentes litteras fecimus scribi et sigilli nostri karactere confirmari. Actum anno Domini millesimo ducentesimo octavo decimo, mense septembri.

N° 71. — QUALITER FUIT NOBIS VENDITA DECIMA SITA IN PARROCHIA DE CHINGIACO IN PLURIBUS TERRITORIIS HIC NOMINATIS.

Septembre 1216. — Fol. 99, verso.

Manasses, Dei gracia Aurelianensis episcopus, omnibus presentes litteras inspecturis, salutem in Domino. Noverint universi quod Garnerius de Spineto, miles, et uxor ejus Philipa, in presencia nostra constituti, quicquid decime in territorio Sancti Maximini, in territorio Sancti Aviti, in territorio Petri de Porta, militis, in territorio Hermeniardis de Porta, inter Gometum et *Villemocon* in parrochia de Chingiaco site habebant, ecclesie Beati Aviti Aurelianensis pro decem libris et dimidia parisiensium vendiderunt, fide corporali in manu nostra prestita firmiter promittentes quod dictam vendicionem pro posse suo fideliter garentirent. Hanc autem vendicionem Maria, uxor defuncti Johannis *Gillete*, et Gofridus ejus filius, a quibus dictus Garnerius et uxor ejus Philipa prefatam tenebant decimam, laudaverunt et voluerunt. De hujusmodi vero vendicione ecclesie Beati Aviti garendienda, dictus G. et uxor ejus plegios dederunt, videlicet Petrum de Porta militem, Gervasium Costa Dura, Robinum de *Vilerciaus*, Robertum de *Telei* qui per fidem in manu nostra prestitam promiserunt se dampna, dispendia et expensas quas predicta ecclesia pro defectu garendie incurreret, plenarie reddituros. In cujus rei memoriam et testimonium presentes litteras fieri fecimus et sigilli nostri munimine roborari. Actum anno Domini M° CC° sextodecimo, mense septembri.

N° 72. — QUALITER LOCO CUJUSDAM SOLLEMPNIS CONVIVII AD QUOD ANNUATIM TENEBATUR DE-
CANUS NOSTER NOBIS IN FESTO BEATI AVITI ESTIVALIS DEDIT NOBIS NOVEM SOLIDOS CENSUS,
TRIBUS OBOLIS MINUS, IN NOSTRO CLAUSTRO, ET XII DENARIOS APUD SANCTUM MARCHUM EX
DECIMA TEMPLARIORUM PROVENIENTES. CUM VENDICIONIBUS ET RELEVACIONIBUS, DE QUIBUS
NEC DECANUS SINE NOBIS, NEC NOS SINE IPSO FINEM FACERE POTERIMUS.

1187. — Fol. 100.

Ego Henricus, Dei gracia Aurelianensis episcopus, notum facimus universis tam presentibus quam futuris quoniam Andreas, ecclesie Beati Aviti decanus, rogavit canonicos ejusdem ecclesie quod ab antiquo et sollempni convivio, quod ipse canonicis et clericis ibidem Deo deservientibus annuatim in festo Beati Aviti estivalis reddere tenebatur, quoniam ipsum plus decano gravaminis quam ipsis utilitatis videbatur afferre, sub certa et perpetua recompensacione ipsum et ejus successores in perpetuum absolverent; quibus voluntati et peticioni ejus assensum prestantibus, concessit eis et in perpetuum dimisit novem solidos census, tribus obolis minus, quos in claustro Beati Aviti jure decanatus habebat, et apud Sanctum Marchum duodecim denarios cum decima de vineis Templariorum provenientes, cum vendicionibus et relevacionibus exinde procreandis, de quibus tamen nec decanus sine capitulo, nec capitulum sine decano, poterunt finem facere vel diffinire nisi de communi assensu, retenta tamen decano et successoribus ejus tercia parte vendicionum et relevacionum, et omni justicia, sicut eas habet in alio eorum censu qui est in eodem claustro, que ad decanatum attinere noscuntur. Nos autem utriusque partis utilitati consulentes voluimus, approbavimus, et sigilli nostri auctoritate roboravimus. Actum publice in capitulo Beati Aviti, anno ab Incarnacione Domini M° C° LXXXVII°.

N° 73. — QUALITER ABBAS ET CONVENTUS SANCTI EVURCII CONFESSI FUERUNT VINEAS SITAS APUD
LOCUM QUI DICITUR BANLIVA, IN CENSIVA BEATE MARIE INTER MUROS ET FOSSATA, QUE FUERUNT
QUONDAM DEFUNCTI GALTERI, CAPICERII NOSTRI, AD NOS PERTINERE, LICET IIDEM ABBAS ET
CONVENTUS PRIUS CONTENDISSENT.

Juin 1224. — Fol. 100, verso.

Philipus, Dei gracia Aurelianensis episcopus, omnibus presentes litteras inspecturis, salutem in Domino. Noverint universi quod, cum esset contencio coram nobis inter dilectos filios abbatem et conventum Sancti Evurcii ex una parte, et decanum et capitulum Sancti Aviti Aurelianensis ex altera, super vineis sitis apud locum qui dicitur Banliva, in censiva Beate Marie inter muros et fossata, que fuerunt defuncti Galteri quondam capicerii Sancti Aviti, tandem post multas altercaciones, dicti abbas et conventus Sancti Evurcii in nostra presencia constituti in jure recognoverunt quod dicte vince ad dictum decanum et capitulum pertinebant, promittentes quod in illis vineis nichil de cetero reclamabunt. Concesserunt autem dicti decanus et capitulum quod se non opponerent quin Stephanus presbiter, nepox *(sic)* dicti capicerii, decem solidos parisiensium dictis abbati et conventui persolvat annuatim, quamdiu ipse Stephanus percipiet proventus vinearum predictarum; cum autem dictus Stephanus proventus ipsarum vinearum percipere desierit, dicte vince ad ipsos decanum et capitulum libere et absolute sine aliqua pensione revertentur. In cujus rei memoriam et testimonium presentes litteras ad peticionem parcium fieri fecimus et sigilli nostri munimine roborari. Actum anno Domini m° cc° vicesimo quarto, mense junio.

N° 74. — QUALITER ACQUISIVIMUS QUAMDAM DOMUM EXTRA MUROS AURELIANENSES SITAM, QUE FUERAT QUONDAM ROGERII CAMPANARII ET ASE EJUS UXORIS.

Septembre 1225. — Fol. 101.

Vulgrinus, Sancti Evurcii Aurelianensis abbas, et ejusdem ecclesie conventus, omnibus presentes litteras inspecturis, in Domino salutem. Noverit universitas vestra quod, cum inter nos ex una parte, et decanum et capitulum Sancti Aviti ex altera, super quadam domo in claustro nostro sita, que eisdem in elemosina fuerat collata, questio verteretur, asserentibus nobis quod predictam domum supra annum unum de jure tenere non possent aut deberent, dictis decano et capitulo e contrario asserentibus quod eos conpellere non poteramus ut extra manum suam ponerent dictam domum; habito tandem bonorum virorum consilio, talis inter nos et ipsos facta fuit conposicio, quod dictam domum nobis in perpetuum possidendam concesserunt et quitaverunt, et nos eisdem quandam domum extra muros Aurelianenses sitam, que quondam fuit Rogeri Campanarii et Ase uxoris ipsius, quam eciam nobis in elemosinam contulerant, dictis canonicis concessimus et quitavimus in perpetuum possidendam. Ut autem ista composicio rata permaneat et stabilis, presentes litteras eisdem concessimus et dedimus sigillorum nostrorum testimonio roboratas, et illi similiter suas litteras testimoniales nobis contulerunt. Actum anno Domini M° CC° vicesimo quinto, mense septembri.

N° 75. — QUALITER CAPITULUM SANCTI PETRI PUELLARUM NOBIS VENDIDIT QUODDAM ARPENTUM VINEE APUD FOSSAM THEOBALDI.

Mars 1231. — Fol. 102.

Omnibus presentes litteras inspecturis, Henricus *Salerne*, decanus, totumque capitulum Sancti Petri Puellarum, salutem in Domino. Noverint universi quod nos decano et capitulo Sancti Aviti quoddam arpentum vinee apud Fossam Theobaldi in censiva Roberti de Capella militis situm pro sexdecim libris, de quibus nos tenuimus plenarie pro pagatis, vendidimus, et concessimus eisdem secundum consuetudines Aurelianenses garentire. In cujus rei memoriam et testimonium presentes litteras sigillo nostro fecimus roborari. Actum anno Domini M° CC° XXXIIII°, mense marcio.

N° 76. — QUALITER ERNAUDUS, MATRICULARIUS SANCTE CRUCIS, ET ELISABETH EJUS UXOR NOBIS VENDIDERUNT DOMUM SUAM SITAM IN CLAUSTRO NOSTRO.

Novembre 1238. — Fol. 102.

Omnibus presentes litteras inspecturis, officialis Aurelianensis, salutem in Domino. Noverint universi quod constituti coram nobis Ernaudus, matricularius Sancte Crucis Aurelianensis, et Helysabeht ejus uxor vendiderunt venerabilibus viris decano et capitulo Sancti Aviti Aurelianensis pro viginti et octo libris parisiensium, de quibus coram nobis tenuerunt se integre pro pagatis, quamdam domum suam sitam in claustro Sancti Aviti Aurelianensis, que ad ipsum Ernaudum, ut dicitur, devenit jure caduci ex parte defuncte

Marie sororis sue, fide in manu nostra prestita concedentes quod contra dictam vendicionem per se vel per alium de cetero non venirent, inmo eam dictis decano et capitulo ad usus et consuetudines Aurelianenses legitime garentirent. Hanc autem vendicionem Robertus presbiter de *Tigi,* filius dicti Ernaudi, Theobaldus *Blanvilain,* et Bertherus *Pance,* generi ejusdem Ernaudi, Ilysabella et Gila uxores eorumdem, filie dicti Ernaudi, voluerunt fide prestita et laudarunt; et dicta Elysabeht, uxor dicti Ernaudi, quicquid juris dotis nomine aut alia racione in dicta domo habere poterat aut debebat quitavit dictis emptoribus, fide prestita, et dimisit. Actum ad preces parcium anno Domini millesimo ducentesimo tricesimo octavo, mense novembri.

N° 77. — QUALITER PETRUS AURIFABER VENDIDIT NOBIS QUAMDAM DOMUM SITAM APUD SANCTUM VINCENCIUM IN VINEIS IN CENSIVA GAUFRIDI MANSELLI MILITIS.

Février 1230. — Fol. 102, verso.

Omnibus presentes litteras inspecturis, magister Robertus, officialis Aurelianensis, in Domino salutem. Noverint universi quod in nostra constitutus presencia Petrus, dictus Aurifaber, recognovit se vendidisse decano et capitulo Beati Aviti Aurelianensis quemdam *(sic)* domum sitam apud Sanctum Vincencium in vineis, in censiva Gaufridi Manselli militis, pro tredecim libris parisiensium, de quibus ipse Petrus se tenuit coram nobis integre pro pagato, fide prestita promittens quod in dicta domo per se vel per alium nichil de cetero reclamabit nec faciet reclamari, immo dictam vendicionem prefatis decano et capitulo ad usus et consuetudines Aurelianenses legitime garentiet contra omnes; de qua garentia memoratis decano et capitulo ad usus et consuetudines Aurelianenses facienda, Guillermus de *Marches* et Herveus de Sancto Privato pro dicto Petro plegii extiterunt. Maria vero, uxor prefati Petri, vendicionem istam voluit et concessit, fide data renuncians omni juri quod in dicta domo racione dotalicii seu alia quacumque ex causa habere poterat aut debebat. Henricus eciam, frater dicti Petri, vendicionem predictam laudavit, et fide media voluit et concessit. In cujus rei memoriam et testimonium presentes litteras ad requisicionem partium, salvo jure Domini episcopi per omnia, fieri fecimus et sigillo Aurelianensis curie roborari. Actum anno Domini millesimo ducentesimo tricesimo, mense februario.

N° 78. — QUALITER FUERUNT NOBIS RELICTI XII SOL. QUOS ANNUATIM SOLEMUS ACCIPERE SUPRA CAPITULUM SANCTI PETRI VIRORUM, IN FESTO SANCTE KATHERINE.

Janvier 1249(-1250.) — Fol. 103, verso.

Omnibus presentes litteras inspecturis, officialis curie Aurelianensis, salutem in Domino. Noverint universi quod constitutus coram nobis Gaufridus dictus *Lami,* presbiter, confessus est se a decano et capitulo ecclesie Sancti Aviti Aurelianensis decem libras parisiensium mutuo et in numerata pecunia recepisse, pro quibus decem libris concessit et assignavit dictis decano et capitulo duodecim solidos annui redditus supra domum suam sitam versus Sanctum Vincentium in vineis capiendos, et ad dictos duodecim solidos, anno quolibet in vigilia Beate Katherine, Harduino canonico dicte ecclesie Sancti Aviti qui dictas decem libras de suo solverat quamdiu vixerit, et post ejusdem Hardoini decessum, dictis decano et capitulo persolvend[o]s, idem presbiter se et heredes suos dictam domum possidentes fide media obligavit. Si vero dictus presbiter super alias res dictos duodecim solidos assignaverit capiendos, assignacione eque et racionabiliter alibi facta, erit predicta domus a dictorum duodecim solidorum honere *(sic)* penitus liberata. Hanc autem concessionem et assignacionem Erardus, pater dicti presbiteri, concedens promisit fide data contra nullatenus se venturum. Preterea de dictis duodecim solidis Hardoinus coram nobis taliter ordinavit, quod in festivitate Beate Katerine annuatim septem solidi canonicis, capellanis et clericis tres solidi, qui servicio intererunt, distribuantur, et duo solidi capellanis ejusdem ecclesie Beati Aviti qui die dicti festi vel in crastino post decessum ipsius Hardoini ob remedium anime ejus pro defunctis duxerint celebrandum. In cujus rei memoriam et testimonium presentes litteras ad requisicionem predictorum omnium sigillo Aurelianensis curie ducimus roborandas. Actum anno Domini millesimo ducentesimo XL° nono, mense januario.

N° 79. — QUALITER HUGO, FILIUS DEFUNCTI RADULPHI DE BARRA, NOBIS VENDIDIT QUATUOR PARTES II ARPENTORUM VINEARUM, OBOLATA CENSUS MINUS, ET QUICQUID JURIS HABEBAT IN DICTIS QUATUOR PARTIBUS QUAS HABEBAT APUD PRESSORIUM CHAUDETI.

10 Novembre 1245. — Fol. 104.

Omnibus presentes litteras inspecturis, officialis curie Aurelianensis, salutem in Domino. Noverint universi quod constitutus coram nobis Hugo, filius defuncti Radulphi de Barra, quatuor partes duorum arpentorum vinearum, obolata census minus, et quicquid juris habebat vel habere poterat in dictis duobus vinearum arpentis, obolata census minus, excepta quinta parte illorum duorum arpentorum vinearum, obolata census minus, que se habere dicebat idem Hugo apud pressorium, quod Pressorium Chaudeti vulgaliter *(sic)* appellatur, in censiva Beati Benedicti Floriacensis sita, vendidit in perpetuum penitus et quitavit viris venerabilibus decano et capitulo Beati Aviti Aurelianensis pro triginta et una libra parisiensium, de quibus triginta et una libra parisiensium confessus est coram nobis dictus Hugo sibi esse plenarie et integre satisfactum a dictis decano et capitulo in pecunia numerata, fide prestita in manu nostra promittens dictus Hugo quod contra vendicionem et quitacionem istam de cetero, qualibet racione seu causa per se vel per alium, venire nullatenus attemptabit; inmo promisit fide data dictus Hugo quod dicta duo arpenta vinearum, obolata census minus, excepta dicta quinta parte illarum vinearum, supradictis decano et capitulo et eorum successoribus ad usus et consuetudines Aurelianenses legitime garentiet contra omnes. Hanc autem vendicionem et quitacionem Johanna mater dicti Hugonis, Adam, Radulphus, Maria et Acelina, fratres et sorores ejusdem Hugonis, voluerunt et concesserunt coram nobis, promittentes dicta Johanna mater dicti Hugonis, et dicti fratres et sorores ejusdem Hugonis, et Stephanus et Petrus mariti dictarum Marie et Aceline, per fidem suam in manu nostra super hoc specialiter prestitam corporalem, quod contra dictas vendicionem et quitacionem a dicto Hugone prefatis decano et capitulo factas, qualibet racione per se vel per alium, non venient in futurum. In cujus rei memoriam et testimonium presentes litteras ad requisicionem omnium predictorum sigillo Aurelianensis curie fecimus sigillari. Datum anno Domini millesimo ducentesimo quadragesimo quinto, in vigilia Beati Martini Hyemalis.

N° 80. — QUALITER FUIT NOBIS DONATA DOMUS CUM VIRGULTO IN VICO DE SUBMURO SITA.

Décembre 1249. — Fol. 105.

Omnibus presentes litteras inspecturis, officialis curie Aurelianensis, salutem in Domino. Noverint universi quod in nostra presencia constituti Robertus, filius defuncti Georgii de Sub muro, et Adelota ejus uxor quintum cujusdam domus et virgulti siti retro eamdem domum, quam se habere dicebant in vico de Sub muro, in censiva Petri *Hure* sitam, dederunt in puram elemosinam et concesserunt ecclesie Beati Aviti Aurelianensis in perpetuum pacifice possidendum; residuas vero quatuor partes dicte domus et dicti virgulti Hardoino, canonico ejusdem ecclesie, vendiderunt in perpetuum et penitus concesserunt pro duodecim libris parisiensium, de quibus se tenuerunt dicti Roberti et uxor ejus coram nobis integre pro pagatis, fide prestita in manu nostra promittentes quod contra dacionem, vendicionem et concessionem predictas de cetero, jure hereditario, seu dotis vel dotalicii nomine, seu eciam qualibet alia ratione, per se vel per alium venire nullatenus attemptabunt, nec in dictis domo et virgulto aliquid de cetero reclamabunt; inmo promiserunt, dicta fide prestita, quod dictam domum et virgultum dictis ecclesie, et Hardoino canonico, et successoribus eorum in dictis domo et virgulto, ad usus et consuetudines Aurelianenses legitime garentient in perpetuum contra omnes. Hanc autem dacionem et vendilionem Amelina, dicte Adelote..., Ebrardus cordubenarius et Liiardis uxor ejus coram nobis voluerunt et concesserunt, et quicquid dotis vel dotalicii nomine, seu ratione obligationis, seu eciam qualibet alia ratione in dictis domo et virgulto habebant et habere poterant, per fidem suam in manu nostra prestitam, dictis ecclesie, et Hardoino, et eorum successoribus in eisdem domo et virgulto quitaverunt in perpetuum et penitus remiserunt, renunciantes iidem Ebrardus et Liiardis uxor ejus omnibus instrumentis quibus possent in dicta domo et virgulto aliquid reclamare; et de quatuor libris pro quibus sibi fuerat dicta domus obligata, ut dicebant, se tenuerunt integre pro pagatis. Dictus vero Hardoinus dictas quatuor partes dicte domus et dicti virgulti sibi, ut dictum est, venditas prefate ecclesie quitavit in perpetuum penitus et dimisit, bona fide promittens quod contra quitacionem et dimissionem predictas de cetero, qualibet ratione seu causa, per se vel per alium non veniet, nec in toto dictis domo et virgulto aliquid de cetero reclamabit. In cujus rei memoriam et testimonium presentes litteras fecimus sigillo Aurelianensis curie roborari. Datum anno Domini millesimo cc° quadragesimo nono, mense decembri.

N° 81. — TESTAMENTUM DEFUNCTI GAUFRIDI GRUAUT QUI NOBIS LEGAVIT DOMUM SUAM PRO ANNIVERSARIO SUO, ET PATRI ET MATRE SUIS, FACIENDO, PROUT INFRA CONTINETUR.

Décembre 1244 et Mars 1252. — Fol. 106.

Omnibus presentes litteras inspecturis, officialis curie Aurelianensis, salutem in Domino. Noverint universi nos testamentum Gaufridi *Gruaut*, quondam capellani Sancti Aviti, non abolitum, non cancellatum, nec in aliqua parte sui viciatum, vidisse in hec verba, sigillo bone memorie Manasse, quondam decani Aurelianensis, sigillatum :

In nomine Patris et Filii et Spiritus Sancti, amen. Incipit legatum domini Gaufridi, capellani Sancti Aviti. Primo legat ecclesie Sancti Aviti domum suam in qua manet pro anniversario suo faciendo, et pro anniversario patris et matris sue similiter faciendo, ita tamen quod, quamdiu vixerit mater sua, reddere teneatur quindecim solidos in anniversario ejusdem; et post decessum matris ipsius, in utroque anniversario quicquid domus valuerit equaliter dividatur. Voluit autem quod capellani beneficiati in dicta ecclesia¹ tamquam canonici accipiant in anniversariis supradictis, et ipsi capellani teneantur ad sua altaria in utroque anniversario vel in crastino celebrare. Item legavit etc..... Finis autem dicti testamenti talis est : Nos autem M., decanus Aurelianensis, ad preces dicti Gaufridi presenti scripto sigillum nostrum duximus apponendum. Datum anno Domini millesimo ducentesimo quadragesimo quarto, mense decembri.

Postmodum vero in nostra presencia constituta Maria, mater dicti Gau-

---

1. En marge : de capellanis qui debent celebrare in die vel in crastino anniversarii istius defuncti domini Gaufridi et ejus parentum.

fridi, que dictam domum et Galtherus quondam maritus ejus dicti Gaufridi pater acquisierant, ut dicebat, dictam donacionem factam fuisse ecclesie Beati Aviti, ut dictum est, recognovit, et quod eam quando facta fuit concesserat, et quitaverat quicquid juris habebat vel habere poterat in dicta domo racione conquestus, vel caduci, sive qualibet alia racione, et promisit per fidem suam in manu nostra prestitam se contra dictam donationem in posterum non venturam. Preterea in nostra presencia constituti Matheus de Boello et Agatha ejus uxor, soror dicti defuncti Gaufridi, dictam donacionem acceptantes et ratam habentes, promiserunt per fidem suam in manu nostra prestitam se contra eamdem donacionem aliquo jure vel causa per se [vel] per alios in posterum non venturos. Actum ad requisicionem predictorum anno Domini millesimo ducentesimo quinquagesimo secundo, mense marcio.

N° 82. — TESTAMENTUM MAGISTRI JOHANNIS DE SANCTO MAURICIO PRO FUNDACIONE ALTARIS SANCTI ANDREE IN ECCLESIA NOSTRA.

Janvier 1244(-1245) et Juillet 1245. — Fol. 107.

Universis presentes litteras inspecturis, officialis curie Aurelianensis, salutem in Domino. Noverint universi nos testamentum defuncti magistri Johannis de Sancto Mauricio, canonici Sancti Aviti Aurelianensis, sigillo ejusdem magistri sigillatum legisse et vidisse sub hac forma :

In nomine Sancte et Individue Trinitatis. Hoc est testamentum magistri Johannis de Sancto Mauricio, canonici Sancti Aviti Aurelianensis. Ego magister Johannes de Sancto Mauricio, in libera potestate positus, ordinavi testamentum meum in hunc modum : In primis volo et statuo ut de mobilibus meis omnia debita mea scilicet ea que debeo persolvantur, et omnia forisfacta mea, et que male acquisivi, et que male habui, que probari poterunt, emendantur et restituantur penitus; et si denarii mei non poterunt ad hoc sufficere, libri mei vel in parte vel in toto vendantur ad hec omnia facienda. Persolutis autem debitis, et male habitis restitutis, residuum pecunie mee numerabilis distribuatur in hunc modum : Ego lego et dono ecclesie Beati Aviti Aurelianensis viginti libras parisiensium ad emendum aliquos redditus ad luminare faciendum in quatuor festivitatibus Beate Marie et Beati Nicholay¹ ; ita quod in quatuor festivitatibus Beate Marie tres cerei super altare Beate Virginis, et duo super majus altare; in festivitate vero Sancti Nicholay tres cerei super majus altare, et duo super altare Beati Nicholay, tam ad nocturnum quam ad diurnum officium accendantur. Item lego et relinquo Johanni clerico, consanguineo meo, decem libras parisiensium et duos lectos munitos scilicet culcitris, lintheaminibus, et breviarium meum, et tapetis sive coopertoriis. Cetera pars vero mobilium et denariorum meorum in usu pauperum, scilicet maxime in vestimenta et calciamenta pauperum clericorum scolarium, dividatur. Si vero non contigerit libros meos vendi vel pro legato vel pro debitis meis, medietas librorum meorum fratribus Jacobinis, et alia medietas fratribus minoribus erogetur. De rebus autem meis inmobilibus taliter ordinavi : In ecclesia Sancti Aviti quoddam altare in honore Beati Johannis Baptiste, et Beati Andree apostoli, et sancte Katerine, de meis propriis sumptibus construetur, et instituetur ibidem capellanus qui et ipsi altari et eidem ecclesie tenebitur deservire. Johannes vero clericus, cognatus meus, primum donum ejusdem altaris habebit si infra annum postquam ei collatum altare fuerit se voluerit in presbiterum ordinare. Post meum vero decessum donum altaris ad capitulum Sancti Aviti devolvetur; ita scilicet quod, cuicumque collatum fuerit, juramento prestito tenebitur infra annum in presbiterum ordinari² ; et si contingat ipsum capellanum alias habere beneficium in quo oporteat eum residenciam facere, dicti altaris beneficium resignabit et alii assignabitur qui simile tenebitur coram capitulo facere juramentum. Res autem ad altare pertinentes sunt hec que sequntur : Tria arpenta vinearum, quorum unum est in territorio Sancti Lazari, in censiva Sancte Crucis, duo vero ultra Ligerim sita sunt, in censiva Pagani de Villaribus ; et domus que sunt in claustro Sancti Petri Puellarum, et domus que fuit Nicholay Belli Generis, in parrochia Sancti Mauricii³. Item due camere in eadem parrochia Sancti Mauricii in censiva domini episcopi Aurelianensis, quarum una ante faciem ecclesie, reliqua vero juxta domum domine Richodis

---

1. En marge : Nota de luminari in quatuor festivitatibus Beate Marie, et in festo Sancti Nicolai.

2. En marge : Nota vicarium Sancti Andree debet infra annum postquam fuit collatum in presbiterum ordinari. — Ad hoc per juramentum tenetur.

3. Nota quod si aliud beneficium cui debeatur residencia... Altare resignare tenetur... hoc scilicet habet.

et heredum suorum sita est, presbitero Sancti Mauricii in perpetuam elemosinam remanebunt; ita quod sacerdos ejusdem ecclesie pro anima Guillermi, quondam presbiteri Sancti Mauricii, et pro mea et amicorum meorum orare tenebitur, et annuum anniversarium celebrare; unam eciam lampadem de suo proprio statuet ante altare Beati Andree, que singulis noctibus et in diurnis et nocturnis officiis accendetur, et tenebitur ipse presbiter Sancti Mauricii ad serviendum lampadem de suo proprio oleum comparare. Duas vero cameras in dicta parrochia Sancti Mauricii, in censiva domine de Ponte et heredum suorum sitas, supradicti altaris capellanus tenebit si viginti solidos parisiensium annis singulis reddat pro eisdem, qui in anniversario meo distribuentur; ita scilicet quod canonici duodecim denarios, capellani ejusdem ecclesie sex, et alii clerici quatuor denarios percipient, et si quid residuum fuerit ipso die anniversarii inter pauperes dividetur, et eodem die anniversarii' omnes capellani ecclesie Sancti Aviti cantare pro mortuis tenebuntur; duas vero domos in claustro et in censiva Sancti Evurcii sitas habebit nominati altaris capellanus, et pro eisdem domibus sexaginta solidos solvet, ita quod de triginta solidis fiet luminare in quatuor festivitatibus Beate Marie, et in festo Sancti Nicholay, eo modo quo supradictum est; alii vero triginta solidi in quatuor festivitatibus Beate Marie, et in festis Sancti Johannis Baptiste, Sanctorum Petri et Pauli, Magdalene, Sancti Michaelis, Sancti Andree apostoli et Sancti Nicholay capellanis et clericis Sancti Aviti distribuentur annuatim; et viginti libre quas superius legaveram pro luminari faciendo, in fabrica et ornamentis altaris expendentur. Quicquid vero possideo in auro vel in argento, in calice ad opus altaris faciendo vel comparando, et in reliquiis ecclesie Sancti Aviti in vasis argenteis collocandis misericorditer expendatur. Item lego et dono fratribus minoribus sexaginta solidos, bonis pueris viginti solidos, etc... Actum anno Domini millesimo ducentesimo quadragesimo quarto, mense januario. Nos autem dictum testamentum vidimus et legimus, anno Domini M° CC° XL° quinto, mense julio.

1. En marge : Nota : capellani die hujus anniversarii celebrare debent.

N° 83. — FUNDACIO ALTARIS BEATE MARIE IN ECCLESIA NOSTRA.

(Sans date). — Fol. 109, verso.

Ego C., Beati Aviti decanus, totumque ejusdem ecclesie capitulum notum facimus tam presentibus quam futuris quod, pro quodam sacerdote instituendo in nostra ecclesia, Aalez nobis dedit xx libras ob redditum ad opus ipsius sacerdotis comparandum et omnia que altari conveniunt, exceptis libris; dedit eciam unum arpentum vinee, quod si garentire non potuerit, decem libras tenetur persolvere pro arpento. Dedit insuper unam culcitram cum uno pulvinari et duobus pannis. Nos autem attendentes devocionem ejus eidem sacerdoti concessimus duos modios melioris frumenti in nostro granario, et decem solidos annuatim in bursa nostra capiendos. Insuper est addendum quod sacerdos ille, prestito sacramento, ecclesie nostre assiduum tenetur exhibere servicium, ita quod una ebdomada altari nostro deserviet, sequenti vero ebdomada altari Beate Marie ob remedium anime Aalez Domino hostiam oblaturus. Si autem sacerdos aliud beneficium recipiat quod ei magis placuerit, totum illud beneficium ad manum capituli revertetur[1], et persone cuilibet assignare poterimus, que, prestito sacramento ecclesie nostre assiduum reddere servicium teneatur. Si quis hoc factum mutare vel hoc beneficium diminuere presenserit, anatematis vinculo astringuatur.

N° 84. — QUALITER THEOBALDUS MANSELLI, MILES, NOBIS ABONAVIT IN SUA CENSIVA III DOMOS NOSTRAS QUE ERANT AD RELEVACIONES AD PLACITUM, VIDELICET QUAMLIBET AD V SOLIDOS, QUANDO EVENIUNT DICTE RELEVACIONES; QUARUM DOMORUM UNAM TENUIT GUIDO DE BARRA ET DUE ALIE FUERUNT DEFUNCTI GAUFRIDI GRUAUT, QUONDAM CAPELLANI NOSTRI.

19 juin 1252. — Fol. 110, verso.

Omnibus presentes litteras inspecturis, officialis curie Aurelianensis, salutem in Domino. Noveritis quod, cum capitulum Beati Aviti Aurelianensis permutasset cum Theobado Manselli, milite, quasdam terras, hospites, domos

1. En marge une note presque complètement effacée.

et redditus dicti capituli sitas apud Sarcotes et circa pro censu, domo et redditibus aliis dicti militis sitis circumcirca dictam ecclesiam, et pro septem arpentis pratorum sitis apud Astrepetum, et racione dicte permutacionis verteretur contentio inter eos quia dictus miles, ut asserebat, non poterat uxorem suam inducere ad dictam permutationem concedendam, et dictus miles redditus dicti loci de Sarcotis per annos aliquot recepisset et sibi retinuisset in prejudicium et gravamen dicti capituli, et dictum capitulum ratione dicte permutationis expensas non modicas fecisset, et dempna et deperdita sustinuisset; tandem, medientibus bonis viris, inter eos super predictis talis composicio amicabilis intercessit, videlicet quod dictum capitulum et dictus miles de conventionibus habitis inter eos super dicta permutacione sese ad invicem quitaverunt, et dictus miles et ejus uxor in recompansationem dictorum reddituum dicti capituli quos, ut dictum est, idem miles receperat et sibi retinuerat, et pro expansis, dampnis et deperditis predictis que dictum capitulum fecerat, habuerat et sustinuerat ratione dicte permutacionis, tres domos dicti capituli in censiva dicti militis ad relevationes ad placitum sitas, quarum alteram tenet Guido de Barra, due altere fuerunt defuncti Gaufridi *Gruaut,* quondam capellani in eadem ecclesia Beati Aviti, perpetuo abbonarunt, videlicet quamlibet dictarum trium domorum ad quinque solidos parisiensium tantum pro relevationibus, quando eas contigerit evenire, volentes et concedentes quod si contigerit heredes, seu successores, seu dominum feodalem dicti loci, vel aliquem alterum, aliqua de causa venire in futurum contra dictam abbonacionem, seu contra predicta sive aliquid de predictis, quod ipsi et heredes sui quadraginta libras parisiensium dicto capitulo reddere teneantur. Promiserunt autem dictus miles et ejus uxor per fidem suam se omnia et singula predicta tenere perpetuo, firmiter observare et fideliter adimplere, et contra predicta sive aliquid de predictis, dotis sive dotalicii nomine, jure hereditario sive qualibet alia racione, per se vel per alium venire imposterum nullatenus attemptabunt; et quantum ad omnia et singula predicta tenenda, servanda et fideliter adimplenda dictus miles et ejus uxor dicta fide obligarunt dicto capitulo specialiter se, et heredes, et successores suos universos et singulos, et omnia bona sua mobilia et immobilia, ubicumque existentia, presentia et futura; se, et heredes, ac successores suos, cum omnibus predictis bonis suis mobilibus et immobilibus ubicumque existentibus, presentibus et futuris, quantum ad predicta omnia et singula, ut dictum est, tenenda, servanda et fideliter adimplenda, juridictioni Aurelianensis curie spontanei supponentes, ubicumque se transtulerint, et ubicumque de cetero suam fecerint mansionem. In cujus rei memoriam et testimonium presentes litteras ad peticionem dicti militis et ejus uxoris fecimus sigillo Aurelianensis curie sigillari. Datum ad preces et requisicionem dicti capituli et dicti militis et ejus uxoris, anno Domini M° CC° sexagesimo quarto, die jovis post octabas Penthecostes.

N° 85. — ORDINACIONES FACTE INTER NOS ET CAPITULUM SANCTI PETRI VIRORUM SUPER PLURIBUS DOMIBUS INFRA SCRIPTIS QUAS HABEMUS IN VICO SANCTI VINCENCII, IN CENSIVA DICT CAPITULI.

29 et 31 août 1314. — Fol. 31.

In nomine Domini, amen. Anno ejusdem millesimo trecentesimo decimo quarto, vicesima nona die mensis augusti, videlicet die jovis in festo Decollacionis Beati Johannis Baptiste, indictione duodecima, sede apostolica vacante per mortem felicis recordacionis domini Clementis pape quinti. Per hoc presens instrumentum publicum pateat universis quod die predicta, congregatis in capitulo ecclesie Sancti Petri Virorum Aurelianensis hora capituli ad sonum campane, ut moris est, venerabilibus et discretis viris dominis et magistris Guillermo capicerio, Guillermo de Ferreriis, Thoma Grossini, Nicolao *Cherite,* Bertaudo de Verrinis, Guillermo de Vercia, Yvone de Beyo, Hugone de Magnulis, et Jodoino *Mignon,* canonicis ecclesie Sancti Petri tunc capitulum facientibus et representantibus in eadem capitulum ipsum tam per se quam per dictum Jodoinum, concanonicum et procuratorem suum, tunc coram me notario ab eodem capitulo ad infrascripta cum clausula de rato legitime constitutum, nomine procuratorio pro eodem capitulo ex parte una, et Natalis *Polin* clericus, procurator venerabilium virorum capituli ecclesie Sancti Aviti Aurelianensis, nomine procuratorio ipsius capituli Sancti Aviti et pro ipso cum litteris procuratoriis predicti capituli Sancti Aviti sufficientibus et de rato ex altera, confessi sunt in presencia mei notarii publici et testium suprascriptorum se alias legitime compromisisse super discordia et controversiis motis inter capitula predicta racione et occasione domorum et terre dicti capituli Sancti Aviti infrascriptarum, sitarum in censiva Aurelianensi dicti capituli Sancti Petri Virorum, quas idem capitulum Sancti Petri dicebat dictum capitulum Sancti Aviti non debere nec posse tenere, sed pocius extra manum suam ponere, et adhuc expresse compromictunt in venerabiles et discretos viros predictos magistrum Bertaudum de Verrinis, officialem Aurelianensem et canonicum ecclesiarum Sanctorum Petri et Aviti predictarum, ac dominum Guillermum de Evra Castro, dicte ecclesie Sancti Petri capicerium, alte et basse, tanquam in arbitratores seu amicabiles compositores, compromisso hujusmodi usque ad instantem diem dominicam in festo sanctorum Egidii et Lupi tantummodo duraturo, promictentes dicti procuratores nominibus quibus supra, bona fide et sub obligacione omnium bonorum dictorum capitulorum duorum suorum, se et dominos suos predictos stare dicto, pronunciacioni seu sintencie, et ordinacioni ipsorum compromissariorum super discordia et controversiis predictis, ac hujusmodi dictum, pronunciacionem seu santanciam, et ordinacionem firmiter tenere et inviolabiliter observare, et contra non venire vel attemptare quoquo modo per se vel per alium seu alios in futurum. Actum in capitulo, hora capituli ecclesie Sancti Petri Virorum predicte, anno, mense, die et indictione predictis, presentibus una cum prenominatis canonicis ipsius ecclesie Sancti Petri discretis viris magistro Matheo de Placencia, Johanne *Boulein,* et Guillermo de Milliaco, canonicis predicte ecclesie Sancti Aviti, ac Arnulpho de Agarvilla, clericis testibus ad premissa vocatis specialiter et rogatis. Item anno et indictione predictis, ultima die mensis augusti, videlicet die sabbati post dictum festum Decollacionis Beati Johannis Baptiste in vigilia dicti festi sanctorum Egidii et Lupi, congregatis in capitulo hora capituli predicte ecclesie Sancti Petri Virorum ad sonum campane, ut moris est, prenominatis canonicis ipsius ecclesie Sancti Petri, et cum eis Petro *Gasier,* ejusdem ecclesie Sancti Petri canonico, tunc capitulum facientibus et representantibus in eadem, ac predictis Jodoino dicti capituli Sancti Petri et Natali dicti capituli Sancti Aviti procuratoribus, nominibus procuratoriis eorundem, petentibus instanter a dictis arbitratoribus dictum suum et ordinacionem super premissis proferri, prefatus magister Bertaudus de Verrinis, unus de compromissariis seu arbitratoribus predictis, vice sua et nomine, ac vice et nomine college sui predicti presentis, de speciali mandato ab eo super hoc specialiter sibi facto, sedens in dicto capitulo, dictum suum, seu sintenciam et ordinacionem suam, et dicti college sui, super discordia predicta et controversiis predictis protulit in scriptis in dicto capitulo in hunc modum :

In nomine Domini, amen. In causa compromissi per venerabile capitulum ecclesie Sancti Petri Virorum Aurelianensis ex parte una, et venerabiles viros capitulum ecclesie Sancti Aviti Aurelianensis ex altera, in nos Bertaudum de Verrinis, officialem Aurelianensem et canonicum dictarum ecclesiarum, ac Guillermum de Evra Castro, capicerium predicte ecclesie Sancti Petri Virorum, initi, habiti et confecti super controversiis inter predicta capitula occasione quarumdam infrascriptarum domorum et terre dicti capituli Sancti Aviti in censiva Aurelianensi dicti capituli Sancti Petri sitarum, motis, virtute et auctoritate a dictis capitulis in compromisso hujusmodi nobis data, diligenter et debite cognito de premissis, per hoc dictum nostrum, seu arbitrium aut sintenciam, seu ordinacionem unanimiter inter nos ambos compromissarios habitam, nos Bertaudus de Verrinis, officialis predictus, vice nostra et nomine, ac college nostri capicerii predicti presentis, declaramus, pronunciamus, ordinamus et judicamus dictum capitulum Sancti Aviti de cetero imperpetuum hujusmodi domos et terram pacifice et inconcusse posse, et sibi licere jure proprietatis et dominii tenere et possidere, absque eo quod ipsum capitulum Sancti Aviti compelli, molestari vel inquietari possit extra manum suam ponere dictas domos et terram vel aliquam earumdum, quodque dictum capitulum Sancti Aviti ex nunc imposterum dicto capitulo Sancti Petri pro dictis domibus et terra vicarium seu vicarios tenebitur nominare, et, vicario seu vicariis mortuis, relevaciones solvere infrascriptas et alium vicarium iterum nominare, ac reddere quolibet anno censum videlicet :

' Pro magna domo ad Crenellos, in vico Sancti Vincencii, juxta domum confratrie Sancti Lazari de Martirio Aurelianensi, pro censu octo solidi et pro platea exitus ejus ad campos retro ipsam domum unum turonensem, pro relevacionibus duodecim solidos.

Pro domo quam olim tenuit Stephanus Lathomus juxta domum dicte *La Churreine,* pro censu duos solidos, pro relevacionibus tres solidos.

Item pro domo quam tenet Natalis *Polin,* sita juxta domum Petri de Acheriis, canonici Sancti Petri Virorum, pro censu viginti denarios, pro relevacionibus duos solidos cum dimidio.

Pro domo quam tenet Stephanus, pastillarius, in cuneo Barre Sancti Aviti, pro censu duos solidos, pro relevacionibus tres solidos.

Item pro domo ad Portas quam divisam in duas tenet Philippus, barberius, et Johanna *La Camuse,* juxta dictam domum de cuneo et domum deffuncte Belute, pro censu duos solidos, pro relevacionibus tres solidos.

Pro domo quam olim tenuit Guido de Barra, quam divisam in quatuor tenent Petrus de Ponte Monachorum, alias *Blavet,* Burgeta custuraria,

Jaquetus de Milliaco et Johannes, pelliparius, juxta quamdam domum altaris Beate Marie in ecclesia Sancti Aviti, pro censu tredecim denarios, pro relevacionibus quinque solidos.

Item pro domo quam olim tenuit Johannes Sellarii, quam modo tenet magister Matheus, cantor Sancti Petri Puellarum et canonicus Sancti Aviti Aurelianensis, sitam ab oppositis capitis ecclesie Sancti Aviti, pro censu sex denarios, pro relevacionibus quinque solidos.

Pro domo quam olim tenuit deffunctus Robertus de Cathalano, quondam canonicus Sancti Aviti, juxta proximo suprascriptam domum et juxta domum Johannis Droconis, pro censu sex denarios, pro relevacionibus quinque solidos.

Item pro domo de vico Bonorum Puerorum, juxta domum Sancti Liphardi, ab oppositis magne domus Sancte Crucis, pro censu viginti denarios, pro relevacionibus duos solidos cum dimidio.

Pro domo ad Crenellos, ante cimiterium Sancte Crucis, pro censu duos solidos et relevaciones ad placitum prout in talibus fieri consuevit.

Item pro duobus arpentis terre que olim fuerunt vinea, versus pavamentum Sancti Vincencii, juxta vineam capicerii Sancti Aviti, pro censu duos solidos, pro relevacionibus sex solidos parisiensium.

Et si forsan amodo repperiantur littere vicariatus pro dictis domibus vel aliqua earumdem, aut pro terra, de tempore seu data hanc diem precedente, nos ipsas et earum effectum cassamus et penitus anullamus, dictumque capitulum Sancti Aviti ab omnibus relevacionibus, si in aliquibus, a tempore retroacto usque in diem hodiernum, occasione dictarum domorum vel alterius ipsarum, seu eciam ex emolumentis ex dictis rebus perceptis durantibus dictis controversiis, dicto capitulo Sancti Petri teneatur, penitus absolvimus ac eciam liberamus; statuentes super hiis fieri litteras utrique capitulo, sigillis ipsorum ac nostrorum ad perpetuam rei memoriam sigillandas. Quibus dicto, declaratione, pronunciacione seu sintencia et ordinacione prolatis, predicti capitulum Sancti Petri et procuratores, nominibus procuratoriis predictis, hujus dictum, pronunciacionem seu sintenciam et ordinacionem omologaverunt expresse, ac easdem ratas et gratas habentes, laudaverunt et eciam approbarunt; presentibus discretis viris magistris Gaufrido de Alneto, capicerio de Jargolio, Arnulpho de Agarvilla, clericis, domino Johanne de Campo Bono, presbitero, perpetuo vicario in dicta ecclesia Sancti Petri, et Johanne *Boutet* de Jargolio clerico, testibus ad premissa vocatis specialiter ac rogatis.

Nos vero officialis Aurelianensis in cujus presencia premissa omnia et singula, prout suprascribuntur, sunt acta, sigillum nostre Aurelianensis curie, una cum sigillis dictorum arbitratorum et capitulorum, ad testimonium et perpetuam memoriam prescriptorum, una cum sygno infrascripti publici notarii, ad parcium predictarum requisicionem, duximus presentibus apponendum.

Et ego Petrus Ratelli de Magduno, Aurelianensis diocesis clericus, auctoritate apostolica notarius publicus, premissis ut predicitur actis, una cum dictis testibus presens vocatus interfui, eaque propria manu scripsi, et in hanc publicam formam redegi, meoque consueto signo signavi rogatus, una cum sigillis curie Aurelianensis, dictorum arbitratorum et capitulorum, presenti instrumento publico appensis in testimonium premissorum.

N° 86. — QUALITER DOMUS UBI MORATUR *La Drugemende* EST ONERATA DE XX SOLIDIS QUOLIBET ANNO NOBIS SOLVENDIS.

1314 (13 mars 1315). — Fol. 34.

Universis presentes litteras inspecturis, officialis Aurelianensis, salutem in Domino. Noveritis quod, cum inter venerabiles viros capitulum ecclesie Sancti Aviti Aurelianensis nomine suo et ecclesie sue ex parte una, et Guillermum dictum *Druguement* ex altera, controversia verteretur seu orta esset materia questionis super eo videlicet quod ipsi venerabiles viri dicebant se, nomine suo et ecclesie sue predicte, fuisse in possessione vel quasi juris percipiendi, levandi et habendi annis singulis viginti solidos parisiensium annui redditus a tenentibus et possidentibus domum quandam, que fuit defuncti Johannis Belute, sitam ad Barram Sancti Aviti, juxta domum deffuncti Richardi de duobus fratribus de Barra ex parte una, et juxta quandam domum dictorum venerabilium virorum, quam ad annuam pensionem tenet Johanna *La Camuse*, ut dicitur, ab eisdem, quam quidem domum defuncti Belute tenuerat idem Guillermus et possederat per aliqua tempora, tenebatque et adhuc eciam possidebat, cessaveratque penitus in solucione summe pecunie antedicte, pro tempore quo tenuerat domum ipsam, ipsos venerabliles viros possessione sua vel quasi juris predicta indebite spoliando, et ob hoc peterent dictum

Guillermum sibi condempnari et compelli ad restituendum se, nomine quo supra, ad possessionem suam vel quasi juris predictam, et per consequens ad solvendum sibi predictam pecunie summam pro tempore preterito, in cujus solucione cessavit, dicto Guillermo predicta omnia penitus ignorante, et dicente dictam domum et se ipsum esse super hoc liberos et immunes, nec debere solvere pecuniam antedictam; cumque super premissis et super expensis factis in hujusmodi causa seu lite, et occasione ejusdem, compromisissent discretus vir magister Guillermus de Milliaco, canonicus dicte ecclesie ac dictorum venerabilium virorum procurator, nomine procuratorio corumdem et pro ipsis, et dictus Guillermus *Druguement* in venerabilem virum et discretum magistrum Ligerium de Serarvilla, canonicum Aurelianensem et dicti Sancti Aviti ecclesie, tanquam in arbitrum seu amicabilem compositorem, per fidem suam, de alto et basso, et sub pena decem librarum parisiensium hinc inde apposita, prout continetur in quibusdam litteris sigillo Aurelianensis curie sigillatis quarum tenor, quem ad perpetuam rei memoriam publicavimus, sequitur in hec verba :

Universis presentes litteras inspecturis, officialis Aurelianensis, salutem in Domino. Noveritis quod in nostra presencia constituti discretus vir Guillermus de Milliaco, canonicus ecclesie Sancti Aviti Aurelianensis, procurator venerabilium virorum capituli ipsius ecclesie, ex parte una, et Guillermus dictus *Druguement* ex altera, de lite, causa seu controversia que inter ipsos venerabiles viros nomine suo et ecclesie sue predicte ex parte una, et ipsum Guillermum ex altera, vertebatur coram nobis, racione cujusdem pecunie summe quam petebant dicti venerabiles viri ab eodem Guillermo super quadam domo dicti Guillermi, sita apud Barram Sancti Aviti, que fuit deffuncti Belute, et de expensis factis in lite seu causa predicta et occasione ejusdem, nomine quo supra compromiserunt de alto et basso, per fidem suam et sub pena decem librarum parisiensium hinc inde apposita, in venerabilem et discretum virum magistrum Ligerium de Serarvilla, canonicum Aurelianensem et dicte Sancti Aviti ecclesie, tanquam in arbitrum, arbitratorem seu amicabilem compositorem, promittentes dicte partes per fidem suam et sub pena predicta solvenda et applicanda parti parenti arbitrio, dicto sive sintencie arbitrali dicti arbitri, arbitratoris seu amicabilis compositoris a parte non parente, quod ipsi venerabiles viri, dictusque procurator, ac Guillermus tenebunt, facient, et complebunt firmiter, et inviolabiliter observabunt quicquid dictus arbiter, arbitrator seu amicabilis compositor, super premissis alte et basse sentanciandum, arbitrandumve duxerit aut amicabiliter ordinandum; et poterit dictus arbiter, seu amicabilis compositor, super premissis cognoscere, dictumque suum seu ordinacionem proferre diebus feriatis et non feriatis, stando, sedendo ubicumque voluerit, et quando viderit expedire, summarie et de plano, juris ordine servato vel in omnibus pretermisso, potestate ipsius arbitri, seu amicabilis compositoris, usque ad Pascha instans super premissis duratura; poterit autem dictus arbiter, seu amicabilis compositor, compromissum hujusmodi et potestatem suam super premissis usque alium terminum quem voluerit prorogare, dictis partibus minime requisitis. Datum anno Domini millesimo ccc° decimo quarto, die jovis post dominicam qua cantatur Reminiscere.

Dictus arbiter, arbitrator seu amicabilis compositor, onere dicti compromissi in se suscepto, cognitoque, ut dicebat, de premissis, et per testes plurimos fide dignos de jure dicte ecclesie legitime informatus, anno Domini M° ccc° decimo quarto, die jovis ante Ramos palmarum, in capitulo dicte ecclesie, hora capituli, campana pulsata ut moris est, presentibus tunc in dicto capitulo predicto procuratore dicti capituli nomine procuratorio predicto ex parte una, et Guillermo *Druguement* pro se ex altera, necnon magistro Matheo de Placencia, Johanne *Boulein,* dicte ecclesie canonico, ac Guillelmo de Serarvilla clerico, de voluntate et assensu dictarum partium dictum suum, arbitrium, amicabilem composicionem, ordinacionem seu sintenciam arbitralem super premissis protulit in hunc modum; videlicet quod ipse dictam domum dicti Guillelmi *Druguement,* que fuit dicti defuncti Belute, de dictis viginti solidis parisiensium annui redditus dictis venerabilibus viris annis singulis persolvendis esse et fuisse oneratam pronunciavit, ipsamque domum esse in futurum et perpetuo dicto onere oneratam, ad quencunque quocunque titulo deveniret, condempnando dictum Guillermum, quamdiu dictam domum tenebit et possidebit, in dictis viginti solidis parisiensium eisdem venerabilibus viris annis singulis, videlicet medietatem ad Pascha et aliam medietatem ad festum Omnium Sanctorum, perpetuo persolvendis. Pronunciavit eciam quod causam habituri ab ipso dictos viginti solidos annui redditus perpetuo dictis venerabilibus viris solvere tenebuntur ad terminos supradictos, ac dictis venerabilibus viris super arreragiis de tempore preterito et super expensis factis in hujusmodi lite et occasione ejusdem perpetuum silencium imponendo. Quibus dicto, arbitrio, ordinacione seu sintencia, vel amicabili composicione sic prolatis, dictus Guillermus *Druguement* certus, sciens, providus et consultus, ut dicebat, premissa omnia liberaliter approbans et consenciens in eisdem, dictumque seu sintenciam arbitralem expresse omologans, confessus fuit spontanea voluntate et ex certa sciencia dictam domum esse et fuisse, ab antiquissimis temporibus, dictis viginti solidis parisiensium annui redditus oneratam, et se teneri solvere eosdem, et omnes alios ad quorumcumque manus devenerit ipsa domus; promittens per fidem suam eosdem viginti solidos annui redditus reddere et solvere dictis venerabilibus viris annis singulis ad terminos supradictos, quandiu domum tenebit et possidebit eandem; obligans quoad hec omnia et singula firmiter tenenda et inviolabiliter observanda dictus Guillermus per fidem suam dictis venerabilibus viris, et jurisdicioni Aurelianensis curie supponens se, et heredes suos, et successores universos, et omnia bona sua mobilia et immobilia, presencia et futura, et specialiter ac eciam nominatim et expresse dictam domum, et renuncians in hoc facto per fidem suam excepcioni doli mali, actioni in futurum, omni lesioni, decepcioni, circonvencioni, peticioni libelli, presentis copie instrumenti, confessioni erronee et rei sic non geste, privilegio fori et chori et crucis sumpte et assumende, juri dicenti generalem renunciacionem non valere, omni consuetudini et usui omnis loci et patrie ac statutis, omni juris auxilio tam canonici quam civilis, et omnibus aliis excepcionibus et racionibus sibi competentibus, et competituris, et que contra presentes litteras possent obici sive dici. In cujus rei testimonium sigillum Aurelianensis curie duximus presentibus apponendum. Datum anno et die jovis antedictis.

Nº 87. — [DE DOMO QUAM HABEMUS IN VICO EPISCOPI TRADITA STEPHANO BELLI ET LEODEGARIE EJUS UXORI.]

18 et 20 mai 1338. — Fol. 23.

Universis presentes litteras inspecturis, capitulum ecclesie Sancti Aviti Aurelianensis, salutem in Domino. Notum facimus quod nos, nostra et dicte nostre ecclesie utilitate pensata, tradidimus et concessimus, et adhuc tradimus et concedimus Stephano Belli, cordubenario, et Leodegarie ejus uxori, ad vitam ipsorum et cujuslibet eorum, et Johannis, Belli eorum filii, clerici, et illorum trium qui supervixerit, quamdam domum, prout se comportat in longo et in lato, alto et basso, ante et retro, quam habemus sitam in vico episcopi Aurelianensis, juxta domum Richardi, cordubenarii, ex una parte, et juxta quamdam domum nostram ex altera, quam domum a nobis tenere solebat Jaquetus, barberius, dum vivebat, pro precio et summa sexaginta solidorum parisiensium annue pensionis seu firme, nobis ab ipsis conjugibus et eorum filio et eorum [illo] qui supervixerit, quandiu vixerint, annis singulis solvendorum terminis seu festis Omnium Sanctorum et Paschatis mediatim, videlicet in quolibet eorumdem triginta solidos parisiensium, et incipiet prima solucio in termino seu festo Omnium Sanctorum proximo futuro; hoc acto quod dicti conjuges, seu eorum filius predictus, ponent et convertent de suo proprio in emendacionem dicte domus sex libras parisiensium, infra sex annos a Nativitate Sancti Johannis proximo instante computandos, cum nostris sciencia et assensu et nobis ad hoc legitime evocatis, quam quidem domum dicti conjuges et eorum filius predictus tenebuntur sustinere de omnibus neccessariis in bono et competenti statu et in eque bono statu, prout nunc est; et erit dicta meliorac[io] apposita in eadem suis propriis sumptibus et expensis. Et si dicti conjuges seu eorum filius predictus defficerent in solucione dicte pensionis in duobus terminis subsequentibus, vel deponendo dictas sex libras in emendacionem dicte domus infra terminum supradictum, dictam domum poterrimus amovere, et eos expellere ab eadem, et aliis eam tradere, et nichilominus ipsos compellere ad solucionem arreragiorum et ad ponendum dictas sex libras parisiensium in emendacionem ejusdem. Promiserunt insuper dicti conjuges quod ipsi dictum filium erga nos super premissis facient obligari, quamprimum ad etatem legitimam seu sufficientem pervenerit, et super hoc a nobis fuerint requisiti. Nos eis promittimus bona fide dictam domum eisdem, sicut premittitur, et eorum superviventi, quandiu vixerint, garantire et contra premissa non venire, nos, successores nostros, et ecclesiam nostram, et bona ejusdem propter hoc obligando. Datum in capitulo nostro, die lune ante Ascensionem Domini, et in generali capitulo confirmatum die mercurii in vigilia ejusdem festi, sub sigillo nostri capituli in testimonium premissorum, anno ejusdem Domini M° CCC° tricessimo octavo.

N° 88. — COPIA LITTERE VICARII QUAM TRADIDIMUS ULTIMO PRO DOMO QUAM TENET A NOBIS AD PENSIONEM G. DE AVALLONE, ADVOCATUS IN CASTELLETO. .

1347 (7 janvier 1348). — Fol. 23.

Universis presentes litteras inspecturis, capitulum ecclesie Beati Aviti Aurelianensis, salutem in Domino. Noverint universi quod nos de quadam domo nostra, quam nos habemus sitam in vico Fratrum Minorum Aurelianensium, quam quidem domus Guillermus de Avallone tenet a nobis ad pensionem, in censiva Johannis de Sancto Avito et Petri Caillardi, Guillermum de Croso, canonicum Aurelianensem, de dicta domo dictis Johanni et Petro vicarium nominamus. In cujus rei testimonium sigillum nostri capituli presentibus litteris duximus apponendum. Datum anno Domini M° CCC° XLVII°, die lune post festum Epiphanie Domini. .

[STATUTA]

N° 89. — STATUTUM QUALITER DEBEANTUR ANNUALIA PREBENDARUM, QUOCUMQUE MODO MUTETUR PERSONA. ITEM QUALITER ACCIPIMUS III MINAS PANIS ET III LAGENAS VINI PRO ANNIVERSARIO EPISCOPI MANASSE ET AVUNCULI SUI.

1150. — Fol. 28.

In nomine Sancte et Individue Trinitatis. Misericordia et justicia exigere videntur ut rectores ecclesiarum de earum statu solliciti, quos divina doctorum misericordia pre ceteris elegit, earumdem necessitatibus specialiter studeant providere. Ego igitur Manesses, Dei gracia Aurelianensis ecclesie minister humilis, Beati Aviti dictus abbas, et Johannes ejusdem ecclesie decanus totusque conventus, saluti infirmitatis vestre bonorum precibus consulere preoptantes, ad noticiam futurorum et presencium, munimenti presentis pagina, censuimus transmittendum quod ecclesie Beati Aviti prebendarum nostrarum annualia ita jure perpetuo possidenda concedimus ut, quocumque modo ejusdem ecclesie mutetur persona, prebende illius redditus, eodem modo quo et claustrales canonici inibi Deo servientes integre suos habuerint, ita et prefata ecclesia sine aliqua diminucione possideat. Verum ut hoc donum, consilio episcopi, ad necessitates et usus ecclesie tantummodo supplendum ratum et inrefragabile habeatur, potestate nobis a Deo concessa prohibemus, et sub anathemate ponimus ne alicui nostrorum successorum, vel episcopo, vel decano, vel alii persone, de anniversariorum redditibus aliquid diminuere vel ad propria transferre, nisi ad usus ecclesie, liceat. Hec equidem, causa salutis nostre et parentum nostrorum, ad opus nostri retinuimus, et eo tenore concessimus ut anniversarium nostrum, et domini Stephani avunculi nostri liberalis memorie in vigilia beati Lifardi, et patris et matris nostre crastina die beati Laurencii, a canonicis singulis annis in ecclesia Deo famulantibus celebretur. Ut autem presens remuneracio aliqua in anniversario prefati avunculi nostri celebrantes officium comitetur, statuimus ut panis trium minarum de frumento et vinum trium lagenarum inter canonicos divideretur. Quod ne oblivione possit deleri, scripto commendari et sigilli nostri auctoritate muniri precepimus. Actum publice Aurelianis, anno millesimo centesimo L° ab Incarnacione Domini, episcopatus vero nostri quinto, ordinatis in ecclesia Sancti Crucis majoribus personis Symone decano, Girardo cantore, Zacaria subdecano, Radulpho capicerio. Et, ne canonici anniversario adsistentes, de refectione suspecti, in aliquo conturbentur, volumus et precipimus ut de redditibus ecclesie annualibus integre, sicut prediximus, peragatur.

N° 90. — QUALITER CANONICUS SI FECERIT RESIDENCIAM CONSUETAM, SI POSTEA DECEDAT VEL ALITER MUTETUR, DEBET HABERE GROSSOS FRUCTUS SUOS. ITEM QUALITER CANONICUS QUI FORANEO SUCCEDIT CANONICO NON HABET BURSAM PERCIPERE, DONEC IPSUM CONTINGERIT BLADUM PERCEPISSE.

Janvier 1254 (1255).— Fol. 28, verso.

Guillermus, miseracione divina Aurelianensis episcopus, universis presentes litteras inspecturis, salutem in Domino. Noverint universi quod, cum in ecclesia Sancti Aviti Aurelianensis, per iniquitatem maximam et errorem non modicum, abusive diucius sit obtentum quod, licet canonicus per totum anni circulum residenciam suam fecisset et ecclesie deservisset, ab hora tamen sue mortis racione inpensi servicii nichil perciperet, sed audito de morte ejus, etsi saccus ejus impletus esset, in granario statim versaretur, et reponeretur bladum in acervo, nos attendentes quod dignus sit operarius mercede sua, et laborantem agricolam oporteat de fructibus percipere, supradictam abusionem retractantes, ad instantem supplicacionem dilectorum filiorum decani et capituli Sancti Aviti Aurelianensis, de ipsorum voluntate et communi assensu statuimus, et imperpetuum firmamus, et ordinamus quod quicumque de cetero vixerit canonicus ecclesie supradicte, usque dum residenciam suam compleverit in predicta ecclesia consuetam, cuncta ad corpus prebende pertinencia per totum sine diminucione aliqua defunctus percipiet, ac si ipsum contingeret residere, [it]a tamen quod ipse prout disponere voluerit, vel gagiarii ipsius, vel episcopus eciam si decesserit intestatus, in augmentum servicii ecclesie, exceptis tamen anniversariis, tenebuntur assignare, si tamen defuncto supersint alia que sufficere possint ad debita ipsius persolvenda; anno tamen elapso, per annum integrum sequentem fabrica ecclesie supradicta suum percipiet annuale sine contradicione aliqua, sicut alias percipere consuevit. Et hec de cetero quilibet canonicus in recepcione sua inter cetera specialiter jurabit et expresse. Statuimus eciam et determinamus quod nullus canonicus qui canonico succedat foraneo bursam percipiet, donec ipsum contingerit bladum percepisse. Nos vero nolentes divinum servicium diminui, sed augmentari cupientes, statuimus eciam et ordinamus quod omnia supradicta et singula non tantum in decedentibus, sed et in cedentibus, perpetuo et inviolabiliter observentur. In cujus rei memoriam et testimonium presentibus litteris sigillum nostrum duximus apponendum. Actum Aurelianis, presentibus canonicis, anno Domini millesimo cc° quinquagesimo quarto, mense januario.

N° 91. — STATUTUM MILONIS CONTRA DEBITORES, ET QUALITER POSSUMUS DE GROSSIS FRUCTIBUS PRIMIS ACCIPERE USQUE AD VALOREM QUADRAGINTA SOLIDORUM PRO CAPA.

28 Septembre 1315. — Fol. 29.

Milo, divina inspiracione Aurelianensis episcopus, dilectis in Christo filiis nostris capitulo ecclesie nostre Sancti Aviti Aurelianensis, eternam in Domino salutem. Delectat nos, et trahimur non inviti, eciam et debitum pastoralis officii nos invitat in hiis condescendere votis vestris que in ecclesia vestra predicta, et ad originem jurgiorum et scandali perpetuo compescendam proficiant, ac pacis conferant dulcedinem et quietis. Lites enim instaurantur interdum, et exagerantur materie querelarum. Ea propter inter vos quod nonulli concanonici vestri, et alii in ecclesia ipsa beneficiati, annuas pensiones, quas ab ecclesia ipsa tenent terminis solvend[a]s statutis, et alia in quibus vobis et ecclesie eidem tenentur, trans terminos eosdem, nedum in juris injuriam et prejudicium equitatis, quin inmo in dampnosum vestri dispendium, nec minus divini detrimentum servicii, detinere presumunt, quandoquidem in Dei solet ecclesia cultus plerumque divinus ablativa vacuacione frustrari aut certe segniter amplexari, dum perceptio commodi temporalis participibus patrimonii Crucifixi specialiter dedicata sic nimia morositate differtur. Ut igitur que Cesaris sunt rederentur Cesari et que Dei Deo, nos, vestris in hac parte supplicacionibus annuentes que et racioni quidem congruunt et ab equitatis tramite non recedunt, volumus, statuimus et canonice providemus, ac presentis scripti patrocinio auctoritate nostra ordinaria communimus ut quisquis nunc et de cetero in futurum ecclesie sepedicte canonicus, et alius in ipsa beneficiatus, presens videlicet aut futurus, debitor tam principalis quam accessorius hujusmodi pensionum, et alio quovis modo, hec ultra statutum vel ydonee statuendum a vobis terminum detinere presumpserit, solvere ve differre, quamdiu post terminum eundem in mora fuerit de solvendo, ex tunc tandiu omnibus cothidianis distribucionibus ecclesie ipsius, absque spe revocacionis aut restitucionis cujusquam, noverit se privatum, remittendi aut quamcumque relaxacionis graciam super hoc exibendi facultate vobis auctoritate nostra penitus interdicta; quod si forsan secus feceritis, irritamus. Insuper et ut arcius stimulentur, volumus medium tempus illud, quod sic in ea solvenda mora producent, eis computari in stagii faccione. Ceterum et illos vestros canonicos qui, ecclesie dicte more, de suis primis grossis fructibus quadraginta solidos debent et in futurum debebunt pro capa, quos eorum plerique excogitatis diffugiis solvere morantur, interdum ea volumus et statuimus districtione pellendos, ut de quolibet fructuum predictorum ad vestrum Aurelianense granarium adductorum, usque ad valorem quadraginta solidorum ad usus applicandorum predictos, satisfaccionem integram habeatis, eis eciam invitis, absque remissione aut gracia quam nec peti liceat, nec concedi, vobis liceat detinere et vendere elapso mense, vobis potestatem plenariam super hoc indulgentes. Damus autem vobis perpetuo in mandatis, in virtute obediencie debite mandatori nichilominus injungentes, quatinus inter ecclesie sepedicte statuta alia consueta jurari addatis pariter et predicta. In quorum perempnem memoriam, sigillum nostrum, precipientibus nobis, presentibus est appensum.

Datum apud Sanctum Agilum, domum nostram, anno Domini millesimo trecentesimo quinto decimo, antepenultima die mensis septembris.

N° 92. — STATUTUM DE XL SOL. PRO PANE CAPITULI IN PRINCIPIO SOLVENDIS.

7 Décembre 1312. — Fol. 30.

Universis presentes litteras inspecturis, Milo, divina miseracione Aurelianensis episcopus, eternam in Domino salutem. Sicut nobis solers informacio patefecit, decanus et canonici ecclesie Sancti Aviti Aurelianensis, in ea Domino famulantes, solitam ab antiquo Panis eisdem famulantibus distribui consueti non possunt, causante suorum tenuitate reddituum, moderatam assequi porcionem; idcirco nos sincera in Domino sedulitate volentes, quantum ex alto permittitur obviare, ne deffectus hujusmodi divini servicii, quod minui nolumus sed augeri, pariat detrimentum, statuimus ut omnis quicumque futurus deinceps ecclesie predicte canonicus ad opus Panis predicti, seu ejus reddituum augendorum, solvat in capitulo, omni remissione et dilacione cessantibus quam super hoc peti non liceat nec concedi tacite vel expresse, quadraginta solidos parisiensium in pecunia numerata, priusquam aliquam de dicto Pane recipiat porcionem, aut in petendo seu habendo eodem jus quodcumque debeat aut eidem liceat reclamare. Ceterum statuimus quod omnes moderni ecclesie memorate canonici ex nunc, et omnis quicumque futurus ejusdem ecclesie canonicus, in sua receptione per procuratorem idoneum in absencia sua, et cum ad ecclesiam ipsam corporaliter accesserit, ad statuti hujusmodi perpetuam observantiam una cum aliis solitis juramentis per proprium ad sancta evangelia, tacto libro, prestitum juramentum expresse et publice se abstringant. Que si forte jurare videlicet et pecuniam solvere, ut dictum est, recusaverint aut distulerint quoquo modo, tamdiu se sciant a percepcione dicti Panis privatos, quamdiu in recusacione aut dillacione perstiterint supradicta, nullam porcionem et nullum omnino jus in dicto Pane pro dicte cessacionis aut dilacionis temporibus habituri. In cujus rei testimonium, nostrum duximus presentibus apponendum sigillum. Actum apud Sanctum Agilum, domum nostram, die septima mensis decembris, anno Domini millesimo trecentesimo duodecimo.

Quantitas XL solidorum pro Pane, que continebatur in statuto Milonis statim dicto, augmentata est per Johannem episcopum modernum usque ad LX solidos parisiensium.

N° 93. — QUALITER QUILIBET CANONICUS SANCTI AVITI POTEST QUOLIBET TEMPORE INCHOARE SUUM STAGIUM SICUT IN ALIIS COLLEGIIS.

29 Mai 1343. — Fol. 36, verso.

Universis presentes litteras inspecturis, Johannes, miseracione divina episcopus Aurelianensis, salutem in Domino sempiternam. Ad eternam rei memoriam tenore presencium declaramus, omnimodum ambiguitatis scrupulum deliberacionis provide sarculo providentes, ut deinceps in ecclesia nostra collegiata Beati Aviti Aurelianensis debitum et assuetum stagium omni tempore valeat inchoari, dum tamen congrue possit perfici et finiri, eoque quandolibet inchoato et, ut premittitur, debite consummato, possint et liceat grossi fructus percipi et lucrari, et sic agenti in dicta ecclesia cuilibet canonico prebendato integraliter applicari, non obstante contraria consuetudine, que dicenda est potius corruptella, aliquandiu in dicta ecclesia forcitan observata, cum sit ab aliquibus canonicis ipsius ecclesie in dubium revocata, et, quia matricis ecclesie aliorumque ecclesiarum civitatis et diocesis Aurelianensis consuetudinibus et statutis dissona, quam plurimum odiosa, ipsam penitus extirpamus, ad communem predictarum observanciam reducentes et super juramento provide prestito dispensantes. In cujus rei testimonium sigillum nostrum presentibus litteris duximus apponendum. Datum et actum in predicto capitulo Sancti Aviti, die jovis ante Penthecosten, anno Domini M° CCC° XLIII°.

N° 94. — QUALITER GROSSI FRUCTUS CANONICORUM NON FACIENTIUM STAGIUM APPLICANTUR IN COMODUM ECCLESIE, NON IN BURSAS SINGULORUM SICUT ANTIQUITUS.

29 Mai 1343. — Fol. 37.

Universis presentes litteras inspecturis, Johannes, miseracione divina episcopus Aurelianensis, salutem in Domino sempiternam. Dilecti in Christo filii capitulum ecclesie nostre collegiate Sancti Aviti Aurelianensis nobis in dicta ecclesia tunc officium visitacionis exercentibus humiliter supplicarunt quatinus, cum dicta ecclesia, propter reddituum ejus tenuitatem seu paupertatem, onera in eadem proveniencia non possit commode supportare, et propter ejus relevacionem alias in eorum capitulo expresse consenserint, voluerint, et prout poterant ordinaverint, ut dicebant, et adhuc consenciant de presenti in nostra presencia constituti quod, si de cetero contigerit aliquem concanonicorum dicte ecclesie, propter non factum debito modo stagium aut alias quovis modo, grossos fructus prebende sue amictere, in utilitatem duntaxat ipsius ecclesie, non in bursas aliorum singulorum concanonicorum prout antiquitus, convertantur, prefate ordinacioni ipsorum decretum et auctoritatem nostram interponere dignaremur. Nos vero, ipsorum laudabile propositum attendentes, prefatam eorum ordinacionem tanquam justam et legitimam approbamus, ratifficamus et etiam confirmamus in premissis, quare auctoritatem nostram interponimus et decretum. Quod omnibus quorum interest et interesse poterit in futurum tenore presencium intimamus. Datum et actum in predicto capitulo Sancti Aviti, anno Domini millesimo trecentesimo quadragesimo tertio, die jovis ante Penthecosten.

N° 95. — CE QUE DOIBT LE CHEVECIER DE SAINT-AVY.

1er Avril 1418. — Fol. 39, verso.

Universis presentes litteras inspecturis, officialis Aurelianensis, salutem in Domino. Notum facimus quod in presencia Guillermi Bernardi, clerici, curie nostre notarii jurati, cui in hoc et majoribus fidem indubiam adhibemus, propter hoc personaliter constitutus venerabilis et discretus vir dominus Guillermus de Karahez, presbiter, capicerius ecclesie collegiate Beati Aviti, in suburbiis Aurelianensibus situate, confessus fuit et in veritate recognovit se occasione dicti sui beneficii tener[i] facere, querere et administrare in ecclesia predicta ea que sequuntur :

Et primo, facere residenciam personalem supra locum dicti sui beneficii, cum cura animarum sit ipsi capiceriatui annexa, et habeat domum ibidem specialem sibi pertinentem ad causam dicti sui capiceriatus.

Item teneri in festis annualibus infrascriptis, videlicet : Resurrectionis Domini, Sancti Georgii, Ascensionis Domini, Penthecostes Domini, Eukaristic Christi, Sancti Aviti estivalis et hyemalis, Assumpcionis, Nativitatis, Cumcepcionis, Purificacionis, Annunciacionis Beate Marie Virginis, Omnium Sanctorum, Nativitatis et Epiphanie Domini, facere totum servicium in ecclesia predicta Sancti Aviti, videlicet cantare in vigiliis vesperas, complectorium, matutinas, primam, terciam, celebrare magnam missam, meridiem, nonas, vesperas diei et complectorium; incipere ultimam antiphonam psalmorum, illam de *Magnificat*, et in matutinis illam de *Benedictus*. Et si contingat in futurum dictum capitulum compelli auctoritate sui superioris ad faciendum servicium alicujus festi seu sancti modo premisso vel alias, dictus capicerius tenebitur illud facere.

Item et si contingat dictum capicerium ad talem inopiam, debilitatem seu impotenciam corporis devenire quod idem capicerius nequeat premissa adimplere, idem capicerius tenebitur per se vel alium supplicare capitulo dicti Sancti Aviti quatenus antiquior canonicorum dicte ecclesie predictum servicium pro ipso faciat et suppleat vices suas.

Item tenetur idem capicerius habere, tradere et ministrare dicto capitulo clericum sufficientem et ydoneum, qui valeat et possit eidem ecclesie laudabiliter in divinis servire.

Item tenetur idem capicerius facere portari crucem per dictum clericum tociens quociens ecclesia predicta faciet processionem tam extra ecclesiam quam infra, prout in aliis ecclesiis collegiatis Aurelianensibus, exceptis in festis anualibus quando fit processio in ecclesia predicta ante Crucifixum, et sit canonicus ejusdem ecclesie non in sacris ordinibus constitutus primus qui illam defferat; alias vero tenetur idem capicerius facere portari dictam Crucem per dictum clericum vel alium chorealem loco sui.

Item tenetur ipse capicerius facere claudere et apperire dictam ecclesiam, et ipsam tenere apertam de die et aliis horis competentibus, secundum quod et prout fit in ceteris ecclesiis collegiatis Aurelianensibus, aut alias secundum ordinacionem capituli predicte ecclesie Sancti Aviti.

Item tenetur dictam ecclesiam custodire, et custodias seu insidias facere de die et de nocte bene et debite, prout alii capicerii civitatis Aurelianensis faciunt.

Item tenetur idem capicerius capere per inventarium ornamenta omnia, libros et jocalia, reliquias et alia bona dicte ecclesie, quos et que capitulum voluerit sibi tradere, et secundum ordinacionem et disposicionem dominorum dicti capituli, et ipsa bene et debite et fideliter custodire; nec ipsa poterit idem capicerius extra ecclesiam portare seu transportare quomodolibet, sine licencia et assensu dominorum capituli ipsius ecclesie, et ipsa etiam tradere, ostendere et reddere tociens quociens placuerit dominis de capitulo predicto.

Item tenebitur idem capicerius dicta bona et alia contenta in inventario reddere per inventarium, per cessum vel decessum ipsius.

Item tenetur idem capicerius tradere et ministrare unguentum pro omnibus campanis dicte ecclesie, et facere pulsari, prout fit in ceteris ecclesiis collegiatis Aurelianensibus, secundum facultatem ecclesie predicte, et solemnitatem festorum, et voluntatem ecclesie, suis sumptibus et expensis, et etiam in anniversariis fundatis et fundandis.

Et etiam tenetur ipse capicerius sanctam capsam corporis Sancti Aviti bene et debite custodire, et facere custodias de die et de nocte circa eandam, et ipsam facere descendere et ascendere, quociens continget ipsam facere portare processionaliter cum aliis de villa, et associare ipsam personaliter tam eundo quam redeundo usque ad ecclesiam; et idem capicerius tenebitur habere medietatem oblacionum provenientium ad ipsam, durante ipsa processione, et domini de capitulo aliam medietatem, vel truncus ejusdem.

Item tenetur idem capicerius tradere et ministrare panem, vinum et aquam et thura pro omnibus et singulis missis in dicta ecclesia celebrandis, et una cum hoc tenere ecclesiam mundam, et mappas et albas, omnes et singulas alias res ipsius ecclesie facere dealbari et mundari quoties indigebunt.

Item tenetur tradere dominis ipsius ecclesie in festo Beati Aviti estivali cuilibet canonico unum fleolum cere nove de quibus debent esse sex in libra duntaxat, et in festo Purificacionis Beate Marie Virginis unum cereolum cere nove ponderis unius quarteronii.

Item tenetur solvere dicto capitulo annuatim duodecim solidos parisienses, in festo Beati Aviti estivali et hyemali mediatim.

Item tenetur ipse capicerius capitulo ecclesie Aurelianensi in certis processionibus ad certos cereos, et una cum hoc in festo Beati Aviti, in triginta solidos parisiensium.

Item idem capicerius non potest concedere glasticum campanarum dicte ecclesie cuiquam, nec suis parrochianis, absque licencia et consensu capituli.

Item confessus fuit idem capicerius quod, quia domini de capitulo predicto dicebant ad ipsos dominos [pertinere], prout in rei veritate pertinebant, omnes et singulas oblationes in dicta ecclesia tam in pecunia, cera, vel alias quomodolibet provenientes, tam in trunco ad sanctam capsam et reliquias dicte ecclesie provenientes et obvenientes, ubicumque in dicta ecclesia et extra ecclesiam, et etiam in festo Beati Georgii, et Veneris sancta *(sic)*, et certis festis, et diebus quibuscumque, et tam post pulsationem primæ quam ante, exceptis oblacionibus jurium parrochialium et oblationibus pervenientibus ad manum capicerii tunc celebrantis pro parrochianis suis et ad altare parrochiale, et super hoc mota fuisset controversia inter dominos de capitulo ipsius ecclesie, etc...; ex una parte, et defunctum Simonem *Lefaure,* tunc capicerium ipsius ecclesie, super dictis oblationibus ac juribus predictis coram domino officiali

Aurelianensi, idem dominus Simon *Lefaure,* post productionem plurium testium, confessus fuit et recognovit bona fide dictos dominos decanum et capitulum habere jus premissa recipere et habere pro luminari dicte ecclesie faciendo et fabricam ipsius sustinendo, et una cum hoc suum beneficium in aliis omnibus esse ejusdem conditionis ut sunt ceteri capiceriatus ecclasiarum collegiatarum Sancti Petri Virorum et Sancti Petri Puellarum Aurelianensium; et quod sibi non licebat, nec potest celebrare divina officia pro parrochianis suis nisi ad suum altare parrochiale, et illa hora quod nullo modo perturbabit seu impediet vel occupabit capitulum ad faciendum servitium; et quod super istis omnibus fuit facta compositio inter dominos capituli dicte ecclesie et ipsum defunctum dominum Simonem *Lefaure,* contemplatione ipsius, quod de cetero non ipse capicerius caperet omnes et singulas oblaciones in dicta ecclesia sive extra, tam in choro quam alibi provenientes, tam in cera quam aliter, excepto in pecunia numerata, de qua pecunia numerata etiam habere debebit capicerius illas pecunias que provenient ad manum sacerdotis tunc celebrantis, et excepto etiam quo[a]d luminaria et oblationes canonicorum capellanorum et aliorum chorialium ipsius ecclesie decedentium, sive corpus sit presens sive non, que erunt capitulo.

Et propter hoc idem capicerius tenebitur quærere de suo proprio et facere luminare totum ipsius ecclesie competens et honestum, de bona et honesta cera, secundum quod et prout hactenus fieri consuetum est, et quod ardebit sine diminutione ad omne servitium quod fiet per dictum capitulum in dicta ecclesia, videlicet : in simplicibus diebus ministrare unum cereum, in dominicis diebus et festivis duplicibus duos cereos, in festis annualibus supra designatis et forte alias designandis quatuor cereos et unam tedam pro levatione Corporis Christi. Et capitulum tenebitur ministrare unam thedam quæ ardebit duntaxat quando continget deferri dictam capsam Sancti Aviti per villam; et cum hoc solvet predictos duodecim solidos suprascriptos.

Item etiam idem capicerius habebit omnes oblationes die Veneris sancta venientium ad Crucem adorandam, et durante tempore quo adorabitur ad servitium.

Item etiam idem capicerius confessus fuit se tener[i] ministrare et tradere, quando celebrabuntur matutinæ et servitium divinum, duas candelas ceræ bonas et competentes, videlicet pro utroque latere, unam si sint duntaxat duæ personæ cantantes in utroque latere, et sint plures quam duæ, pro utroque latere duas; et unam aliam candelam ad dicendum lectiones.

Ad quæ premissa omnia et singula facienda, querenda et ministranda confessus fuit idem capicerius se legitime teneri. Super et de quibus dominus Johannes *Molart,* presbiter, canonicus et procurator dictæ ecclesiæ, ut dicebat, petiit a dicto nostro notario sibi fieri instrumentum. In cujus rei testimonium litteris presentibus sigillum curiæ nostræ ad relationem dicti nostri notarii duximus apponendum. Datum die veneris post festum Resurrectionis Domini, anno Ejusdem millesimo quadringentesimo decimo octavo. *Ainsi signé :* Bernardi, *et scellé.*

Item au mois de febvrier ou au commencement de mars 1596, pardevant Henry Peigné, notaire au Chastelet, y a transaction pour ce que dessus entre le Chapitre et M° Ysaac Michin, chevecier, pour le refus qu'il avoit fait de bailler des cierges à la Chandeleur, en ladite année mil cinq cens nonante six.

N° 96. — [QUALITER TRIGINTA SOLIDI A CAPICERIO BEATI AVITI PERSOLVUNTUR CAPITULO AURELIANENSI, REFECTIONIS NOMINE.]

Juillet 1221. — Fol. 47, verso.

Ego Lebertus, decanus, et universum Aurelianense capitulum notum facimus presentibus et futuris quod, cum capicerius Beati Aviti Aurelianensis refectionem unam nobis annis debeat singulis, ita quod in festivitate Beati Aviti, que mense junio celebratur, nos et ecclesie nostre nutricios ad Beati Aviti ecclesiam ibidem celebraturos officium accedentes, expleto vigiliarum officio, duobus teneretur capicerius procurare ferculis, quorum unum ex vino sano libisque frumentaneis, ex nebulis autem et nectare constare reliquum noscebatur, insuper et cemsis *(sic),* nos, intellectu purissimo sanaque consciencia, dictum capicerium, qui refectionem nominatam memorato reddebat tempore, tantum a reddendi modo seu specie duximus absolvendum, ipsum a reddendi genere taliter permanere liberum, concedentes quod in predicta festivitate nobis triginta solidi parisiensium, anno quolibet sine dilatione vel obstaculo, nomine refectionis, vigiliarum tempore persolventur. Premissis itaque duximus adjungendum quod, sicut consuevimus, in festivitate prenotata ad ecclesiam prelibatam ad celebrandum in ea tam misse solempnia quam vigilias accedemus. Quod ut notum et stabile perseveret, presentes litteras sigilli nostri karactere fecimus roborari. Actum anno gratie millesimo ducentesimo vicesimo primo, mense julio.

N° 97. — [SENTENCIA ARBITRALIS INTER CAPITULUM ET CAPICERIUM.][1]

12 Mai 1307. — Fol. 47, verso.

Anno Domini millesimo ccc° tricesimo septimo, die veneris ante festum Penthecostes, in presencia Girardi de Cogneriis, curie Aurelianensis notarii jurati, ad hec vocati et rogati, cui in hiis et majoribus fidem plenarie adhibemus, propter hoc personnaliter constitut[i]s prefatis duobus arbitris, arbitratoribus seu amicabilibus compositoribus ex una parte, et domino Petro *Egret,* procuratore et nomine procuratorio dicti capituli cum litteris procuratoriis sigillo dicti capituli sigillatis, et dicto capicerio per se personaliter ex altera, prefati duo arbitri, arbitratores seu amicabiles compositores, onere dicti compromissi in se suscepto et cognito de premissis, inter partes predictas dictum suum, ordinacionem, arbitrium seu sintenciam arbitralem in modum qui sequitur protulerunt, videlicet : quod ipsi dictum capicerium pronunciaverunt teneri ad predictas duas candelas de suo solvendas et querendas in omni feria ante altare, ad dicte ecclesie luminaria ampliandum ad matutinas, missam et vesperas, et in adventu et quadragesima a dextris et a sinistris, quando decantabitur dieta, utrique unam candelam, cum hoc viderint, ut dicebant, in quibusdam litteris bone memorie Manasse, quondam Dei gracia Aurelianensis episcopi, contineri.

Item pronunciaverunt quod ipsi venerabiles viri compellere non poterunt dictum capicerium, quandiu vixerit, habere capellanum, nisi dictus capicerius ad tantam impotenciam devenerit quod ipse per impotenciam non poterit celebrare divina, aut nisi ipsa ecclesia per deffectum dicti capicerii in divinis officii pateretur deffectum.

Item de capitulando et habendo vocem in capitulo et conferendo beneficia dum vacabunt, dabit idem capicerius dicto capitulo tales et consimiles lit-

---

1. Cette pièce a été transcrite, dans l'original, à la suite de la précédente, sans alinéa et sans titre. Il est facile de voir qu'elle est seulement la suite d'un autre document dont le commencement n'a pas été reproduit.

teras quales eis dudum dedit magister Johannes de Domibus, quondam dicte ecclesie capicerius, et sub modis et condicionibus in eisdem litteris comprehensis.

Item de oblacionibus et candelis dicte ecclesie, de quibus inter partes questio vertebatur, in choro dicte ecclesie post pulsacionem prime, dixerunt et pronunciaverunt quod dicti venerabiles viri, contemplacione persone dicti capicerii et non aliter, pro bono pacis permittent ipsum capicerium singulis diebus et horis predictas oblaciones et candelas in ipsa ecclesia percipere, colligere et levare, ita tamen quod propter hoc nullum predictis partibus prejudicium generetur, exceptis luminaribus canonicorum, capellanorum decedencium, et oblacionibus venientibus ad manum sacerdotis ad altare majus; dictusque capicerius tenebitur reparari facere reliquias et sanctuaria dicte ecclesie, quociens indigebunt, suis sumptibus et expensis.

Item quod, quociens capsam descendi oportebit propter tempus, dictus capicerius medietatem oblacionum circa dictam capsam obvenientium percipiet et habebit, et dicti venerabiles viri aliam medietatem percipient et habebunt, et ob hoc solvent dicti venerabiles viri omnia coustamenta que fieri continget occasione ejusdem capse, excepto quod dictus capicerius pulsari et custodiri faciet dictam capsam de die et de nocte et circa eam vigilari suis sumptibus et expensis... *(sic)*.

N° 98. — SEQUUNTUR EA QUE TENETUR CAPPICERIUS BEATI AVITI ECCLESIE PROPE AURELIANIS.

Fol. 48, verso.

Primo in festis annualibus, videlicet : Resurrectionis, Sancti Georgii, Ascencionis, Pentecostes Domini, Eucaristie Christi, Sancti Aviti estivalis et hyemalis, Assumpcionis, Nativitatis, Conceptionis et Purificationis Beate Marie Virginis, Omnium Sanctorum, Nativitatis et Epiphanie Domini, facere servicium in ecclesia predicta, videlicet : in vigilia predictorum festorum et servicio divino interesse et cantare vesperas atque complettorium, matutinas, primam et terciam incipere, et facere celebrare magnam missam, meridiem, nonam, vesperas diei et complectorium, incipere et facere incipi ultimam antiphonam vesperarum, illam de *Magnificat,* et illam de *Benedictus* in matutinis.

Item tenetur ministrare capitulo clericum sufficientem et ydoneum, qui valeat et possit in dicta ecclesia laudabiliter altari deservire dicendo *Misereatur,* et alia juxta altare incumbentia facere.

Item tenetur facere defferre Crucem per dictum clericum, quociens ecclesia Beati Aviti seu capitulum facit processionem tam infra quam extra ecclesiam, excepto quando fit processio, nisi in festis annualibus, in dicta ecclesia.

Item tenetur accipere per inventarium ornamenta omnia, libros, jocalia et alia bona dicte ecclesie, ipsaque custodire fideliter, et eadem tradere et ostendere quociens placuerit dictis dominis, eademque bona sic per inventarium recepta reddere eisdem dominis de capitulo per cessum vel decessum dicti sui beneficii.

Item tenetur claudere et aperire valvas dicte ecclesie, ipsamque ecclesiam tenere apertam diebus et horis competentibus, prout et quemadmodum in ceteris ecclesiis collegiatis situatis... (*sic*.)

Item tenetur facere pulsari campanas dicte ecclesie, secundum sollempnitates festorum et voluntatem dominorum predictorum, suis sumptibus et expensis.

Item tenetur sanctam capsam ipsius ecclesie comitare dum processionaliter deffertur cum aliis corporibus sanctis ville Aurelianensis, tam eundo quam redeundo, parciendo oblationes ibidem obvenientium ad dictam capsam, durante predicta processione, cum dominis de capitulo.

Item tenetur tradere et ministrare panem, vinum et aquam, pro omnibus et singulis missis in eadem ecclesia celebrandis, una cum thure, necnon tenere eamdem ecclesiam mumdam, et cum hoc mappas et albas, et generaliter omnes alias res dicte ecclesie facere dealbari tociens quociens indigebunt.

Item, in festo Beati Aviti estivalis, tenetur tradere et liberare cuilibet canonico ipsius ecclesie unum flagellum cere, quorum sex debent facere et ponderare libram cere nove.

Item tenetur, annis singulis, dicto capitulo in summam duodecim solidorum parisiensium in festis Beati Aviti estivalis et hyemalis, videlicet in quolibet dictorum festorum summam sex solidorum parisiensium.

Item tenetur capitulo Aurelianensi in certis processionibus ministrare duos cercos, et unacum hoc in festo Beati Aviti estivalis solvere eidem capitulo Aurelianensi summam triginta solidorum parisiensium.

Item, quociens contigerit decanum vel canonicos ipsius ecclesie ab humanis decedere, et eorum corpus seu cadaver ad eandem ecclesiam [deferri] unacum luminari, hujusmodi luminare ad predictum capitulum spectat.

Item non potest, nec sibi licet concedere cuiquam glacitum campanarum dicte ecclesie, nec etiam suis parrochianis, absque consensu capituli Sancti Aviti.

Item tenetur, ad causam sui beneficii, querere et ministrare de suo proprio totum luminare ipsius ecclesie, quod quidem luminare ardebit ad omne servicium celebrandum per dictum capitulum in dicta ecclesia, videlicet : in festis annualibus quatuor cereos, in festis duplicibus duos cereos et tredecim cereolos in quolibet servicio tenebrarum.

Item unam tedam pro levatione Corporis Christi, et omne aliud luminare pro divino servicio faciendo, etc...

Item, in festo Beatæ Mariæ Virginis de Purificatione, debet cuilibet canonico Sancti Aviti unum cereum unius quarteronii ponderis.

Nota que toutes les charges sont centenues cy-dessus en la transaction faicte entre le Chapitre et maître Guillaume de Karahez, chevecier, pardevant Bernardi, en l'an mil quatre cens dix-huit, laquelle a esté confirmée pardevant Henry Peigné, notaire royal au Chastellet d'Orléans, au mois de Febvrier mil cinq cens nonante-six, par M° Isaac Michin, chevecier.

. . . .

Nota que maître Guillaume Picanon, chevetier de Saint-Avy, s'est obligé à Messieurs du Chappitre pour les charges qu'il doibt comme chevetier, et aussi pour leurs deubz en ladicte église Saint-Avy, du venredi dix-huictième jour de novembre, l'an mil six-cent-cinq.

N° 99. — SEQUNTUR QUE DEBET JURARE DECANUS ISTIUS ECCLESIE SANCTI AVITI IN PRIMA SUI RECEPCIONE.

Fol. 112, verso.

Primo honorem ecclesie predicte ubique deferre.

Item jura, redditus et libertates decanatus dicte ecclesie observare, tueri et defendere, nec alienare, sed alienata pro posse revocare.

Item jura et libertates capituli dicte ecclesie ubique pro posse observare, tueri et defendere.

Item, quociens ad secreta capituli fuerit evocatus, eadem observare et nemini revelare, ac eciam dictum capitulum legitime consulere pro posse cum fuerit requisitus.

N° 100. — SEQUNTUR QUE DEBET JURARE QUILIBET CANONICUS SANCTI AVITI AURELIANENSIS IN PRIMA SUI RECEPCIONE.

Fol. 112, verso.

Primo jurat statuta, privilegia antiqua, jura, libertates et consuetudines ecclesie predicte approbatas, observare, tueri et defendere, et in dubiis ad majorem ecclesiam matricem recurrere.

Item secreta capituli observare et nemini revelare.

Item nichil accipere, nisi fuerit lucratus in dicta ecclesia, et, si acceperit, infra quadraginta dies restituet.

Item de primis grossis fructibus, quos accipiet in dicta ecclesia, capam de serico vel quadraginta solidos parisiensium[1] predicte ecclesie pro capa solvet.

Item, antequam jure prebende sue dicte ecclesie de Pane capituli comedat, sexaginta[2] solidos parisiensium Pani solvet.

Item statutum Milonis, quondam episcopi Aurelianensis, contra debitores ecclesie edictum observare.

Item omnia alia statuta dicti Milonis, et aliorum quondam episcoporum Aurelianensium predecessorum et successorum suorum, observare, tueri et defendere.

Item usum vel redditum Panis ad alium usum non pati converti vel diminui.

---

1. *Rayé et remplacé par :* sex libras parisiensium.
2. *Rayé et remplacé par :* septuaginta.

N° 101. — SEQUITUR MODUS INTRONIZANDI NOVUM CANONICUM POST JURAMENTA PREDICTA PRESTITA.

Fol. 112, verso.

Dicet unus de antiquis canonicis nomine capituli novo canonico : De canonicatu et prebenda, quos nuper obtinebat in ista ecclesia *Talis*[1], Vos *Talem* per tradicionem libri quoad spiritualia, et per tradicionem panis et pecunie quoad temporalia investimus. Tunc defferat canonicus novus librum, panem et pecuniam ad majus altare. Postea debet reverti in capitulo, et ad pacis osculum a canonicis existentibus in capitulo singulatim admitti, et primo incipere ab antiquioribus. Deinde ab antiquiore canonico in ecclesia debet idem novus canonicus in choro installari, et eidem, si sit in sacris, in capitulo locus assignari. Post modo dictum capitulum seu unus de antiquis canonicis, nomine et vice ipsius capituli, debet eligere in presencia dicti novi canonici, seu ejus procuratoris, taxacionem decime primorum grossorum fructuum dicto canonico novo spectantium, secundum tenorem et formam illius decretalis *Suscepti regiminis;* et de omnibus supradictis petere vel in principio vel in fine publicum instrumentum fieri a tabellione presente, et etiam petere copiam tam bulle quam aliorum de quibus videbitur expedire.

Nota. — Intellige hoc verum, si non sint x dies elapsi a tempore vacacionis note precedentis canonici; quia si diu ante recepcionem istius novi canonici vacasset hujusmodi prebenda, necesse esset post hujusmodi vacacionem notam, ante x dies elapsos, eligere. Alias, dictis x diebus elapsis, transferretur ellectio ad novum canonicum juxta decretalem *Suscepti regiminis,* nisi aliud observetur de consuetudine.

N° 102. — SEQUNTUR JURAMENTA CAPELLANORUM.

Fol. 113.

Primo jurat quilibet capellanus novus in sua recepcione, tacto libro, ad

---

[1]. Les onze mots qui suivent *novo canonico* ont été ajoutés après coup dans l'interligne.

sancta Dei evangelia, custodire, facere, adimplere ac servare statuta ac omnia alia[1].

Facere obedienciam capitulo dicte ecclesie, et reverenciam singulis canonicis ejusdem ecclesie qui sunt et erunt in futurum.

Item jurat, ut supra, non recedere nec se absentare a villa Aurelianensi ultra octo dies, sine licencia capituli petita et obtenta.

Item non alienare bona altaris sui, et alienata pro posse suo revocare et ad statum reducere.

Item jurat, ut supra, facere unam septimanam ad majus altare, et aliam pro sufragiis quando evenerint.

Item jurat se levare ter in ebdomada ad matutinas, et ibi interesse a principio usque in finem.

Item jurat, ut supra, celebrare ter in ebdomada ad altare suum ob remedium fundatorum dicti altaris et animarum eorundem.

Item jurat voluntatem dictorum fundatorum pro posse suo adimplere.

Item, si non sit sacerdos, jurabit se facere promoveri ad sacros ordines infra annum a data presencium litterarum computandum.

Si idem capellanus novus teneatur racione sue nove capellanie ad aliquam pecunie summam, capitulo jurabit eciam illam solvere predicto capitulo vel eorum bursario.

N° 103. — RACIONES CONTRA VOLENTEM HABERE GROSSOS FRUCTUS SINE RESIDENTIA.

Fol. 113, verso.

Aliquis, et scolaris, non debet lucrari grossos fructus sue prebende nisi semel, de consuetudine prescripta in matrice ecclesia et aliis collegiatis Aurelianensibus, si sit in regno Francie, personnaliter se presentaverit pro dicto stagio faciendo, et tali tempore quod stagium facere et complere possit; et, si sit extra regnum, quod per procuratorem compareat, pro dicto stagio faciendo, etc... quare, etc...

1. La fin de ce paragraphe, à partir du mot *custodire,* a été rayée.

[*REDDITUS.*]

HIC SUNT REDDITUS ISTIUS ECCLESIE. — PRIMO REDDITUS BURSARUM. — ISTA PERTINENT AD BURSAS HYEMALES.

Fol. 24.

Quinque denarii census, et campipars, et vendiciones de Sembleci[1]. Campipars valet uno anno minus, alio majus, et ideo non potest recte indicari.

Item Hugo de Churrene, xv sol., pro uno arpento quod situm est apud Sanctum Vincencium, et debet viii denarios census in festo Sancte Crucis in maio capitulo Sancte Crucis[2]. *(En marge)* : ista duo arpenta debent pro censu et decima capitulo Sancti Petri Virorum ii sol., in festo Sancte Crucis in mayo.

Johannes de Evra, presbiter, viii sol., pro uno arpento vinee in eodem territorio, quod debet viii den. census capitulo Sancte Crucis, in festo Sancte Crucis in maio. — Vacat.

Galterius de Cruisiaco, xiiii sol. pro uno arpento[3] vinee in eodem territorio, quod debet viii den. census capitulo Sancte Crucis, in festo Sancte Crucis in maio. — Iste tres pensiones predicte reddende sunt in festo Omnium Sanctorum. *(En marge)* : Johannes Gilbon tenet et debet xvi sol.

Dominus Ivo, xxv sol., pro uno arpento vinee ad Sanctum Flosculum quod habemus pro prebenda Sancte Crucis, reddendos in festo Sancti Aviti hyemalis. *(En marge)* : Johannes Brau-la-Balle tenet et debet xvi sol.

Oblaciones Esqueboliarum, centum xiiii sol. ix den., cum vendicionibus quando eveniunt, reddendos in Natale Domini. *(En marge)* : Robinus Faber major debet.

1. Les mots et noms propres en langue vulgaire figurent ici dans une telle proportion qu'il ne peuvent plus être considérés comme faisant exception. C'est pourquoi on a cessé, dans les comptes, de les distinguer du latin par des caractères spéciaux.

2. Ainsi modifié par des ratures et des surcharges : Item Johannes de Charrene viii sol. pro duobus arpentis que sita sunt..... *Plus bas les mots* et debet viii den. census *sont rayés.* — Capitulo Sancti Petri virorum *a été substitué à* capitulo Sancte Crucis.

3. Ainsi modifié : xxx sol. pro tribus arpentis.

Cersiacum, xx sol. et unum modium siliginis ad mansuram granarii in festo Beati Remigii reddendos. *(En marge)* : dominus de Cerisiaco tenet : inquiramus qualiter.

Majoria de Esqueboliis, xxx sol., in festo hyemali Sancti Aviti pro animalibus... *(En marge)* : Robinus Faber major tenet.

Apud Veneciacum, decima tam vini quam bladi que valet xiiii[1] libras, reddenda in festo hyemali Beati Aviti quedam medietas, et alia medietas acomodatur de confratria usque ad aliud festum.

Apud Sarchotes, iiii libras et dimidium, census in festo Sancti Remigii. — Vacat.

In festo Sancti Petri ad vincula, pro censu de Esqueboliis, xxv sol. v den., cum vendis quando eveniunt.

Forragia de Ceris que valent circa xl sol., aliquando plus[2]. — Laurencius debet.

Forragia de Sarchotes, viii sol. — Vacat. *(En marge)* : Inquiramus.

Pro campiparte de Esqueboliis, viii sol. et dimidium, in Assumpcione Beate Virginis. *(En marge)* : Rob... debet.

Census de Barris, iii sol.; census de Ulmo Trosseti, iiii sol., in festo Sancti Aviti; census de Rovreio, v den., in eodem festo. *(En marge)* : capicerius tenet.

Item census de Ceris, in festo Sancti Aviti estivalis, xxxv sol.[3]

In festo Beati Dyonisii, Ebrardus de Corveio, v sol.[4] *(En marge)* : Inquiramus.

In festo Omnium Sanctorum, census de Ceris, iiii libras xv sol.[5]

Petrus de Remis, xii den., in festo Sancti Remigii; — pro nemore de Jupeau quod nunc tenet Andreas de Bellis Viis, et condam illud dominus Guiotus Broardi de... *(En marge)* : Inquiramus.

---

1. Au-dessus : xii.
2. Les mots à partir de circa ont été rayés, au-dessous on a écrit : ciiii sol., et au-dessus : medietas ad Servicium ad Natale Domini, alia medietas ad Bursas ad festum Beati Aviti estivalis.
3. Au-dessus : xxx sol.; quedam terre divise sunt... La suite de cette note, prise avec la marge dans la reliure, n'a pu être rétablie.
4. Au-dessus : Johannes Chivart, miles, de parrochia Sancti Petri Avi.
5. Rayé et remplacé par : centum et iii sol.

ISTA QUE SEQUNTUR PERTINENT AD BURSAS ESTIVALES.

Fol. 24, verso.

Prebenda Sancte Crucis, scilicet xxv sol. qui debent reddi ad Bursas Sancte Crucis, ad Penthecosten.

Major de Ceris, xxx sol.[1] qui debent reddi in festo Beati Aviti estivalis.

Major de Esqueboliis, in eodem festo, xxx sol. It. x sol. *(En marge)* : Inquiramus.

Presbiter de Veneciaco, v sol., quos debet reddere in Pascha, in signum subjectionis juris patronatus.

SEQUNTUR REDDITUS MATUTINARUM.

Fol. 24, verso.

Sex camere site in Burgo Novo, que debent LIII sol., in Pascha pro media parte, et in festo Omnium Sanctorum. Iste camere debent XII den. census confratrie Sancte Crucis, in ipso festo in maio.

Domus quam tenet Robinus Anglicus de Burgo Novo, que debet v sol. ad Nathale; debet v den. ob. census prebendis Sancte Crucis in festo Sancte Crucis in maio.

Domus Sancii de Barra, que debet xx sol., in duobus festis Sancti Aviti pro equalibus porcionibus; debet xv den. census Mansello in festo Sancte Crucis in maio; et duos denarios preposito de Ingreto; et idem prepositus debet querere in festo Sancti Gregorii.

De domibus quas tenet Gilo juxta ecclesiam, que fuerunt defuncti Hardoini, VII libras; sed de istis removentur v sol. in Natale Domini, et alios v sol. in Epiphania, qui distribuuntur canonicis qui sunt ad matutinas supradictorum festorum, et x sol. in festo Sancte Katerine, quod constituit idem Hardoinus.

Septem quarteria vinee apud Ulmum Rotundum, que tenet Guillelmus Hardoins pro xxv sol., in festo Sancti Aviti hyemalis; et debetur census dicte

---

1. Au-dessus : XXXVI, [sol.] III den.

vinee priori Beate Marie inter muros et fossata; scilicet x den. et obolum, in Purificacione Beate Marie.

Granarium et cellarium Sancti Aviti que capicerius tenet, xx sol.

Cellarium confratrie, x sol., totum in festo Sancti Rimigii.

Vinee Stephani Ymbaudi que sunt ultra Ligerim, quas tenet Johannes Sellarius, que debent xx sol. in festo Sancti Aviti hyemalis.

Majoria de Ceris, xL sol., in festo Sancti Martini hyemalis et in Purificacione pro equalibus partibus. — Vacat. *(En marge)* : Inquiramus.

Grangia de functi Stephani Ymbaut, xx sol. in Purificacione; et debet IIII sol. census capitulo Sancte Crucis in festo Sancti Remigii.

Quoddam arpentum vinee apud Fossam Theobaldi, quod tenet Guillermus Hardoim sub pensione xIIII sol. solvendorum in festo Sancti Martini hyemalis. Istud arpentum debet monialibus de Sancto Lupo VIII den. census in festo Sancte Crucis in maio.

Domus Thome, concanonici nostri, quam tenet ad vitam suam pro L sol. qui debent distribui ad matutinas canonicis et capellanis, unicuique I den. Domus ista debet IIII den. census Chenardo in festo Sancte Crucis in maio, et redditur in domo dicti Chenardi, et est sine emenda, preterquam duos capones, et de hoc habemus litteras. — Vacat.

Quatuor camere, quas tenet Johannes de Ermevilla, Lv sol. que debent censum in festo Sancte Crucis in maio Mansello scilicet VIII sol.; residuum debet distribui ad matutinas canonicis et capellanis. — Vacat.

SEQUNTUR REDDITUS PANIS.

Fol. 25, verso.

De supradictis redditibus Matutinarum substrauntur *(sic)* ad Panem quatuor libras et dimidium.

Decima de clauso Richodi, que valet IIII libras et dimidium vel amplius forte. — Lxx sol. — Johannes de Berri tenet ad vitam.

Domus quas tenet Robertus Normannus[1] ad vitam suam, que debent IIII libras. — Stephanus presbiter tenet modo.

---

1. Ce nom a été rayé.

Domus quam tenet Gilo[1], juxta domum G. Gruaut, que debet l sol.

Domus Stephani Lo Hongre, que debet lv sol. — Capicerius tenet.

Domus que fuit Jacobi defuncti, de qua habemus ad presens iiii libras et v sol.[2]

Domus quam tenet Anglicus[3], que debet ad presens x sol. — Vacat.

HIC SUNT REDDITUS MATUTINARUM COMMUNIUM.

Fol. 114.

Anno Domini m° cc° lxx° nono, die veneris in vigilia Beati Aviti estivalis, in capitulo generali statuimus quod amodo omnes fructus, pensiones et exitus provenientes occasione domus site in claustro nostro juxta Puteum, deputentur ad Matutinas Communes. Item eodem die statuimus quod domus nostra, sita in vico Fratrum Minorum inter domum quam habuimus a priore Sancti Sansonis ex causa permutacionis, et domum que fuit Raginaldi quondam capicerii nostri ex alia, esset honerata *(sic)* de duodecim solidis solvendis singulis annis ad Communes Matutinas; ita quod, propter reparacionem dicte domus vel propter relevaciones pro dicta domo debitas suo tempore, in aliquo diminucionem non recipiant, set *(sic)* singulis annis ad dictas Matutinas integre persolvantur, nisi aliquo casu accidat quod dicta domus ad aream totaliter deducatur; et dictos duodecim solidos ita statuimus, ut superius est expressum, quia Hugo de Monasteriis, condam canonicus noster, legavit nobis decem libras ad Communes Matutinas, quam quidem pecuniam in empcione coloquavimus dicte domus. Item omnes fructus, pensiones et exitus magne domus cum pertinanciis in vico Sancti Vincencii, que fuit Stephani de Jargolio, condam canonici nostri; item et domus Johannis Sellarii, in qua manet, exceptis quinquaginta solidis qui distribuuntur in quinque anniversariis; et xx sol. super domum Hugonis, barbit[onsoris], in magno vico, deputentur ad Matutinas Communes.

1. Rayé et au-dessus : Johannes Baro.
2. Ces chiffres ont été rayés et remplacés par : c sol.
3. Rayé et remplacé par Johannes de Ligniaco; nom qui a été aussi rayé plus tard.

HIC SUNT REDDITUS PERTINENTES AD SERVICIUM ECCLESIE BEATI AVITI AURELIANENSIS.

Fol. 116, verso.

Magister Gilo reddit pro domibus abbatis lx sol. ad festum Sanctorum Omnium, et lx sol. ad Pascha, et xx sol. ad alia servicia.

Item pro vinea de Chaudet, x sol. ad Pascha, et pro domo Gruaut, l sol. in Purificatione.

Guillermus Hardoin pro vinea sua de Fovea *(sic)* Theobaldi, in festo Sancti Martini hyemalis xiiii sol., et xiii sol. ad anniversaria, et pro vinea sua de Ulmo Rotondo, xxv sol. in Purificatione.

Johannes Bar..., x sol. pro domo sua in Nativitate Beati Johannis, et xx sol. ad anniversaria.

Ivo capicerius pro cellario confratrie, x sol., et pro alio cellario, quod adjunctum est cum majore domo, xx in festo Sancti Remigii.

Stephanus de Jargolio, ad Communes Matutinas pro domo, in Assumpcione Beate Marie, xx sol.; in festo Sanctorum Omnium, xx sol.; in Nativitate Domini xx sol. et in Penthecoste, xx sol.[1] in Pascha, xx sol., et si contigerit dictam domum plus quam vi libras locari, quod plus habebit erit ad Communes Matutinas; et primus terminus dicte domus fuit in festo Sanctorum Omnium.

Johannes de Berri, pro domo que fuit defuncti Jacobi, c sol.; ad Nativitatem Domini l sol., ad Nativitatem Beati Johannis l. De hiis sunt ad anniversaria xlv sol... Item idem pro domo de Burgo Novo, iiii sol. vi den., in festo Sanctorum Omnium, iiii sol. vi [den.] ad Pascha.

Magister Bertrandus, pro domo sua que fuit defuncti Ade, quondam canonici nostri, l sol. in festo Sanctorum Omnium, et l sol. ad anniversaria; et debet ponere, infra festum Sanctorum Omnium quod erit anno Domini [mcc] lxv°, x libras par. ad melioracionem domus.

Reginaldus, capicerius, pro omnibus domibus suis que sunt in vico Sancti Vincencii, ad Communes Matutinas, triginta den., in festo Sanctorum Omnium, et debet reddere pro censu illarum Theobaldo Manselli, militi, de proprio suo viii sol., et tenetur claudere totum atrium illud quod est retro dictas domos

---

1. Dans l'interligne : in Purificacione, xx sol.

de proprio suo, infra festum Sanctorum Omnium quod erit anno Domini [MCC] LXV°, de simili muro qui est in illo atrio per quem exit in vineam suam de illo atrio.

Quatuor camere de Burgo Novo debent ad festum Sanctorum Omnium XVIII sol., et ad Pascha tantum.

Gaufridus Belute, pro domo sua, ad Nativitatem Domini XII sol. et VI den., ad festum Sancti Aviti estivalis XII sol. VI den.

Santio de Barra, pro domo sua, XL sol.; ad Nativitatem Domini XX, ad Nativitatem Beati Johannis XX sol.; de hiis sunt XVII sol. ad anniversaria.

Guido laicus, pro domibus suis, ad anniversaria L sol.

R. Normannus, pro domibus suis, XL sol. ad Nativitatem Domini, et XL ad Nativitatem Sancti Johannis.

Grangia Stephani Humbaut, X sol. in Purificacione, et IIII sol. pro ejusdem censu.

Domus barbitonsoris, L sol. ad Nativitatem Domini et L sol. ad Nativitatem Beati Johannis; de hiis sunt ad anniversaria XX sol., et XX sol. ad Communes Matutinas.

Domus..., *(blanc)* L sol. ad Nativitatem Domini, et L ad Nativitatem Beati Johannis; de hiis sunt L sol. ad anniversaria.

Michael Le Vacher, pro domo de Cruce Sancti Michaelis, XX sol. ad Nativitatem Beati Johannis, et XX ad anniversaria.

Domus Hemere de Burgo novo, V sol. ad Pascha, et X sol. ad anniversaria[1].

LXXII sol. carnifex, pro II annis, pro domo vici Beate Marie inter muros effosata *(sic)*.

Eramburgis dicta... *(blanc)*, pro vineis suis que sunt versus Sanctum Marcum et apud Viliers, XVI sol.; totum ad anniversarium.

Magister Adam, VI sol. ad Nativitatem Beati Johannis.

Messageria, XI sol. ad Pascha.

Philippus, barberius, VIII sol. ad Nativitatem Domini, VIII sol. ad Nativitatem Beati Johannis, pro domibus suis. De hiis sunt IIII sol. pro censu capellano altaris Beate Marie Magdalene in ecclesia Aurelianensi, medietas tocius residui est ad anniversaria, et alia ad confratriam.

Johannes Sellarius, pro dimidio arpento vinee que empta fuit a quodam

---

1. D'une autre écriture : De hujusmodi redditibus hujus pagine et precedentis nullam facit mancionem bursarius in articulis suis.

qui vocabatur Pechier, que est ultra Ligerim, xx sol. ad Pascha, et pro dimidio arpento quod est juxta illam vineam, et pro aliis vineis quas tenet *(en marge :* dictus Baumarier) apud Grangiam Regis, xx sol. ad Purificacionem.

Item vi sol.[1] in festo Omnium Sanctorum, et vii sol. vi den. ad Pascha, pro domo de Burgo novo.

Item Johannes... pro domo sua in qua manet, x sol. ad Pascha, et ad anniversaria.

Item super forragia de Ceris[2], xl sol.

DECIME.

Fol. 112.

Hee sunt decime capituli Sancti Aviti, quas dictum capitulum percipit et habet apud Veneciacum, Mardeyum, et apud Triganum, videlicet : Apud Veneciacum totam decimam vini et medietatem grani, nisi in terra Sancte Crucis Aurelianensis, in qua terra dictum capitulum Sancte Crucis percipit terciam partem grani et vini. Item dictum capitulum Sancti Aviti in parrochia de Mardeyo percipit totam decimam tam grani quam vini apud locum qui vocatur Monnerroy. Item in parrochia de Trigano percipit dictum capitulum in loco qui dicitur Lacherelle, in terra monachorum de Ponte Monachorum, totam decimam grani et vini, et in loco qui dicitur Bussi, in clauso de Malleirait, medietatem decime grani et vini.

TERRE IN QUIBUS DECIMAM NOSTRAM DE TRUGNIACO HABEMUS.

Fol. 26, verso.

Primo apud Trugniacum, pro vinea retro domum dou Poitevin, pro decima abonata, xii den.

1. Rayé.
2. Le reste de la page était couvert de notes totalement effacées aujourd'hui.

Item, idem Poitevin pro xii minis terre retro dictam vineam, decimam voluntariam[1].

It. apud Trugni, pro xiiii minis terre Jaquete des Fossés.

It. juxta dictas xiiii minas, pro x minis Roberti Chauviau.

It. juxta dictum Robertum, pro xxxii minis Johannis Prepositi.

It. in fine terrarum ipsius Roberti, pro vi minis Jaquete des Fossés.

It. in fine terrarum dicte Jaquete, pro x minis Johannis Prepositi.

It. in fine terrarum dictorum Johannis Prepositi et Jaquete, pro x minis Petri Hutin.

It. pro ii minis dicti Johannis Prepositi tenentibus in longitudine terrarum dicti Hutin.

It. pro xiv minis dicti Hutin tenentibus ii minis dicti Johannis Prepositi.

It. pro una mina Radulphi de Bausse tenente ex utroque latere dicto Hutin.

It. pro iiii modiis et demi dicti Johannis Prepositi a Fosse Le Fevre.

It. pro xiiii minis Radulphi de Beausse ipsis iiii modiis et demi tenentibus.

It. pro ii modiis vel circa tenentibus dicto Johanni Prepositi.

It. pro v modiis Roberti Chauviau tenentibus dicto J. Prepositi, supra viam de Trugni as Bordes-Iolet.

It. pro xiiii minis Petri Hutin eisdem v modiis tenentibus.

It. pro xiiii minis J. Prepositi tenentibus dictis terris Hutin.

It. supra viam Davangelier Aurel., pro iiii modiis Roberti Chauviau.

It. in fine dictorum iiii modiorum, pro iiii minis dicti Radulphi de Beausse.

It. supra viam, alias Santier des Bordes-Iolet de Trugni, ii modii Jaquete des Fossés.

It. pro iiii modiis Johannis Prepositi tenentibus ex uno latere Johanni Barberii de Porta Burgondie Aurel., et ex alio latere Roberto Chauviau.

It. pro x minis Johannis Prepositi supradicti tenentibus Johanni Poitevin as Bordes-Iolet.

It. pro x minis Jaquete des Fosses tenentibus au Poitevin.

It. pro iiii minis juxta viam de Valengelier Aurel.

It. pro xix minis Roberti Chauviau tenentibus dictis Poitevin et Johanni Prepositi.

It. pro vi minis Girardi Ramier tenentibus eisdem xix minis dicti Roberti.

---

1. Ce dernier mot a été annulé.

It. pro vii minis dicti Roberti eisdem vi minis tenentibus.

It. pro vii minis Petri Hutin tenentibus eisdem vii minis dicti Roberti.

It. pro xvi minis dicti Johannis Prepositi tenentibus eisdem septem minis dicti Hutin.

It. pro iiii minis Petri Hutin, in via de Trugni a Wetre.

It. pro iiii minis Girardi Sevin eisdem iiii minis tenentibus.

It. pro iiii minis heredum Johannis Sale tenentibus eisdem iiii minis dicti Girardi.

It. pro v minis Petri Sevin tenentibus eisdem iiii minis dicti Girardi.

It. pro ii minis et demie heredum Radulphi Ramier tenentibus eisdem v minis.

It. pro ii minis et demie Johannis Prepositi tenentibus eisdem ii minis et demie dicti Radulphi.

It. pro v minis Girardi Sevin tenentibus dictis ii minis et demie dicti Prepositi.

It. pro v minis heredum Johannis Sale tenentibus dictis v minis dicti Girardi Sevin.

It. pro vi minis dicti Johannis Prepositi, in longitudine vie de Wetre.

It. pro vi minis Radulphi de Beausse eisdem tenentibus.

It. pro iiii minis dicti Johannis Prepositi tenentibus ex uno latere à Trugni, et ex alio latere Petro Hutin.

It. pro iv minis dicti Petri Hutin tenentibus eisdem iiii minis Johannis Prepositi.

It. pro x minis dicti Radulphi de Beausse a Trugni tenentibus vinee ipsius Radulphi.

It. pro xiiii minis a Trugni tenentibus domui ipsius Radulphi ibidem.

It. pro x minis Jaquete des Fossés tenentibus eisdem xiiii minis.

It. pro viii minis Radulphi de Beausse tenentibus eisdem x minis dicte Jaquete.

It. omnes terras de Domeci, que fuerunt quondam domini Nicholai de Domeci, militis, exceptis iii minos *(sic)* 1 mina et demie; et continent dicte terre de Domeci, in quibus habemus decimam, circa xxviii modios, et omnes ille terre ipsius militis supradicte fuerunt postea domini Jacobi Mercerii, doctoris legum de Aurel.

It. omnes terre defuncti Bartholomei de Domeci, circa x modios, existentes supra viam magnam de Carnoto Aurel., tenentes as Bordes de Sougi.

It. omne territorium des Bordes de Sougi est in decima nostra, quod ascendit circa xvi modios vel circa.

It. pro xl minis dicti Johannis Prepositi in via de Carnoto, ex uno latere magne vie de Carnoto Aurel., et ex alio latere vie de Trugni a Sougi.

It. pro xx minis supradicte Jaquete des Fossés tenentibus eisdem xl minis.

It. pro xx minis Roberti Chauviau tenentibus eisdem xx minis dicte Jaquete.

It. pro v minis Radulphi de Beausse tenentibus eisdem xx minis dicti Roberti Chauviau.

It. pro xxxv minis dicti Johannis Prepositi contiguis eisdem v minis dicti Radulphi.

It. pro xii minis dicti Johannis Prepositi, in via de Trugni a Sougi.

It. pro vi minis Petri Hutin contiguis eisdem xii minis.

It. pro vi minis Jaquete des Fossés eisdem vi minis dicti Hutin tenentibus.

It. pro ix minis Radulphi de Beausse circa Sougi tenentibus terris dou Poitevin.

It. pro xvi minis Radulphi predicti tenentibus territorio de Laucournie.

It. pro ix minis predicti Johannis Prepositi tenentibus eisdem xvi minis.

It. pro ix minis dicti Hutin tenentibus eisdem ix minis dicti Johannis Prepositi.

It. pro iii minis et demie heredum Johannis Sade tenentibus Radulpho de Beausse.

It. pro vii minis et demie Girardi Sevin tenentibus eisdem iii et demie heredum Johannis Sade.

It. pro iiii minis Petri Sevin tenentibus eidem Girardo.

It. pro iiii minis heredum Johannis Sade, in fine terrarum Petri Sevin.

It. pro vi minis heredum defuncti Ramier eisdem iiii minis tenentibus.

It. pro ii minis Johannis Prepositi eisdem vi minis tenentibus.

It. pro iiii minis Petri Sevin tenentibus terris Girardi Sevin.

It. pro iiii minis Petri Sevin, in territorio de Trugni, tenentibus terris Roberti Chauviau.

It. pro ii minis heredum Ramier tenentibus eisdem iiii minis Petri Sevin.

It. pro ii minis Johannis Prepositi tenentibus eisdem ii minis heredum Ramier.

It. pro iiii minis Girardi Sevin tenentibus eisdem ii minis Johannis Prepositi.

It. pro iiii minis heredum quondam Johannis Sade tenentibus eisdem iiii minis Girardi Sevin.

It. pro ii minis heredum Johannis Sade contiguis terris dicti Johannis Prepositi, in dicto loco de Trugni.

It. pro ii minis Girardi Sevin contiguis dictis ii minis heredum Johannis Sade.

It. pro iii minis heredum Radulphi Ramier tenentibus Jaquete des Fossés.

It. pro iii minis Petri Sevin tenentibus eisdem iii minis heredum Radulphi Ramier.

Omnes terre superius nominate consistunt in tribus territoriis, videlicet de Trugni pro majori parte, in territorio de Domeci et in territorio des Bordes de Sougi.

(Dans la marge du bas) : Videtur quod numerus terrarum supradictarum in quibus habemus decimam ascendit plus quam hoc modo.

Apud Rouvreium Sancte Crucis habemus campipartem videlicet : primo in una minea terre Johannis Houdre contigua vie de Paloy in exitu ville de Rouvreio. *(Au-dessus)* : Johannes Darete tenet.

It. in xxiiii minis in uno campo sitis prope dictam minam tenentibus ex uno latere vie Aurel. et ex alio latere terris Guillermi Courte Heuse.

It. in sex minis in alio campo tenentibus dicte Guillermo Courte Heuse ex uno latere et ex alio Thevoto Rouaut, prope dictam villam de Rouvreio, et sunt predicte terre ipsius Houdre.

It. in vi' minis apud Chalenile, que sunt Petri Coullart, tenentibus terris Guillelmi de Machau, canonici Aurelianensis.

Et ita habemus in summa campipartum in xxxvii minis (Gallice, *quinzeines*) terre ad mensuram loci.

1. En marge : Immo x minis... ut dicitur.

ANNO DOMINI M° CC° LX° VI°, CENSUS DE ESQUEBOLLIIS, IN FESTO PETRI ET PAULI.

Fol. 114, verso, col. 1.

Gaufridus filius Barille.	xii den.
Christophorus Motiau.	viii den. ob.
Stephanus Tueterre.	iiii den. ob.
Odo Tueterre.	iiii den. ob.
Guillermus Midais.	xii den.
Petrus d'Ormes.	iii den.
Johannes Gace.	iii den. ob.
Gacot.	vi den.
Stephanus Grasim.	i den.
Jaque Le Gautier.	vi den.
Vincencius Le Gautier.	xii den. ob.
Tibaut le Gautier.	x den.
Robertus Cochart.	xxi den.
Johannes Cochart.	v den. torn.
Guillermus Gariule.	iii den. ob.
Guillermus Pilart.	iii den. ob.
Gaufridus Le Maine.	iii den. ob.
Johannes Lourai.	iii den. ob.
Johannes Le Camus.	vi den.
Stephanus Gousse.	xii den.
Renaut Pichon.	ii den.
Jardine.	ob.
Stephanus Le Rai.	xiii den.
Petrus Le Torteus.	xii den.
Bernart Le Suerre.	v den.
Guilot Le Taisier.	vi den.
Ernoy, filius Tibaut Le Mere.	xi den.
Colim Le Vigeron.	ix den.
Robim Le Berbier.	ii sol. ix den. ob.
Johannes Le Berbier.	ix den.
Stephanus Berbier.	ii sol. iii den. ob.

Gaufridus Pau de rat.	iii den.
Familie defuncti Roberti Gosse.	xxi den.
Ernulfus Dalibom	viii den.
Decanus, pro defectu masure defuncti Sevin.	vi den.

Summa xxv sol. v den. et torn.

ANNO DOMINI M° CC° LX° VI°, CENSUS DE CERIS, IN FESTO SANCTI AVITI ESTIVALIS.

Fol. 114, verso, col. 2.

Stephanus Panthou.	i den.
Petrus Bociu.	i torn.
Mahaut, relicta Maurat.	iii den.
Petrus Galafra.	i torn.
Johannes Bernardau.	iii den.
Robinus Grosse.	i den. et par.
Johannes Panthou.	vi den.
Theobaldus Macie.	i den. et i torn.
Uxor Stephani defuncti Cruchet.	ii den. torn.
Martinus Sarreborse.	xiiii den. ob.
Benedicta La Chotarde.	ii den.
Johannes Moriau.	ii den. ob.
Ameline Berte.	ob.
Christianus Carpentarius.	vii den. ob.
Johannes Le Vachier.	iii ob.
Johannes Moturenche.	vii den. ob.
Theobaldus de Villa Augon.	i den.
Johannes Pautonnier.	vi den. ob. torn.
Gaufridus Moton.	i den.
Maria La Galafre.	xiiii den. ob.
Raginaldus Rufus.	v den. ob.
Benedicta, relicta defuncti Radulphi Bachelier.	ix den.
Odo Galafre.	xiiii den.
Stephanus Galafre.	iiii den.

Michael Bechet	vi den.
Loree de Concret	ii den. ob.
Stephanus de Boves	xviii den.
Petrus Rabier.	i den.
Familie defuncti Odonis Sauvaget	xii den. ob. et torn.
Relicta defuncti Bertolomei Lachacier. .	iii den. ob. et par.
Stephanus Docet.	xiii den.
Guillermus Cuechart.	ii den. et i par.
Petrus Prudomme	ii den. ob.
Stephanus Gotier	vi den. et i torn.
Odo Dux	iii ob.
Matheus de Mer	ii den. ob.
Martinus Galafra	i den. et torn.
Robinus de Pennis.	i den.
Johannes de Pennis	i den.
Maurous	i den.
Stephanus Jacat.	iiii den. ob.
Langralart	ii den. ob.
Petrus de Moncio	ii den. ob.
Guillermus Ozenne.	iiii den.
Domina de Pennis.	iii den. ob.
Johannes Buret	ii den. ob.
Presbiter de Ceris	vi den.
Morellus de Morcs.	iii ob.
Morellus Sauvaget.	iii den. ob. torn.
Vitalis de Avazeio.	i den.
Raginaldus de Concre	vi den. ob.
Presbiter de Concre	ob.
Relicta defuncti Nicholai Pas de Lo. . .	v den.
Raginaldus Botet.	vi den. ob.
Habertus Coelart	vi den. ob.
Sanctus Lomerius	ii sol.
Petrus Pas de Lo	ii den.
Odo Moriau.	v den. ob.
Relicta defuncti Roberti de Pennis. . .	iiii den.
Dominus Guillermus de Elemosina	ii den. et i par.

Isabellis La Picarde.	v den.
Gaufridus Moton.	ii den. ob.
Henricus Moriau.	xxviii den.
Girardus Gohiau.	xii den. i torn.
Stephanus Pau de Lo.	vi den. ob.
Familie defuncti Raginaldi Bachelier.	xviii den.
Raginaldus Noe.	xv den. ob.
Odo Gohiau.	ii den.
Johannes de Pennis.	viii den. ob.
Gaufridus Lenbert.	vi den.
Johanne Chevalier.	iii den.
Robertus Britonis.	ii den.
Laurencius Chauvii.	iii torn.
Matheus, filius Morelli.	i torn.
Odo Bachelier.	vii den. ob.
Odo Cotent.	v den.
Petrus do Voier et sa frareche.	iii den.
Johannes Moturenche de Auneio.	ii den. ob.

Summa xxxv sol. vel circa[1].

ANNO DOMINI M° CC° LX° VI°, PRO CAMPIPARTE DE ESQUEBOLLIIS, IN DIE ASSUMPCIONIS BEATE MARIE.

Fol. 115, col. 2.

Christophorus et son serorge.	viii den.
Gazot.	iiii den.
Gaufridus de Grigneville.	ii den.
Petrus Bau Cochart.	xvii den.
Odo et Stephanus Tue Tre.	iiii den.
Herveus le fiz Tibaut le Me.	vii den. ob.
Gaufridus Le Moine et Baudoire.	ii den. ob.

1. Les mots *vel circa* indiquent le degré d'exactitude qu'on doit attendre de pareilles sommes. Les deux comptes suivants semblent seuls présenter des totaux justes.

Gaufridus filius Sedile	viii den.
Daulibon	iiii den.
Rénaut Pichon	ii den.
Ernou le fiz Tibaut le Mere	vii den. ob.
Joan Le Camus	iiii den.
Guillelmus Vindois	ix den.
Le fiz Robin Goise	xiiii den.
Stephanus Goise	viii den.
Petrus Le Roier	xvii den.
Vincent Le Gautier	xii den. ob.
Colin Le Vigneron	vi den. et torn.
Tibaut Le Gantier	vi den. ob.
Benoit Pissau	iii den. ob.
Benoit Le Suerre	iii den.
Johan Le Barbier	vi den.
La fame feu Grossiu	iiii den.
Petrus de Ulmis	ii den.
Stevenot Grasse Oreille	ob.
Joan le fiz feu Gace	ii den. ob.
Robin Le Barbier	iiii sol. vi den.

Summa xviii sol. iii den. et torn.

AD BURSAS. — ANNO DOMINI M° CC° LX° VI°, CENSUS DE CERIS, IN CRASTINO OMNIUM SANCTORUM

Fol. 115, verso, col. 1.

Morau Sauvaget	xvii sol.
Odim Galafra	xviii sol.
Stephanus de Bines	xxi sol.
Stephanus Docet	vi sol.
Girardus Magnus	ii sol.
La Chotarde	iii sol. vi den.
Johannes Miles	ii sol. viii den.
Maria La Galafre	iii sol. iii den.

Relicta Radulfi Bachelier. . . . .   ix sol. iii den.
Stephanus Jaquetus . . . .   v sol.
Petrus Rabier . . . .   vi sol.
Gaufridus Lanberti . . . .   viii den.
Odo Bachelier. . . . .   ii sol. viii den.
Laurencius Major . . . .   vi sol.
    Summa c et iii sol.

CENSUS CLAUSTRI, IN FESTO SANCTI AVITI ESTIVALIS[1] INCIPIENDO IN VICO SERPENTIS VENIENDO AD INITIUM.

Fol. 115, verso, col. 1.

Domus Sancti Lazari quam tenet Philippus,
  notarius. . . . .   iii den. ob.
Ebrardus Matricularius. . . . .   iii ob. et par.
Robin de Bordis. . . . .   iii ob. et par.
Radulphus, filius obiti Petri Paris. . . . . . .   viii den. ob.
Bona Femina, filia obiti Petri Paris. . . . . .   viii den. ob.
Beneventa, filia obiti Petri Paris. . . . . . .   viii den. ob.
Confratria Sancte Crucis . . . .   viii den. ob.
Archidiaconus Belsie. . . . .   iiii sol. v den.
Domus Roberti et Hemerici. . . . .   xvi den.
Fratres Grandi Montis . . . .   x den.
Domus magistri scolastici . . . .   xxii den.
Domus domini Guillermi . . . .   xii den.
Domus domini Yvonis . . . .   iiii den.
Domus Johannis de Ermevilla . . . .   xii den.
Sanctus Lazarus. . . . .   ix den.
Sanctus Petrus Puellarum . . . .   xxii den.
Goge. . . . .   iiii den.
Asquetus. . . . .   iiii den.

1. En marge : Distribuitur in dicto festo, exceptis vii sol. et ii den.

Philipus, notarius . . . . xii den.
    Summa xvii sol. viii den. ob.

CENSUS DE ULMO ROTONDI, IN FESTO SANCTI AVITI ESTIVALIS, AD BURSAS.

Ibid.

Johannes Grosin, xii den. census et iii sol., pro decima.

CENSUS DE BARRIS DE TIGNI, AD BURSAS.

Ibid.

Maria et Guilot filius suus, iii sol., in festo Sancti Aviti estivalis.

HIC CENSUS QUEM EMIMUS A GAGIARIS DEFUNCTI PHILIPPI DE SOLIO, ET EST IN CRASTINO NATIVITATIS DOMINI[1].

Fol. 115, verso, col. 2.

Halois La Pasemere	iii den.
Gaufridus, sacerdos	xvii den.
Martinus Fautier	iiii den. et ob.
Colinus de Solio	vii den.
Guillermus Anselli	iii den. ob.
Martin Guignart	iii den.
Radulfus Guignart[2]	iii den.
Moniales Sancti Lupi	iiii den. et ob.

1. Sur la marge du haut : Distribuitur ad festa Sancti Stephani et Sancti Johannis in crastino Nativitatis Domini per medium cum reliquo.
2. Cet article a été rayé et remplacé par le suivant : Petrus Lapenviau, iiii den. ob.

Bert[erius] . . . . VIII den.
Robin Radulphus de Puteo. . . . . II den. torn.
Bertolomeus Guignart . . . . III den.
Johannes Vivant. . . . . VI den.
Petrus de Sancto Paterno. . . . . XV den. et I torn.
Raginaldus de Valle . . . . II den. et I torn.
Johannes Gatiau. . . . . III par.
Philipus de Solio . . . . IX den.
Radulphus de Foioche . . . . VI den. ob.
Isabellis de Sancto Lupo. . . . . : III den. et torn.
Odo et Simon[1]. . . . . VI den. torn.
Sanctus Petrus Carnotensis. . . . . IIII den. ob.
Prior Sancti Macuti . . . . IIII den.
Leodegarius. . . . . XVIII den.
Defunctus Petrus Liger. . . . . III den.
Cimcencincius Goutaul. . . . . III den.
Pueri Moton. . . . . III den.
    Summa XI sol. VIII den. ob.

CENSUS SANCTI PATERNI, IN FESTO SANCTI AVITI ESTIVALIS, AD CONFRATRIAM.

Ibid.

Hodoinus, II sol., pro duabus cameris cum vineis.

Tibaut Frabri, XVIII den., pro duabus cameris.

Alexender Le Meignein, XII sol., pro duabus domibus cum arpentum *(sic)* vinee.

Odo de Croto, pro arpento vinee aput cimiterium equorum, II sol.

Colin Normendus, pro vinea juxta vineam Oliveri, II sol.

Jacobus Le Carœcin, pro IIII cameris cum incultis, IIII sol.; debet reliquum de morte patris suis.

---

1. Suit un nom qui n'a pu être rétabli.

Benedicta Coperuc[1] . . . . ɪɪ sol.
Femina defuncti Oliveri . . . . ɪɪ sol.
Relicta Evardi Panne. . . . . ᴠɪ den., debet...
Raginaldus de Fosatis . . . . ᴠɪ den.
Relicta Stephani de Sancto Maximino. . . . . . ᴠɪ den.
Renaut de Fosatis . . . . ᴠ den.
Prior Sancti Macluti . . . . ɪɪɪɪ den.
Liger Pilaveile. . . . . xᴠɪɪɪ den.
Fou Pirre Liger . . . . ɪɪɪ den.
Vincencius Coutaut. . . . . ɪɪɪ den.
Pueri Moton[2] . . . . ɪɪɪ den.
    Summa xɪ par. ᴠɪɪɪ den. et torn.

CENSUS SANCTI PATERNI IN FESTO SANCTE CRUCIS IN MAYO QUI FUIT REDDITUS ANNO DOMINI M CCC SEXTO.

Fol. 114.

Robinus Sedile, xɪɪ den.
Johannes Tardiff, xɪɪ den.
Petrus Yterii, ᴠɪ den.
Huetus Christianisatus, xɪɪ den.
Relicta Petri Le Saine, pro se et suis liberis, ɪx den.
Relicta Johannis de Marolio, pro se et liberis suis, ɪx den.
Presbiter Sancti Paterni, ɪɪɪ den.

Hic sunt de quibus P. Duratus recepit vendas de Ceris anno predicto[3], videlicet a J. Michaelo Geromet, ʟxᴠɪ sol..... item a Matheo Chesniau, de summa ʟxɪɪɪɪ sol. torn., recepti solum ʟɪɪɪ sol. torn. ɪɪɪɪ den.; item a Petro Galafre xᴠɪ sol. paris.

1. Il y a sur le c un signe abréviatif indiquant que le mot n'est pas terminé.
2. Les cinq derniers articles sont rayés par un seul trait vertical.
3. Ces lignes sont écrites à la suite d'une note datée de 1324.

HII SUNT CENSUS QUOS DEBET CAPITULUM BEATI AVITI AURELIANENSIS.

Fol. 116.

In festo Sancti Martini yemalis, Petro dicto Bertran[1] Aurelianensi, pro domibus novis de Sancto Vincencio, VIII sol.

In festo Purificacionis Beate Marie, priori Beate Marie inter muros et fossata, pro vineis que sunt apud Ulmum Rotundum, X den. ob.

Item pro domo Rogerii Le Citoleur, IIII den.

In festo Cathedre Sancti Petri, pro domibus extra Portam Renardi prebendariis Sancte Crucis, XII den.

In festo Sancti Albini, Guillelmo[2] dicto Grime, pro vineis de Piro, IIII den.

In eodem festo, pro eisdem, vineis, Laurencio de Sancto Maximino, II den. — Item II den. debentur pro eisdem vineis.

In eodem festo, pro eisdem dicto Lebougre, II den.[3].

In festo Sancti Gregorii, Sancto Evurcio, pro domo defuncti Johannis Seinto, XII den. ob.

Item XIX den. ob., apud Sanctum Lupum, fratribus de Boigni, pro domo quam ibi habemus.

Item pro domo Claudi que est apud Sanctum Paulum, VI den., Sancto Evurcio.

Item eodem die, pro vineis Sancti Marci, magistro Domus Dei IIII den. ob.

Item pro quadam parte viridarii Johannis Barun juxta domum J. Sellarii, I den.

Post festum Gregorii, pro... vineis Dousante *(au-dessus :* quam *(sic)* tenet J. de Salinis), priori Sancti Vincencii, VI den.

In die predicti festi Sancti Gregorii, pro vineis Sancti Marchi, magistro Domus Dei, IIII den. ob.

In festo Sancte Crucis in maio, confratrie Sancte Crucis, pro VI cameris de Burgo Novo, XII den.

Item prebendis Sancte Crucis, pro vineis et domibus, V sol.

1. *Rayé et remplacé par :* Bernardo Ebrardi.
2. *Rayé et remplacé par :* Petro.
3. Cet article a été rayé.

Item pro domo Roberti Normanni, capellano episcopi, canonico Aurelianensi, iiii den. ob.; debet peti Chaucigr...

Item pro domo Ase, domino episcopo, iiii den.

Item pro dicta domo, capitulo Sancti Petri Puellarum, i den.

Item pro vineis de Fossa Theobaldi, monialibus Sancti Lupi, xvi den.

Item pro domo quam tenet frater Michaelis Vacharii apud Crucem Sancti Michaelis, regi, xii den., qui reddentur in domo Johannis Herar[1].

Item pro domo Hugonis Barbitonxoris, dicto domino regi vii den.; debet peti.

Item pro domo quam tenet Galterus Anglicus, Theobaldo Manselli ii den.

Item pro domo Belute[2]...

. . . .

1. Cet article a été rayé.
2. La suite de ce compte, qui occupe les dix dernières lignes de la page, est devenue illisible.

[ANNOTATA PASSIM IN CODICE.]

18 décembre 1263. — Fol. 25, verso.

Anno Domini M CC LX tercio, in vigilia Beati Aviti hyemalis, statutum est in capitulo generali ut quicumque, canonicus sive nutricius, de cetero pensionem seu pensiones ab ipsis capitulo debitam seu debitas terminis sibi assignatis non solverint, extunc omnibus distribucionibus careant sine spe recuperandi, usquequo dicte pensiones a predictis fuerint persolute.

1er février 1263 (1264). — Ibid.

Anno Domini M CC LX tercio, in vigilia Purificacionis Beate Marie, tradidimus et concessimus R., capicerio nostro, locum nostrum qui dicitur Mota Capicerii cum pertinenciis, quoad vixerit, sub tali pensione : quamdiu vixerit dompnus Yvo, quondam capicerius, dictus R. solvet L solidos parisiensium, singulis annis in festo Beati Aviti hyemalis, canonicis qui intererunt matutinis xx solidos, et misse et vesperis xx solidos; et in anniversario Petri et Hamerici x solidos. Si autem dictus R. supervixerit dictum Yvonem, singulis annis persolvet c solidos videlicet : L ut superius expressum est dividendos, et alios L ad Servicium ecclesie, prout capitulo videbitur expedire. Et dictus R. promisit per juramentum suum quod dictam pensionem solvet dicto termino, ut superius est expressum, et quod dictum locum cum pertinenciis in tam bono statu, sicuti erat tempore tradicionis, vel in meliori, tenebit; et nos promisimus dicto R., quoad vixerit, dictum locum cum pertinenciis ad usus et consuetudines Aurelianenses bona fide contra omnes garentire; et in tradicione predicta talis fuit condicio apposita quod si capitulum vendat dictum locum vel excambiat, quod omne emolumentum quod ex hoc pervenerit, vel illud quod ex hoc habitum fuerit, possidebit et fructus suos faciet, sicuti de rebus dicti loci prius faciebat. In cujus, etc...

18 décembre 1267. — Fol. 26.

Anno Domini MCCLXVII°, in vigilia Beati Aviti hyemalis, tradidimus Galtero et ejus uxori domum que est in vicquo Sancti Vincencii, sub pensione xx solidorum in festo Beati Johannis ad annum; et promisit per juramentum suum ponere in dicta domo vi libras.

24 décembre 1271. — Fol. 23.

Anno Domini MCCLXX primo, in vigilia Natalis, tradidimus Stephano de Trememonte, concanonico nostro, domum defuncte Ase et domum quam solebat tenere Raginaldus, capicerius, apud Sanctum Vincencium, quas tenet Stephanus de Jargolio, ad vitam ipsorum, ita quod ille qui supervixerit tenebit dictas domos, domum defuncte Ase ad annum, domum apud Sanctum Vincencium sub pensione LX solidorum, medietatem ad festum Omnium Sanctorum, aliam medietatem ad Pascha; et tenetur capitulum solvere censum; et est dicta domus apud Sanctum Vincencium ad Matutinas Communes.

14 août 1294. — Fol. 26.

Anno Domini MCC nonagesimo quarto, in vigilia Assumpcionis Beate Marie, tradidimus Petro de Castro Novo, concanonico nostro, domum nostram contiguam domui quam tenet a nobis Ysabellis *La Vachière,* quam solebat tenere defunctus Symon, quondam vicarius in ecclesia, pro quadraginta solidis parisiensium, quos debet solvere quolibet anno per juramentum suum in anniversario Ysavie dicte *La Bucie;* et debet ponere per juramentum suum c solidos turonensium in melioracionem dicte domus infra tres annos continue computandos.

16 juin 1314. — Fol. 27, verso.

Anno Domini millesimo CCC decimo quarto, die in vigilia Deposicionis festi estivalis Beati Aviti, in capitulo generali, presentibus et capitulum facientibus Laurencio de Villa Nova, presbitero, Johanne *Boulain,* Matheo de Placentia, Guillelmo de Milliaco, Johanne Durandi et Bertaudo de Verrinis, subdiaconis, canonicis hujus ecclesie, per idem capitulum fuit provida deliberacione statutum seu ordinatum, quatenus hoc fieri possit, quod de cetero in perpetuum fiat et congregetur capitulum in modo hujus ecclesie, qualibet die dominica inter primam et magnam missam, ad tractandum de negociis et rebus capituli et ecclesie predictorum, ita quod quilibet canonicus, qui dicto capitulo intererit usque ad horam terciam... lucrabitur duos denarios parisienses super bursam capiendos, et eadem die a bursario persolvendos: — *(Signé) :* B...

Et insuper, ut privilegia et redditus ecclesie nostre minime dentur oblivioni, sed pocius memorie commendentur et pro quibuscumque, eisdem utendo, serventur, extitit ordinatum quod in quolibet capitulo predicto legantur duo vel plura de dictis privilegiis scriptis et inregistratis in hoc libro privilegiorum.

(Signé) : B., officialis Aurelianensis, Ebr. *Trezein,* G. de Bria.

---

21 mai 1317. — Fol. 112.

Anno Domini m° ccc° decimo septimo, in vigilia Penthecostes, in capitulo generali statuimus quod de cetero, illis diebus quibus misse plures cantabuntur, ad majus altare cantetur magna missa, et alie ad altare retro majus altare, exceptis anniversariis egregiarum personarum que celebrabuntur ad majus altare, et exceptis missis in quibus corpus mortuorum presens erit, quia tunc ad majus altare.

1317 (2 avril 1318). — Fol. 112.

Anno Domini m° ccc° xvii°, in vigilia Pasce, in capitulo generali statutum fuit quod amodo quicumque canonicus, vel alius in ecclesia Sancti Aviti Aurelianensis beneficiatus, domum vel quid aliud ad pensionem acceperit,

---

1. Les mots *redditus* et *hoc* ont été ajoutés postérieurement dans l'interligne.

dictam pensionem juret, et litteras obligatorias tradat de pensione persolvenda terminis statutis in ecclesia antedicta.

Eodem anno et die accepit ad vitam suam Robertus de Miaco, matricularius Aurelianensis, domum Ase sub pensione IIII librarum parisiensium, solvendis XL sol. in Pasca, et ali[i]s XL sol. in festo Omnium Sanctorum; et promisit per juramentum suum dictam pensionem solvere terminis superius nominatis, et item promisit per juramentum suum quod infra annum apponet in emendacionem dicte domus decem libras parisiensium per manum capituli.

(XIVe siècle). — Fol. 114.

Petrus de Beligneix, die lune post Ascensionem Domini, conduxit domum de Vico Episcopi, videlicet Ayse, precio IX libr., et debet dare fidejussorem infra diem Penthecostes proximam.

Johannes Rafinier, de Charreto Carnotensis diocesis, conduxit domum cimiterii predicta die lune precio VIII libr. cum dimidia, et debet dare fidejussorem.

---

14 juin 1324. — Ibid.

Anno Domini MCCCXXIIII, die sabbati in vigilia Sancti Aviti estivalis, capitulum concessit Johanni et Gilete, liberis Guichardi, ad vitam suam, unam domum sitam in vico Putei Rolandi, juxta domum dicti capituli quam tenet dictus..., pro LXX solidis parisiensium.

---

24 décembre 1324. — Fol. 116.

Anno Domini MCCCXXIIII, die lune in vigilia Natalis Domini, in nostro generali capitulo accepit dominus Egidius, canonicus noster, domum quam tenebat defunctus Natalis Polem, sitam in Burgo Novo, a dicta die usque ad festum Sancti Johannis Baptiste quod erit anno XXVI°, sub precio XXIIII solidorum parisiensium.

30 octobre 1328. — Fol. 27, verso.

Anno Domini MCCCXXVIII, die lune in vigilia Omnium Sanctorum, fuit statutum quod quilibet canonicus capiat Panem capituli infra quindecim dies[1]...

---

26 mai 1330. — Fol. 113, verso.

Anno Domini M° CCC° XXX°, die sabbati in vigilia Penthecostes, in capitulo generali ecclesie Sancti Aviti, ordinatum fuit et statutum quod, a die compotorum proximorum festi estivalis Sancti Aviti, accipient canonici, vicarii et nutricii, pro distribucionibus suis, bonam et fortem monetam tunc currentem, videlicet distribuciones festorum annualium integraliter, ut alias est consuetum, videlicet duos solidos cum dimidio; item, pro quolibet festo duplici, octo solidos in toto canonicis presentibus cum Pane et Confraria dividendos, sic videlicet quod pro matutinis percipient II solidos cum dimidio, et residuum, videlicet V solidos cum dimidio, pro vesperis de vigilia festi et de die cum missa, ut alias consuetum est dividendos.

Item pro matutinis cotidianis communibus et de Servicio, qualibet die, II solidos *(au-dessus : IIII den.)* tam canonicis presentibus quam vicariis, videlicet canonicis precipue de Servicio XII den., et de communi tam canonicis quam vicariis XVI den. presentibus dividendos.

Item capitula simplicia mensis, generalia et compotorum...

Item vicariis et nutriciis, pro festis annualibus, duplicibus, et anniversariis, ut alias.

Item nutriciis pro matutinis dominicalibus, dietarum, et grossi signi, ut alias.

Item a modo computabit quilibet bursarius, ad quodlibet capitulum mensis, de negociis et sumptibus factis pro ecclesia.

Item tenebitur bursarius per juramentum suum reportare ad propinquius capitulum[2]... omnem pecuniam ab eo explectatam et receptam de locacionibus,

1. Ce paragraphe a été rayé.
2. Plusieurs mots grattés.

pansionibus domorum, terrarum, vinearum et aliarum rerum ecclesie, vendarumque et relevacionum, et omnium rerum racione quarum habere debuit pecuniam ecclesie et canonicorum predicte ecclesie, ut inde eidem melius et celerius tradatur pecunia a capitulo distribuenda canonicis, vicariis et nutriciis, et pro solucione facienda de negociis, operibus, et necessitatibus ecclesie.

Item bursarius non poterit facere fieri aliquod opus, expensas neque sumptus in domos vel alias, nisi de consensu et licencia capituli, et ita prout videbitur expedire; capitulum poterit commictere duobus canonicis cum bursario, vel alii cui voluerit, capsam; alias bursarius solvet de suo nec computetur aliquid a capitulo dicto bursario de...

Item fuit ordinatum quod cereus ardebit de nocte coram Deo, ante majus altare. De cetero capitulum dat medietatem relevacionum et vendarum cum emendis, exceptis relevacionibus aliter divisis utpote de claustro.

---

18 mai 1331. — Fol. 27, verso.

Anno Domini M CCC XXXI, die sabbati ante Penthecosten in capitulo generali Sancti Aviti Aurelianensis, congregati capitulantes Egidius de Landrevilla, Jacobus de Ulmis, Petrus Egreti, Dionisius de Mongiaco, Guillermus Ligerii, capitulum suum tenentes ibidem, statuerunt quod quicumque habens de cetero altare seu vicariam in ecclesia sua Sancti Aviti promoveatur infra annum ad sacros ordines; dicti vero capitulantes de ceteris graciis dictis vicariis faciendis graciam et dispensacionem in se reservaverunt et retinuerunt; et ita juraverunt dicti capitulantes in dicto suo capitulo ad sancta Dei evangelia. — *(Signé)* : G. Guicheus.

---

3 mars 1343 (1344). — Fol. 113, verso.

Anno Domini M CCC XLIII, die mercurii post dominicam qua cantatum fuit in ecclesia Dei *Reminiscere*, receptus fuit dominus Stephanus de Ardana, presbiter, capellanus altaris Beati Nicolay siti in ecclesia Sancti Aviti Aurelianensis, et fecit in capitulo juramentum in talibus assuetum, et prout superius scribitur, presentibus dominis... Egidio... domino *Marau*, curato de Campobono Sennonensis diocesis, Gileto... ricti..., jurato notario cum aliis, etc...

---

16 juin 1345. — Fol. 113

Anno Domini M CCC XL quinto, die mercurii in vigilia estivalis festi Beati Aviti, in capitulo generali juravit Petrus de Perpirola, curatus ecclesie de Veneciaco, ad sancta Dei evangelia, genibus flexis, honorem, commodum ecclesie Sancti Aviti servare et defendere pro posse. Item juravit dictus curatus reverenciam et honorem capitulo, et singulis canonicis presentibus et futuris reverenciam exhibere, prout tenetur. Item juravit solvere capitulo, seu eorum procuratori, quidquid debeat occasione cure sue singulis annis, et maxime quinque solidos parisiensium, quos debet dicto capitulo quolibet anno pro patronatu sue ecclesie, solvendos in festo Pasche. Item juravit dictus curatus jura, libertates, redditus sue ecclesie servare, tueri et defendere, ac alienata, pro posse, ad statum revocare. — *(Signé)* : Albipedis.

---

17 mars 1349 (1350). — Fol. 117, verso.

Anno Domini M CCCXLIX, die mercurii post *Judica me*, fuit receptus in capitulo Sancti Aviti dominus Johannes *Rousselle* (?) in causa permutacionis ad... obtinebat dominus Johannes Est... ad altare apostolorum Petri et Pauli[1].

---

23 avril 1350. — Fol. 113, verso.

Anno Domini millesimo CCCL, die Beati Georgii, receptus fuit capellanus Sancti Nicholay J. *Blenot*, Lemovicensis dyocesis, et fecit juramenta capellanorum, cum protestationibus quod si recedat, etc... debet redire in dominicam post Adcencionem Domini.

Anno eodem, idem Johannes *Blanot*, presbiter, die jovis post Penthe-

---

1. Il y avait en marge une autre note, devenue illisible.

costen, resinavit in manu nostra dictum beneficium capellanię Sancti Nicholay.

---

3 mai 1350. — Fol. 42, verso.

Die Invencionis Sancte Crucis, anno Domini mccc° quinquagesimo, ego Balduinus de Tyenvilla recepi a capitulo Sancti Aviti per manum bursarii xxv solidos viii denarios, pro censu domorum et terrarum.

---

11 novembre 1351. — Fol. 117.

Anno Domini m ccc li, die lune in festo Sancti Martini estivalis, Dyonisius de Mogiaco, canonicus Sancti Aviti Aurelianensis, existens ad beneficia conferenda, contulit Radulpho *Baderan* altare Sancti Andree in ecclesia Sancti Aviti vacans per mortem Johannis *Beraut*, etc..., salvo jure Sedis Apostolice et cujuslibet alterius, etc...; Capitulum sub ista protestacione eum admisit; et juravit juramenta assueta et in hoc libro scripta, presentibus magistris *Devalle* et Stephano *Boart* testibus. — *(Signé) : Coigneret.*

---

30 juillet 1354. — Fol. 42, verso.

Die xxx^a mensis julii, hora capituli, in capitulo Sancti Aviti fuit receptus magister Guillelmus Tayllendarii, nomine procuratorio Johannis Sistelli, in decanum predicte ecclesie Sancti Aviti, anno Domini millesimo ccc° liii.

---

7 décembre 1356. — Ibid.

Anno Domini millesimo trecentesimo quinquagesimo sexto, die mercurii in vigilia festi Conceptionis Beate Marie Virginis, in nostro generali capitulo, statuimus ne quecumque littere sub sigillo nostro faciende de cetero, in nostro capitulo passande, sigillo nostro aliquatenus sigillentur nisi prius ips[e] per canonicos presentes habentes vocem in capitulo consignentur, scilicet quod quilibet canonicus, habens vocem in capitulo, presens ipsis litteris nomen suum adscribat.

6 février 1378 (1379). — Ibid.

Anno Domini m° ccc° lxxviii°, die dominica post festum Purificacionis Beate Marie Virginis, in ecclesia Sancti Aviti in suburbiis Aurelianensibus, ad sonum campane capitulantibus dominis Johanne Estatis, Johanne *Baller*, Matheo Gibelli, Guillermo Changuionis, presbiteris, et Johanne Hervei, canonicis ejusdem ecclesie, prefatus dominus G. [Chan]guionis, existens in mense ad beneficia conferenda, contulit domino Matheo Rogerii, presbitero, presenti et acceptanti, ecclesiam parrochialem de Avazeio vacantem per obitum defuncti domini Johannis *Bafer*, et eumdem dominum Matheum Rogerii ad ecclesiam eamdem presentavit dictis dominis capitulantibus, qui ipsum receperunt; juravit, manu pectore apposita, honorem, reverentiam et obedientiam impensurum se Beato Avito et dominis de capitulo presentibus et futuris, jura ecclesie conservare et alienata contra revocare, residentiam in dicta ecclesia facere personnalem ac pensionem quindecim solidorum pro jure patronatus dominis [de] capitulo Beati Aviti solvere annuatim. — *(Signé)* : *Payne*.

(En marge) : Patronatus de Avareio.

14 juin 1381. — Ibid.

Anno Domini millesimo ccc lxxx° primo, die xiiii juinii, capellania Sancti Andree, libera et vacans per liberam resignationem, collata fuit domino Guillermo de *Vendac* qui more solito juravit, presentibus in capitulo dominis Guillermo Changuionis decano, Ph... *Balier*, capicerio, Johanne Estatis, Matheo Gibelli et Johanne Hervei, canonicis hujus ecclesie presentibus, Petro... et Petro Normani et domino Thoma Capre, presbitero. —*(Signé)* : ...

3 août 1381. — Ibid.

Anno predicto, die iii² mensis augusti, capellania Sanctorum Johannis et Andree, in ecclesia Sancti Aviti, vacans ad presens per obitum deffuncti domini Guillermi de *Vandac,* ultimi capellani ejusdem, per Johannem Hervei, dicte ecclesie ad beneficia conferenda existentem, collata fuit Stephano *Paumier,* clerico, presenti et acceptanti, qui fuit... dominis G. Changuionis decano, J. *Balier,* capicerio, M. Gibelli et J. Estatis... presentibus..., de Sancto Dyonisio et Richardo *de La Pion*... *(sic)*. — *(Signé)* : Belineti. Et fuit per dominos admissus.

10 octobre 1384. — Fol. 43.

Anno Domini millesimo ccc octuagesimo quarto, die lune post festum Beati Dyonisii, in ecclesia Sancti Aviti in suburbiis Aurelianensibus, ad sonum campane capitulantibus dominis Johanne Estatis, Johanne *Balier,* Matheo Gibelli et Johanne Hervei, presbiteris et canonicis ejusdem ecclesie, Stephanus *Paumier,* clericus, curatus ecclesie parrochialis de Avazaio ad collacionem Beati Aviti spectentis, juravit se impensurum Beato Avito et dominis de capitulo presentibus et futuris fidelitatem, et illa, que per dictos dominos pro utilitate ipsius ecclesie racionabiliter sibi [in]juncta fuerint, exequi, necnon jura ecclesie conservare et alienata revocare, ac pensionem quindecim solidorum turonensium pro jure patronatus dominis de capitulo Beati Aviti solvere annuatim. — *(Signé)* : G. Acarie.

13 avril 1388. — Ibid.

Anno Domini millesimo ccc octuagesimo octavo, die lune xiii² mensis aprilis, hora capituli, dominis canonicis ecclesie Sancti Aviti Aurelianensis capitulantibus et suum capitulum celebrantibus more solito, dominus Petrus *Balier,* presbiter, capellanus capelle Sancti Andree in nostra ecclesia Sancti Aviti, fuit personnaliter receptus ad dictam capellaniam Sancti Andree, et juravit statuta et ordinaciones dicte ecclesie Sancti Aviti observare, et ordinacione seu fundaciones conservare pro posse. — *(Signé)* : *G. Acarie.*

---

4 septembre 1390. — Fol. 48.

Ordinacio facta per dominum Officialem Aurelianensem, commissarium in hac parte reverendi in Christo patris domini J., Aurelianensis episcopi, super divino servicio celebrando cotidie in ecclesia Beati Aviti in suburbiis Aurelianensibus, facta die quarta mensis septembris, anno Domini millesimo trecentesimo nonagesimo, attenta desolacione dicte ecclesie et tenuitate reddituum dicte ecclesie qui ad aream redducti sunt.

Et primo :

Qualibet die missam ad notam.

In die sancto Pasche, Sancti Georgii, Ascensionis Domini, Penthecostes Domini, festo Eucharistie Christi, festo Beati Aviti estivalis, festo Nativitatis Beati Johannis Baptiste, Assumpcionis Beate Virginis gloriose Marie, et festo Nativitatis ejusdem Virginis Marie gloriose, in singulis vigiliis vesperas cum complectorio, vigilias in sero, et in die omnes horas.

Et in singulis vigiliis festorum Omnium Sanctorum, Commemoracionis mortuorum, Concepcionis Beate Marie Virginis gloriose, Nativitatis Domini, Epiphanie ejusdem Domini, Purificacionis Beate Marie Virginis gloriose, vesperas et complectorium, et in die duas missas, unam ad notam et aliam submissa voce. — *(Signé)* : *G. Acarie.*

---

30 décembre 1420. — Ibid.

Anno Domini M^o $CCCC^o$ vicesimo, die penultima mensis decembris, dominus episcopus Aurelianensis, visitando ecclesiam collegiatam Sancti Aviti in suburbiis Aurelianensibus, statuit et ordinavit, presentibus dominis canonicis ejusdem ecclesie, quod in qualibet ebdomada, die jovis, fiat capitulum in eadem ecclesia, quodque quilibet canonicus capitulans teneatur interesse a principio usque ad finem, distribuanturque cuilibet canonico capitulanti duo denarii parisienses.

Item quod in missa, que qualibet die fit in dicta ecclesia in primo pulsu prime ecclesie Aurelianensis, quilibet canonicus teneatur interesse a principio ante epistolam usque ad *Agnus Dei,* alias quod non percipiat in distribucionibus. — *(Signé) : J. Acarie.*

16 août 1424. — Ibid.

Anno Domini m° cccc° xxiiii, die xvi^a mensis augusti, dominus episcopus Aurelianensis, visitando ecclesiam presentem, ordinavit quod dominus Oliverius *Luce,* capellanus Beate Marie in hac ecclesia, [celebret] seu celebrari faciat xii missas per annum quemlibet, scilicet mense quolibet unam missam.

Item quod missa, que fit qualibet die, a modo a festo Beati Remigii usque ad festum Resurrectionis hora octava, et a festo Resurrectionis Domini usque ad idem festum Sancti Remigii hora septima celebretur; et si ebdomadarius defficiat celebrare, fiat missa suo loco, in qua tenebitur idem ebdomadarius de suo solvere... et cum hoc solvere, quociens deffecerit, quatuor denarios parisienses.

Similiter ordinavit quod capellanus Sanctorum Petri et Pauli celebret quolibet anno [xii] missas. — *(Signé) : J. Acarie.*

Mars 1567 (1568). — Fol. 43.

Anno Domini millesimo quingentesimo sexagesimo septimo, die... *(sic)* mensis martii, capella Sancti Andree in ecclesia collegiata Sancti Aviti collata fuit domino Guillermo *Housse,* presbitero, canonico ecclesie Aurelianensis, per resignationem factam inter Petrum *Maubailly,* presbiterum, capellanum ejusdem capelle seu capellanie Sancti Andree, et ipsum dominum Guillermum *Housse,* capicerium et canonicum ejusdem ecclesie collegiate Sancti Aviti, qui quidem *House,* in receptione sua admissa per dominos decanum et canonicos capitulantes in ecclesia collegiata Sancti Aviti, juravit observare statuta et ordinaciones, et fundaciones conservare pro posse, necnon jura solita persolvere.

31 août 1578. — Ibid.

Anno Domini millesimo quingentesimo septuagesimo octavo, die vero dominica ultima mensis augusti, cappella seu cappellania Beate Marie Virginis in ecclesia collegiata Sancti Aviti collata fuit domino Francisco *Trigneil*, presbitero, curato ecclesie parrochialis Sancti Stephani Aurelianensis, vaccans per resignationem puram et liberam, in manus dominorum canonicorum dicte ecclesie Sancti Aviti Aurelianensis, domini Gentiani Raqueti domino Jacobo *Laumosnier* existenti in turno suo ad beneficia conferenda; qui quidem *Trigniel* capellanus juravit, in predicta ecclesia Sancti Aviti Aurelianensis, observare statuta et observaciones, conservareque pro posse fundationes, necnon jura solita persolvere.

26 août 1580. — Ibid.

Anno Domini millesimo quingentesimo octuagesimo, die veneris 26ª mensis augusti, capella seu cappellania sub invocacione Sanctorum Petri et Pauli in ecclesia Sancti Aviti Aurelianensis, vaccans per liberam resignacionem Bartholomei *Mellon* factam in capitulo domino *Laumosnier*, canonico existanti in turno suo ad beneficia conferenda, collata fuit domino Carollo *Meslant*, clerico Aurelianensi, presenti, acceptanti, qui juravit solita jura persolvere; presentibus in dicto capitulo dominis J. *Dedinan* decano, P. *Maubailly*, capicerio, G. *Delaunay*, *Hervieu*, *Barbeachou*, M. Furm..., M. *Boissier*, et J. *Laumosnier* canonicis presentibus, necnon domino *Cornival*, advocato in curia laicali presenti, et domino Petro *Meslant*, archipresbitero et canonico ecclesie Aurelianensis, presentibus [1].

1. Les trois notes qui précèdent ont été écrites par la même main et à la suite ; mais chose singulière, cette dernière, qui est la plus récente, est inscrite la première dans l'original.

12 août 1583. — Fol. 43, verso.

Je soubsigné, chappellain de la chappelle de saint Pierre et saint Pol, fondée en l'église de Saint-Avit d'Orléans, promet payer par chacun an, au terme de Pasques, douze sols six deniers tournois pour le droit de patronnaige que doibt ladite chapelle au chapitre de ladite église, et ensemble de dire ou faire dire six messes pour les fondateurs de ladite chapelle, ce tant et si long temps que je serai chappellain de ladite chappelle. Faict ès chappitre, ce vendredi douzième jour d'aoust mil v° quatre-vingtz et troys.

(Signé) : Meslant.

[*MANDATUM A DOMINO BAUCLAT FUNDATUM.*]

Fol. 44, verso.

Fundavit dominus Georgius Bauclat, canonicus Sancti Aviti, mandatum quod debet fieri in die cene Domini in dicta ecclesia, in quo distribuuntur LVI sol. par. qui capiuntur supra quamdam domum novam vocatam ad Parvos Crenelos, sitam in vico Sancti Vincencii, videlicet :

Centum pauperibus, cuilibet IIII den.

Item cuilibet canonico qui intererit ad dictum mandatum a principio usque in finem, XVI den.; et nullus percipiet ad duplum nec etiam decanus.

Item capicerio et alio canonico seniori, pro lavando pedes pauperum, ultra suam distributionem, cuilibet VIII den. par.

Item ebdomadario altaris, pro legendo lectionem et evangelium, VII den. ultra suam distributionem.

Item ebdomadariis dicte ecclesie, qui intererunt a principio usque in finem in dicto mandato, cuilibet VIII den.

Item clerico, pro pulsando mandatum cum parva campana, etiam pro administrando aquam ad lavandum pedes pauperum, XII den. par.

Item bursario, pro recipiendo morellos et distribuendo dictam summam, viii den. par.

[MANDATUM.]

Mandatum[1] novum do vobis ut diligatis invicem, sicut dilexi vos, dicit Dominus.

Ps. Beati inmaculati. e u o u a e.

A. Postquam surrexit Dominus a cena, misit aquam in pelvim; cepit lavare pedes discipulorum; hoc exemplum relinquit eis; si ego Dominus et magister lavi vobis pedes, quanto magis et vos debetis alter alterius lavare pedes.

Ps. Deus misereatur. e u o u a e.

A. Diligamus nos invicem, quia caritas ex Deo est, et qui diligit fratrem suum ex Deo est, et qui diligit fratram *(sic)* suum ex Deo natus est, et videt Dominum.

A. In diebus illis mulier, que erat in civitate peccatrix, ut cognovit quod Ihesus accubuit in domo Symonis leprosi, actulit alabaustrum unguenti, et stans retro secus pedes domini Ihesu lacrimis cepit rigare pedes ejus, et capillis capitis sui tergebat, et obsculabatur pedes ejus, et unguento ungebat.

A. Ante diem festum Pasche, sciens Ihesus quia ejus hora venit ut transeat ex hoc mundo ad Patrem, et cena facta, surrexit, linteo precinxit se, misit aquam in pelvim, cepit lavare pedes discipulo[rum].

R. Venit ad Petrum; dicit ei Symon : Non lavabis michi pedes in eternum. Respondit ei Ihesus : Si non lavero te, non habebis partem mecum. Domine non solum pedes tantum, sed et manus, et caput. — *Sequitur*.

    Ubi est karitas et dilectio,
    Ibi sanctorum est congregacio;
    Ibi nec ira est, nec indignacio,
    Sed firma karitas imperpetuum. — *Deinde Sequitur.*

1. Tout ce qui suit est noté en plain-chant.

Christus descendit mundum redimere,
Ut liberaret a morte hominem. — *Sequitur.*

Exemplum prebuit sui[s] discipulis
Ut sibi invicem pedes abluerant *(sic)*. — *Sequitur.*

Benedictus Dominus ex Syon qui fecit celum et terram; et benedictus Dominus ex Syon qui fecit celum et terram.

[*RESPONSORIUM*[1].]

Sanctus miro quem affectu diligebat obiit * Quidam fratrum; mox eundem vite sanum reddidit. Proclamatur : vir beate quem amabas occidit * Quidam. Gloria Patri et Filio et Spiritui Sancto.

1. Ces quelques lignes, notées en plain-chant, sont évidemment un extrait de l'Office de Saint-Avit, et paraissent de la fin du xiiie siècle. Elles sont écrites sur la première moitié du dernier folio dont le reste est rempli par la suite du compte publié p. 140. Le fait auquel elles font allusion est un des miracles racontés dans la légende du saint.

Sanctus miro quem affectu diligebat o bix guidam fratrum mox e undem urse a num red ditus. Proclamatur ur beate quem amabas et adm. Quidam Gloria patri et filio et spiritu sancto.

APPENDIX.

DE VINEA SANCTI VINCENCII.

1175.

Incommutabilem debent conservare effectum que rationabilis confirmavit dispositio plurimorum. Propterea ego Manasses, Dei gracia Aurelianensis episcopus et ecclesie Beati Aviti abbas, et J. decanus, et universum ejusdem ecclesie capitulum, notum facimus presentibus et futuris quod agripentum quoddam vinee, quod est juxta ecclesiam Sancti Vincencii, possidebat Girardus Blesensis, nepos magistri Gaufridi, in vita sua, ita quod post ejusdem G. obitum ad Confrariam ecclesie Beati Aviti pacifice et sine calumpnia reverteretur. Quod agripentum cum prefatus G. nobis reliquisset, nos illud Gauterio, concanonico nostro, cognato R. capicerii, cujus beneficio vinea illa ecclesie Beati Aviti pervenerat, similiter in vita sua habendum concessimus, ita quod, remota omni calumpnia, ad jam dictam ecclesiam post ipsius obitum revertatur. Quod ne oblivione possit deleri, vel aliquatenus ab ecclesia vinea alienari, pactionem et concessionem hujusmodi litteris et sigillis nostris fecimus confirmari. Actum in capitulo Beati Aviti, anno ab incarnatione Domini M° C° LXX° V°.

(Cirographe. — *Arch. dép. du Loiret,* fonds de Saint-Avit.)

DE DONO OBITI BALDUINI ALTARI VINEARUM ORGEMONT.

(Sans date.)

F.[1], Aurelianensis ecclesie decanus, omnibus ad quos presentes littere pervenerint, salutem in Domino. Noverit universitas vestra quod, cum in presencia nostra inter canonicos Sancti Aviti Aurelianensis ex una parte, et quosdam laicos ex alia, super quibusdam vineis questio verteretur, memorati canonici ad probandam possessionem testes produxerunt : dominum scillet Rainaldum, Sancte Crucis Aurelianensis canonicum, sacerdotem; capicerium Sancti Aviti, sacerdotem; Hugonem, Sancti Aniani canonicum, sacerdotem; Roboam, Sancti Aviti canonicum, sacerdotem; Gaufridum,

---

1. Probablement *Fulco II,* qui était doyen du chapitre de Sainte-Croix en 1215.

Sancti Michaelis presbiterum; Petrum, Sancti Aviti canonicum, diaconum; magistrum Petrum, sacerdotem; Johannem, clericum, et plures alios. Isti jurati dixerunt se vidisse et audisse quod magister Balduimus, sacerdos Sancti Petri et Sancte Lete, ante mortem suam octo diebus aut plus in testamento suo legavit ecclesie Sancti Aviti Aurelianensis vineas apud Orgemont sitas, nullo contradicente, de voluntate et assensu domini fundi; nec testamenti sui seriem in aliquo revocavit postea, vel infrinxit. Quod vidimus et audivimus, Deo teste, pura et sana consciencia loquimur et testamur.

(*Arch. dép.,* fonds de Saint-Avit.)

LITTERE DE VINEIS DE PRESSORIO CHAUDETI NOBIS DONATIS.

Décembre 1245.

Omnibus presentes litteras inspecturis, Officialis Aurelianensis, salutem in Domino. Noverint universi quod constitutus coram nobis Hugo, filius defuncti Radulphi de Barra, quintam partem[1] duorum arpentorum vinearum, obolata census minus, que se habere dicebat apud pressorium, quod dicitur Pressorium Chaudeti, in censiva Sancti Benedicti Floriacensis sita, ob remedium anime sue dedit et quitavit viris venerabilibus decano et capitulo Sancti Aviti Aurelianensis et eorum successoribus in perpetuum pacifice possidendam; fide prestita in manu nostra promittens dictus Hugo quod contra dationem et quitationem istam de cetero, qualibet ratione seu causa, per se vel per alium venire nullatenus attemptabit. Hanc autem dationem et quitationem prefatis decano et capitulo et eorum successoribus a dicto Hugone factam Johanna, mater dicti Hugonis, Adam, Radulphus, Maria et Acelina, fratres et sorores ejusdem Hugonis, Stephanus et Petrus Guitardi mariti dictarum Marie et Aceline, coram nobis voluerunt et concesserunt, fide ab ipsis in manu nostra super hoc specialiter prestita corporali; promittentes dicta fide prestita se contra de cetero qualibet ratione per se vel per alios non venturos. In cujus rei memoriam et testimonium presentes litteras ad requisitionem omnium predictorum sigillo Aurelianensis curie fecimus roborari. Datum anno Domini millesimo ducentesimo quadragesimo quinto, mense decembri.

(*Arch. dép.,* fonds de Saint-Avit.)

1. Voir p. 98, n° 79, la vente des quatre autres cinquièmes.

LICTERE DE DOMIBUS NOVIS EMPTIS A JAQUETO MATRICULARIO[1].

28 juin 1265.

Universis presentes litteras inspecturis, Officialis curie Aurelianensis, salutem in Domino. Noveritis quod in nostra presentia constituti Petrus Le Mignot et Agnes uxor sua vendiderunt, dimiserunt et imperpetuum penitus quitaverunt Richardo Custurario quamdam masuram cum omnibus pertinenciis ipsius, quam videlicet masuram cum omnibus pertinenciis ejusdem dicebant se habere in parrochia Sancti Vincencii de Vineis Aurelianensis, sitam juxta domum Gaufridi apothecarii ex una parte, et masuram Stephani Danielis ex altera, in censiva capituli Aurelianensis, pro viginti duobus solidis parisiensium, de quibus se tenuerunt coram nobis integre pro pagatis in pecunia numerata; renunciantes exceptioni non numerate pecunie, sibi non tradite et etiam non solute; dominium, jus, possessionem et proprietatem dicte masure et omnium pertinenciarum ipsius in dictum Richardum totaliter transferendo, et nichil sibi juris in eisdem aliquatenus retinendo; promittentes per fidem suam in manu nostra prestitam corporalem quod contra venditionem, dimissionem et quitacionem predictas, jure aliquo per se vel per alium, non venient in futurum nec venire aliquatenus attemptabunt, nec in dicta masura seu pertinenciis ipsius jure hereditario, dotis seu dotalicii nomine, seu qualibet alia ratione vel causa, per se vel per alium, aliquid de cetero reclamabunt vel facient reclamari. Immo promiserunt per dictam fidem quod dictam masuram cum omnibus pertinenciis ejusdem dicto Richardo, et ejus heredibus, ac etiam successoribus ab ipso causam possidendi habentibus legitime liberabunt, garencient et defendent imperpetuum contra omnes, ad usus et consuetudines Aurelianenses. In cujus rei memoriam et testimonium, ad requisitionem partium predictorum, sigillum curie Aurelianensis presentibus hiis duximus apponendum. Datum anno Domini M° CC° LX° quinto, dominica in vigilia apostolorum Petri et Pauli, mense junio.

(*Arch. dép.*, fonds de Saint-Avit.)

EMPCIO CUJUSDAM DOMUS, SCITE ANTE PORTAM SANCTI VINCENCII, VENDITE PER GAUFRIDUM APOTECARIUM.

18 novembre 1265.

Universis presentes litteras inspecturis, Officialis curie Aurelianensis, salutem in

---

[1]. D'après le titre, cette charte concernerait les maisons neuves acquises postérieurement par le chapitre. Un second titre porte seulement : *littere empiconis cujusdam domus a Petro Le Mignot*.

Domino. Noveritis quod Gaufridus Apotecarius et Aalina uxor sua, in nostra presencia constituti, quandam domum et quandam platheam sitam juxta, que omnia se habere dicebant versus Sanctum Vincencium in Vineis ante ecclesiam Sancti Vincencii in Vineis, inter domum Auboicier et platheam Richardi Costurarii, in censiva domini Raginaldi de Canabariis, canonici Aurelianensis, sita, Johanni dicto *Luz*, clerico, vendiderunt penitus et imperpetuum quitaverunt, precio decem librarum parisiensium de quibus se coram nobis tenuerunt pro pagatis integre in pecunia numerata, excepcioni non numerate, non solute et non sibi tradite pecunie renunciando penitus et expresse, et se de predictis coram nobis devestierunt, et dictum clericum investiverunt per quandam litteram, jus quod habebant in dictis domo et plathea in dictum clericum totaliter transferendo et nichil juris retinendo; promitentes per fidem suam in manu nostra corporaliter prestitam quod contra vendicionem et quitacionem predictas non venient de cetero jure hereditario, ratione dotis seu dotalicii nomine vel etiam qualibet alia ratione seu causa, et quod in dictis domo et plathea venditis nichil reclamabunt de cetero seu facient reclamari. Imno promiserunt per dictam fidei dationem se garentituros, liberaturos et deffensuros dictas domum et platheam dicto clerico, et ejus heredibus seu successoribus vel ab ipso causam habentibus, possidendas imperpetuum, ad usus et consuetudines patrie, contra omnes, se juridicioni curie Aurelianensis quantum ad predicta supponendo. In cujus rei memoriam et testimonium presentes litteras fecimus sigillo Aurelianensis curie sigillari ad requisitionem parcium predictarum. Datum anno Domini M CC sexagesimo quinto, die mercurii post festum Sancti Martini hiemalis, mense novembri. — *(Signé sur le repli)* : Jacobus.

(Arch. dép., fonds de Saint-Avit.)

SENTENCIA SUPER DECIMA DE SERIS.

14 décembre 1269.

Universis presentes litteras inspecturis, Decanus ecclesie Sancti Aviti Aurelianensis, salutem in Domino. Notum vobis facimus quod, cum controversia moveretur inter capitulum Sancti Aviti ex una parte, et homines de Cerisyo ex altera, occasione decimarum predicto capitulo a predictis hominibus racione sui territorii debitarum, compromiserunt predicte partes super hiis in magistrum Yvonem de Bona Valle, canonicum predicte ecclesie, et Johannem Moterenche, et in nos desuper electos, secundum quod in nostris litteris super hiis confectis plenius vidimus contineri. Coram quibus arbitris, videlicet magistro Yvone et Johanni Moterenche, cognoscentibus in sintencia arbitrii, proponentibus canonicis predicti capituli quod homines predicti territorii tenebuntur ducere ad granchiam suam in vectura sua decimas de dicto territorio debitas. Item dicentibus quod solas gerbas sibi debitas de dicta decima, sine suis, afferre debe-

bant et antequam afferrent suas. Item asserentibus dictis canonicis quod numerator deputatus ex parte eorum non tenebatur numerare messoribus existentibus incampo. Item dicentibus quod dictus numerator, quandiu numeret uni de predictis hominibus dicti territorii, ab alio negligens non debet reputari. Item petentibus expensas quas fecerant occasione litis super hiis mote antea inter ipsos, et petentibus dictis canonicis predictos homines super predictis articulis a predictis arbitris sibi sintencialiter condampnari. Cognita veritate et habito super hoc bonorum consilio, predicti arbitri predictis partibus coram ipsis diem assignaverunt suum dictum seu sintenciam audituris. Dicta die, dictis partibus comparentibus et instanter petentibus ut dicti arbitri sintenciam suam proferrent, dicti arbitri suum dictum seu sintenciam protulerunt in hunc modum super articulis predictis, videlicet : quod magister Yvo per suum dictum predictos homines predicto capitulo condampnavit ad ducendum ad granchiam dictorum canonicorum decimas supradictas in vectura dictorum hominum, et quod solas adducerent gerbas debitas dictis canonicis, et sine suis. Item dicit per suum dictum quod tenebantur ducere dictas gerbas ad predictam granchiam antequam levarent gerbas suas de campo. Item dicit per dictum suum quod predictus numerator, deputatus ex parte canonicorum, non teneretur numerare messoribus existentibus in campo. Item dicit per dictum suum quod predictus numerator, dum numeret uni de predictis hominibus, ab aliis hominibus non debet negligens reputari; retenta sibi potestate quantum ad illum articulum de expensis, altero arbitro, videlicet Johanne de Mouterenche, in omnibus articulis supradictis ab ejus sintencia seu dicto dissentiente, preterquam in uno articulo, videlicet in eo quod, quando numeret uni, non debet negligens ab aliis deputari. Ob quorum discordiam seu dissensum partes predicte ad nos recursum habuerunt. Nos autem, super predictis articulis veritate diligenter inquisita, diem, videlicet vigiliam Sancti Maximini, assignavimus partibus predictis nostrum dictum seu sintenciam audituris. Dicta die, capitulo comparente per se, pro altera parte Loren. . . . .
Stephano Carnifice, Matheo Morelli, Johanne *Porte,* Guillelmo... dicentibus se esse missos ex parte dictorum hominum et ab eis habere mandatum, promictentibus centum libras nomine pene predicto capitulo si predicti homines negarent ipsos ad predictam diem ex parte sua esse missos, et pro dicta pena, si contra ipsos conjunctim exigeret, persolvenda, sitis coram nobis supradictis partibus et instanter petentibus ut dictum nostrum proferremus in eorum presentia, de bonorum consilio, nostram sintenciam seu dictum proferentes in predictis omnibus articulis, in sintenciam seu dictum magistri Yvonis penitus concordamus, retenta nobis super expensarum articulo potestate. In cujus rei testimonium presentes litteras sigillo nostro dedimus sigillatas. Actum anno Domini millesimo ducentesimo sexagesimo nono, in vigilia predicta Sancti Maximini.

(*Arch. dép.,* fonds de Saint-Avit.)

LITTERA ABONACIONIS RELEVACIONUM DEBITARUM PER PETRUM CHENART, RACIONE CUJUSDAM
DOMUS SITE IN VICO BONORUM PUERORUM.

27 mars 1283 (1284).

Universis presentes litteras inspecturis, Officialis curie Aurelianensis, salutem in Domino. Noveritis quod in nostra presentia constitutus Petrus dictus Chenart, armiger, confessus est in jure coram nobis quod Petrus de Valle, miles, dominus quondam cujusdam censive in qua viri venerabiles capitulum ecclesie Sancti Aviti Aurelianensis possident quandam domum sitam Aurelianis, in vico Bonorum Puerorum, contiguam domui presbiteri ecclesie Sancti Liphardi, alias oppositis magne domus capituli Sancte Crucis Aurelianensis, sub annuo censu sexdecim denariorum parisiensium abonavit predicto capitulo relevaciones, que quidem relevaciones ratione dicte domus antea, cum obveniebant, debebantur ad placitum, sub modo qui sequitur, videlicet : quod dictum capitulum et ejus successores in dicta domo pro relevacionibus racione dicte domus sexdecim denarios tantummodo solvere tenebuntur, quocienscumque ipsas relevaciones contigerit evenire, ita quod nullas alias redevancias, nullas alias exaciones pro dicta domo, preterquam predictum censum annuum et sexdecim denarios pro relevacionibus, quum obvenirent, solvere tenebuntur. Quam quidem abonationem, et omnia, et singula predicta, predictus Petrus Chenart, armiger, ratificat, vult, laudat et approbat, promittens idem armiger per fidem suam in manu nostra corporaliter prestitam quod contra premissa vel aliquid de premissis non veniret in futurum, et quod ratione dicte domus a predicto capitulo vel ejus successoribus nihil aliud petet vel exiget, preterquam predictum censum annuum et sexdecim denarios pro relevacionibus, tantummodo quando eas contigerit evenire. Immo vult et concedit quod dictum capitulum et ejus successores imperpetuum dictam domum in manu sua teneant, ad dictum censum sexdecim denariorum et ad dictas relevaciones sexdecim denariorum, pacifice et quiete. Promittit insuper dictus armiger per suam fidem, quod si domini feodales superiores molestarent super premissis dictum capitulum vel ejus successores, petendo vel exigendo ab eisdem alias redevencias, preterquam censum predictum et relevaciones abonatas, vel compellendo dictum capitulum dictam domum extra manum suam ponere, quod dictus armiger servaret ipsos indempnes et eidem capitulo et ejus successoribus refunderet et redderet omnia dampna, deperdita et expensas que ipsi incurrerent racione molestationis ante dicte. Renuncians quo ad hoc dictus armiger omni monicioni et denunciacioni, si quas fecit dicto capitulo vel ejus procuratori, de ponendo dictam domum extra manum suam. Et quantum ad omnia et singula predicta fideliter observanda et tenenda obligavit dictus armiger se, heredes suos, et successores universos, et omnia bona sua mobilia et immobilia, presentia et futura, dicto capitulo specialiter et expresse, juridictioni curie Aurelianensis quo ad hoc per fidem se supponens, et renuncians in hoc facto per fidem excepcioni doli et in factum, restitucioni in integrum, privilegio Crucis assumpte et assumende, omni consuetudini omnis curie et statuto, omni juris auxilio canonici et civilis, et omnibus aliis racionibus facti et juris que contra presens instrumentum possent obici seu dici. Preterea protestatus est procurator dicti capituli coram nobis, presente predicto Petro de Valle, milite, quod ipse non intenderet propter hoc renunciare obligationi et pactioni quas dictus miles predicto capitulo fecerat super premissis. In cujus rei testimonium presentibus litteris sigillum curie Aurelianensis duximus apponendum. Datum anno Domini M° CC° octogesimo tercio, die lune ante Ramos Palmarum.

(Signé) : C. Goion.

(Arch. dép., fonds de Saint-Avit.)

DE UNO MODIO AVENE PRO ANNIVERSARIO JOHANNIS LE SELLIER, CANONICO, FACIENDO.

1er avril 1291 (1292) et 18 avril 1295.

Universis presentes litteras inspecturis, Officialis Aurelianensis, salutem in Domino. Notum facimus quod coram nobis constitutus Petrus dictus Coillart asserens se emisse et tenere ac etiam possidere res et possessiones de quibus fit mentio in litteris hiis annexis, que fuerunt defuncti Johannis Le Sellier, quondam canonici Sancti Aviti Aurelianensis, super quibus defunctus Johannes Le Sellier dederat viris venerabilibus capitulo ejusdem ecclesie unum modium avene ad mensuram Aurelianensem pro anniversario patris et matris dicti canonici, amicorumque suorum in eadem ecclesia singulis annis perpetuo celebrando, prout confessus est coram nobis idem Petrus non vi, non metu, nec dolo ad hoc inductus, prout asserit coram nobis, promittit spontaneus coram nobis per fidem suam corporalem exnunc imperpetuum reddere, et solvere seu facere reddi, singulis annis infra festum omnium Sanctorum, dicto capitulo Sancti Aviti dictum modium avene bone seu sufficientis secundum forum seu estimationem martreii Aurelianensis, suis sumptibus et expensis, Aurelianis in granario dicti capituli, pro predicto anniversario annis singulis in predicta ecclesia, ut predictum est, faciendo. Et quantum ad hoc dictus Petrus obligat dicto capitulo se, et heredes suos universos et singulares, et omnia bona sua mobilia et immobilia presentia et futura; renuncians quo ad hoc per fidem suam excepcioni doli mali, actioni in factum, confessioni erronee, excepcioni fraudis, lesionis, deceptionis et circonvencionis, cuicumque omni privilegio Crucis indulto et imposterum indulgendo, et ne possit dicere aliud esse scriptum hic quam sit actum, omni juris auxilio canonici et civilis, et omnibus aliis excepcionibus, et rationibus quibuscumque, seque quo ad hoc juridictioni Aurelianensis curie supponendo, et per fidem... Et hec omnibus quorum interest intimamus per presentes litteras sigillo Aurelianensis curie sigillatas. Datum anno Domini M° CC° nonogesimo primo, die martis post Ramos Palmarum.

(Signé) : Adam.

Universis presentes litteras inspecturis, Officialis curie Aurelianensis, salutem in Domino. Noveritis quod, cum viri venerabiles et discreti capitulum ecclesie Sancti Aviti Aurelianensis distulissent litteras hiis annexas facere sigillari usque in hunc diem, et sigillum antiquum quo publice utebamur tempore confectionis litterarum ipsarum, propter sui vetustatem et quia fere consumptum fuerat, de concilio nostro totaliter confractum fuerit et novum sigillum confectum, nos, ne propter hoc aliqua suspicio contra litteras hiis annexas haberetur, sigillum novum curie Aurelianensis tam presentibus litteris quam litteris hiis annexis sub uno contextu duximus apponendum. Datum anno Domini M° CC° nonagesimo quinto, die lune ante festum Beati Georgii.

(*Arch. dép.*, fonds de Saint-Avit.)

PRO DOMIBUS EMPTIS A JAQUETO MATRICULARII APUD SANCTUM VINCENCIUM.

14 février 1296 (1297).

Universis presentes litteras inspecturis, Officialis Aurelianensis, salutem in Domino. Noveritis quod in presentia Garini de Jargolio dicti de Belna, clerici notarii curie Aurelianensis jurati, ad ea que sequuntur videnda, audienda et in scriptis redigenda a nobis specialiter destinati, cui plenam fidem super hiis et in majoribus adhibemus, constituti Jaquetus Matricularii dictus de Curteneyo, clericus, et Burgeta ejus uxor vendiderunt et titulo pure et perfecte vendicionis quittaverunt, concesserunt et penitus dimiserunt venerabilibus viris capitulo Sancti Aviti Aurelianensis sex cameras continentes quatuor masuras, quas se habere dicebant sitas in vico Sancti Vincencii in Vineis, tenentes pressorio confratrie Sancte Crucis Aurelianensis ex una parte, et domui Danielis Britonis ex altera, in censiva venerabilium virorum decani et capituli Aurelianensis, ad octo solidos parisiensium annui census reddendos in festo hiemali Beati Martini dictis decano et capitulo annuatim, et ad duodecim solidos pro relevacionibus, quando eas contigerit evenire, precio triginta trium librarum parisiensium, de quibus se tenuerunt dicti venditores coram dicto notario integre pro pagatis in pecunia numerata, excepcioni non numerate pecunie, non habite et non recepte renunciando penitus et expresse; jus, dominium, proprietatem et possessionem dictarum sex camerarum et pertinenciarum earumdem in dictum capitulum et successores eorumdem totaliter transferendo, et nichil sibi juris in eis retinendo, se desaisiendo, et devestiendo, et predictum capitulum de rebus predictis venditis investiendo animo abdicandi a se jus et dominium rerum predictarum per tradicionem presentium litterarum; promittentes dicti venditores per fidem suam in manu predicti notarii prestitam corporalem quod contra vendicionem, quictacionem, concessionem et dimissionem predictas, per se vel per alium, non venient in futurum, nec venire aliquatenus attemptabunt, et quod in dictis sex cameris et pertinenciis earumdem venditis jure hereditario, dotis seu dotalicii nomine, seu quolibet alio jure vel causa, nichil de cetero reclamabunt, nec per se vel per alium seu alios facient reclamari. Immo promiserunt dicti venditores per dictam fidem suam, et quilibet eorum in solidum, se dictas sex cameras cum pertinenciis earumdem venditas, ut dictum est, dicto capitulo, et eorum successoribus, et ab ipsis causam habentibus et habituris, garentire et deffendere suis propriis sumptibus et expensis, ad usus et consuetudines Aurelianenses, perpetuo, legitime contra omnes, et dictis emptoribus resarcire et refundere omnia dampna, deperdita, interesse et expensas que et quas ipsi dicerent, vel eorum mandatum diceret, per suum simplex juramentum, absque alia probacione requirenda, se fecisse, habuisse et sustinuisse ob deffectum garentie seu deffensionis predictarum, et facere et prestare quicquid in causa empcionis debet fieri. Pro quibus omnibus et singulis supradictis tenendis firmiter adimplendis, fideliter et inviolabiliter observandis, obligaverunt dicti venditores per fidem suam, et quilibet in solidum, dictis emptoribus, et eorum successoribus, et ab ipsis causam habentibus et habituris, se, heredesque suos, et successores universos, et omnia bona sua mobilia et immobilia, presentia et futura, se quo ad hoc per fidem suam una cum omnibus bonis suis juridictioni curie Aurelianensis supponentes. Et renunciantes in hoc facto per fidem suam omni lesioni, decepcioni, circonvencioni, excepcioni doli mali et in factum, decepcioni ultra medietatem justi precii, dotis ypothece, Velleyani beneficio, omni juri in favorem mulierum introducto, beneficio divisionis, restitucioni in integrum, omni consuetudini loci et patrie ac statuto, omni juris auxilio canonici et civilis, et omnibus aliis racionibus et excepcionibus facti et juris que contra presens instrumentum possent obici sive dici. In cujus rei testimonium et memoriam firmiorem sigillum Aurelianensis curie, ad relacionem predicti notarii, presentibus litteris duximus apponendum. Datum anno Domini millesimo ducentesimo nonagesimo sexto, die jovis post octabas Purificacionis Beate Marie Virginis.

(Signé) : Guarinus.

(Arch. dép., fonds de Saint-Avit.)

LITTERA VENDICIONIS CUJUSDAM DOMUS SCITE IN SANCTO LUPO.

16 décembre 1313.

A touz ceus qui verront cestes présentes letres, Jehan d'Asnières, Garde de la prévosté d'Orliens, salut. Sachent tuit que Oudin de la Croiz, de la parroisse Saint Lou sur Loire, et Jehanne sa famme, establiz en droit pardevant nous, reconnurent que il ont vendu, otroié, quité, cessié et delessié par non de vente à touz jourz mes à Robin des Ormes de la parroisse Saint Benoict dou Restour d'Orliens, et à ses hoirs, et à ceus qui auront cause de lui, une meson o le vergier et un quartier de vignes derreres que les diz vendeurs disoient que il avoient assis en la ville de Saint Lou devant dit, en la censive au mestre de Boigny, à diseneuf deniers de cens rendant chascun an, le jour de la Saint Gragoire en marz, tenant à l'éritage Henrri dou Solier d'une part, et à l'éritage de chapistre Saint Aignen d'Orliens d'autre, pour le pris de douze livres paresis. Des queles XII livres par. les diz vendeurs se tindrent à paiez pardevant nous, et renoincèrent à ce que il ne poissent james dire que ladite somme de deniers ne leur eust esté nombrée, bailliée et livrée ; premetenz les diz vendeurs, chascun pour le tout, que il james encontre ceste vente, ceste cession et ceste quitance ne vendront ne essaieront à venir, ne james es dites choses vendues ne en aucunes d'iceles riens ne réclameront, ne feront demander ne réclamer par aux ne par autres, par aucun droit, par reson de héritage, de decevance, de conquest, de doere, de don fet pour noces, de lésion, de circonvencion, ne par aucune autre cause ou reson ; eincoys promistrent les diz vendeurs, chascun pour le tout, que il audit acheteur et à ses hoirs et à ceus qui auront cause de lui les dites choses vendues, toutes et chascune, déliverront, garantiront et deffendront tous jourz mes. vers touz et contre touz, à leur propres couz et despens, aux us et aux coustumes dou païs ; et se le dit acheteur ou ses hoirs ou ceus qui auront cause de lui avoient ou soustenoient couz, mises ou despens, domages ou desperz par défaute de garantie ou de délivrance, les diz vendeurs les leur rendroient et les en croiroient par leur simple serement, sanz autre preuve querre. Et quant à ces choses les diz vendeurs ont obligé chascun pour le tout audit acheteur, et à ses hoirs, et à ceux qui auront cause de lui, et souzmis à la juridicion de la prévosté d'Orliens aux, leur hoirs, et touz leur biens meubles et nonmeubles, présenz et à venir, ou que il soient ; et renoincèrent en ce fet à toutes gràces, à touz privilleges de croiz prise et à prendre, à la decevance d'oultre moitié de droit pris, à toute autre decevance et erreur, à li Vennete, et au bénéfice Velleyan à ladite famne exposé, à toutes excepcions et deffensses de fet et de droit. Ce fut fet l'an de Nostre Seigneur mil CCC et treze, le dimenche après la Sainte Luce Vierge.

(Signé) : B. Hardoin.

(Arch. dép., fonds de Saint-Avit.)

LITTERE DONACIONIS DOMUS DE SANCTO LUPO.

17 novembre 1339.

Universis presentes litteras inspecturis, Officialis Aurelianensis, salutem in Domino. Notum facimus quod in presentia Symonis Trezein, clerici, publici apostolica auctoritate et curie Aurelianensis notarii, cui in hiis et majoribus plenam fidem adhibemus, personnaliter constituti Robertus de Ulmis et Mathea ejus uxor de perrochia *(sic)* Sancti Benedicti de Returno, cui si quidam *(sic)* Mathee dictus Robertus ad infrascripta una secum facienda auctoritatem prestitit et impendit, confessi fuerunt et recognoverunt, non vi, non dolo, neque metu, sed sua pura, libera, propria et spontanea voluntate, et preafectione quam dicti conjuges hactenus ad ecclesiam Sancti Aviti Aurelianensis habuerunt et habent, ut dicebant, se dedisse, donasse, cessisse, quittasse penitus et dimisisse, dant, donant, cedunt, quictant et dimittunt, donatione irrevocabili facta inter vivos, intuitu pietatis, et in puram et perpetuam elemosinam, venerabilibus et discretis viris capitulo dicte Sancti Aviti ecclesie, suisque successoribus, et ab eis causam imposterum habituris, quandam domum, virgultum et quarterium vinee, parum plus vel parum minus, cùm suis juribus et pertinenciis universis, que dicti conjuges se habere dicebant in villa Sancti Lupi super Ligerim prope Aurelianis, et generaliter quicquid hereditatis inibi intertenentis dicti conjuges possidebant, sine aliqua retentione vel ampliatione rerum sic nominatarum, in loco predicto, prout res sic donate comportant et protendunt in longitudine et latitudine, ante et retro, alto et profondo, site in censiva religiosorum virorum Magistri et Fratrum Domus de Boigniaco, ad decem et novem denarios annui et perpetui census eisdem Magistro et Fratribus in festo Beati Gregorii mense marcii reddi soliti annuatim, contigue domui venerabilium virorum capituli ecclesie Sancti Aniani Aurelianensis ex una parte, et hereditati heredum deffuncti Henrici de Solario ex altera, et a parte anteriori vico. Quas siquidem hereditates sio donatas jamdudum emit dictus Robertus ab Odino de Cruce et Johanna ejus uxore, de parrochia Sancti Lupi, precio duodecim librarum parisiensium, prout hoc in litteris sub sigillo prepositure Aurelianensis, sub anno Domini millesimo trecentesimo tertio decimo, die dominica post festum Beate Lucie Virginis, super hoc confectis plenius continetur. Prefatique conjuges, scilicet dicta Mathea cum auctoritate qua supra, una cum predictis dederunt, donaverunt, cesserunt, quictarunt et dimiserunt prefato capitulo ecclesie Sancti Aviti, suisque successoribus, et ab eis causam habituris, omne jus, raciones, actiones, obligaciones, et quicquid dicti conjuges habebant et habere poterant tam in dictis hereditatibus quam adversus et contra Odinum et Johannam conjuges prefatos, racione et causa ac virtute vendicionis et obligacionis predictarum, et litterarum vendicionis earundem, ac contra et adversus heredes et bona Odin[i] et Johanne conjugum predictorum; ita tamen quod dicti venerabiles viri capitulum prefati Sancti Aviti ecclesie ex nunc perpetuo unum solenne anniversarium de deffunctis, ob remedium animarum deffunctorum Radulphi de Ulmis et Florie quondam ejus uxoris, parentum, et deffuncte Johanne, sororis quondam dicti Roberti, tenebuntur in dicta Sancti Aviti ecclesia annis singulis perpetuo celebrare. Et insuper ex nunc, in dicta ecclesia, unam missam de Sancto Spiritu pro Roberti et Mathee conjugum predictorum remedio animarum, quam diu vixerint, celebrare solenniter annuatim, et, ipsis conjugibus de medio sublatis, ex tunc perpetuo quolibet anno, loco dicte misse de Spiritu Sancto, unum solenne anniversarium de deffunctis ob ipsorum conjugum animarum remedium et salutem. Tenebuntur etiam ipsi venerabiles viri capitulum dicte Sancti Aviti ecclesie dictos deffunctos Radulphum, Floriam et Johannam, et prefatos Robertum et Matheam conjuges, suis et dicte ecclesie suffragiis, beneficiis et oracionibus adscribere et admittere participes pariter et consortes. Et de dictis hereditatibus sic donatis Robertus et Mathea conjuges prefati se pacifice dessesiverunt et devestierunt, dictumque capitulum dicte Sancti Aviti ecclesie pro se, ecclesia predicta, suis successoribus et ab eis causam habituris, investierunt, et amicabiliter sesiverunt de eisdem tradicione presentium litterarum in ipsum capitulum, pro se et aliis predictis; jus, dominium, proprietatem, possessionem, sesinam et fondum, sine aliqua retentione, totaliter transferendo, ac ipsum quo ad hoc constituendo procuratorem in rem suam. Promictentes Robertus et Mathea conjuges prefati, et quilibet eorum in solidum; scilicet dicta Mathea cum auctoritate qua supra, per fidem suam ab eorum conjugum quolibet in manu dicti notarii prestitam corporalem, contra premissa vel eorum aliqua per se vel per alium imposterum nullatenus se venturos, nec de cetero in dictis hereditatibus dicto capitulo sic donatis quicqumque petere vel reclamare, petive aut reclamari facere, jure hereditario, conquestus, dotalicii, aut jure, causa vel racione aliis quibuscumque. Immo promiserunt ipsi conjuges, et quilibet eorum in solidum, per dictam fidem suam premissa omnia et singula tenere firmiter, inviolabiliter observare, firma, rata, grata et stabilia habere perpetuo, non astringere in toto vel in parte, neque eis vel eorum alicui contraire, necnon reddere, resartire, et reffundere dicto capitulo dicte Sancti Aviti ecclesie, suisque successoribus et ab eis causam habituris, omnia dampna, deperdita, custamenta, interesse et expensas que et quas ipsi, capitulum, suique successores et ab eis causam habituri substinuerent et incurrerent per hoc quod ad premissa vel eorum aliqua non tenerent et non observarent dicti conjuges vel eorum heredes, et super hiis latoris presencium, sine alio procuratorio vel mandato, credere simplici juramento sine alia probacione super hiis requirenda. Et quo ad hec Robertus et Mathea conjuges prefati, videlicet dicta Mathea cum auctoritate qua supra, per dictam fidem suam obligaverunt dicto capitulo dicte Sancti Aviti ecclesie, suis successoribus, et ab eis causam habituris, et juridicioni Aurelianensis curie supposuerunt se et quemlibet eorum insolidum, heredes suos, et omnia bona sua mobilia et immobilia, ubicumque existentia, presentia et futura. Renunciantes dicti conjuges per dictam fidem suam in hoc facto excepcioni doli, et in factum, omni lesioni, circonvencioni, decepcioni ultra dimidiam justi precii, confessioni erronee, et rei sic non geste, privilegio Crucis sumpte et sumende, beneficio divisionis et Valleyani dicte Mathee in vulgari exposito, omni juris auxilio canonici et civilis, omni usui et consuetudini et statuto patrie seu loci adversantibus in hac parte, omnibus privilegiis et graciis concessis et concedendis, et aliis excepcionibus facti et juris que contra premissa vel eorum aliqua possent obici sive dici. Et de predictis omnibus et singulis Robertus et Mathea conjuges prefato dicto capitulo dicte Sancti Aviti ecclesie dederunt et concesserunt litteras prepositure Aurelianensis sub eadem data confectas, per quas et per istas conjunctim, aut per earum alteram divisim, voluerunt ipsi conjuges, et quilibet eorum in solidum, de predictis et quolibet predictorum exigi, excuti et explectari, secundum quod latori earum melius videbitur expedire. In cujus rei testimonium, sigillum Aurelianensis curie ad relacionem dicti notarii duximus presentibus apponendum. Datum anno Domini millesimo trecentesimo tricesimo nono, die mercurii in festo yemali Sancti Aniani.

(Signé) : Trezein.

(*Arch. dép.*, fonds de Saint-Avit.)

AVEU DE LA DIME DE VENNECY.

11 décembre 1378.

A touz ceulz qui verront ces présentes lettres, Jehan Emeré, Garde de la prévosté d'Orliens, salut. Sachent tuit que Guillaume des Champs, demourant en la parroisse Saint Jehan de Braies, establiz pardevant nous en droit, recongnut et confessa que il tient et adveue à tenir en flé, à une foy et à ung homaige, de noble homme Jehan Brossart, escuier, la moitié du disme de la parroisse de Vennecy delez les Barres, et part à honnorables hommes et discrez le doian et chappistre de Saint Avy d'Orliens ; et se lièvе ladicte dyme, pour le dit Guillaume des Champs, avecques les diz doyan et chappistre par devers la partie de l'église dudit lieu de Venecy une année, et l'autre année ensivent par de l'autre part de l'église et du grant chemin estant audit lieu ; et plus n'en scet ledit Guillaume des Champs dont il soit avisez à présent. Sy supplie et requiert audit escuier, par la teneur de ces présentes lettres, que se il set ou poit savoir que ledit advouent en teigne ou doie plus tenir de li en flé, il li plaise l'en aviser ou faire aviser par ses gens, et voulentiers il adveueuroit et adveue des ja à tenir de li en flé, comme de son chier seigneur. En tesmoing de la quelle chose nous avons fait seeller ces présentes lettres du seel de la prévosté d'Orliens. Ce fut fait l'an de Nostre Seigneur mil CCC. LXXVIII, le samedi XIe jour du mois de décembre.

(Signé) : J. Lecrespe.

(Arch. dép., fonds de Saint-Avit.)

AUTRE AVEU DE LA DIME DE VENNECY[1].

3 mai 1387.

A tous ceulx qui verront ces présentes lettres, Jehan Beraut, commis à la garde de la prévosté d'Orliens, salut. Saichent tuit que l'an de Nostre Seigneur mil CCC IIII^{xx} et sept, le venredi tiers jour de may, environ heure de none, devant la poterne Saint Pere Empont d'Orliens, en la présence de Jehan Farineau, clerc notaire juré du Roy, nostre Sire, en chastellet d'Orliens, Jehan Brossart, escuier, de la parroisse de Chécy, dist à messire Jehan Holier, prestre, les paroles qui enssuient, pareilles ou semblables en effet ou en substance : « Messire Jehan, vous tenez en flé de moy la moitié de la disme

---

1. Il y a dans la même liasse un troisième aveu de cette dime fait à Jean Brossart, en mai 1411, par Jehan Acarie, bachellier en lois, estudient à Orliens.

de la parroisse de Venecy qui part par indivis à chapistre Saint Avy d'Orliens, dont vous me devez ung cheval de service : si vous somme et requier que, selon le fié, vous me viengnez servir un cheval de service. » Lequel messire Jehan respondit et dist audit Brossart : « Tout tel droit comme je auré en la desblée de la disme de Venecy, pour ceste année présente, pour et en lieu dudit cheval de service je vous cesse et lesse, en m'en quittent. » Lequel Brossart dist : « Et tel droit, comme vous y pourrez avoir ceste année, je prens et acepte pour ledit cheval de service et vous en quicte. » Desquelles paroles dessusdictes ledit Jehan Brossart demanda et requist audit notaire juré lettres et instrument à lui estre faicts. En tesmoing de ce, nous, à la relacion dudit noctaire juré auquel nous adjoustons plaine foi, avons fait seeler ces lettres du seel de la prévosté d'Orliens. Ce fut fait l'an et jour dessus diz.

(Signé) : Farineau.

(*Arch. dép.*, fonds de Saint-Avit.)

TESTAMENT DE PIERRE ADVENEL.

8 septembre 1397.

A touz ceulx qui verront ces présentes lettres, Guillaume Haultbois, licencié en lois, Garde de la prévosté d'Orliens, salut. Saichent tuit que Pierre Advenel, cordoanier, demourant à présent en la paroisse de Saint Donacien d'Orliens, bien parlant, en bon san et bon advis, et en bon pur et parfait mémoire, non voulant devier ne aler de vie à trespassement de cest ciecle en l'autre sans faire son testament et ordonnance de derreniere voulenté des biens que Dieu lui a donnez et prestez, eincoys desirant et covetant de tout son poair pourvoir au salut et remede de l'ame de lui, si comme il disoit, estably et présent pour ce au jourdui personelment pardevant nous en droit, lequel fist, ordonna, nomma et divisa son testament et ordonnance de derrenière voulenté par la forme et manière que ci-dessoubz sera divisé et déclaré. Premièrement il recommenda son âme à Nostre Seigneur Jhésu-Crist, à la benoiste Vierge Marie, sa mère, et à toute la Saincte Cour de Paradis. Item il ordona et vieult ses debtes estre paiéez, et ses torfaiz amendez, par les mains de ses exécuteurs cy-dessoubz nommez. Item il eslit sa sépulture au semetire du Martroy aux Corps, là où ses feux père et mère sont enterrez. Item il donna et lessa aux quatre ordres mendiens d'Orliens, à chacune ordre six sols par., einssi que ilz venront dire vigilles, chanteront de chacune ordre une messe le jour de son obit. Item donna et lessa à l'église dudit Saint Donacien quatre sols par.; au prieur d'icelle quatre sols parisis, à son compaignon trois sols par., et deux sols au clerc d'icelle église. Item ledit testateur donna et lessa à l'église de Monseigneur Saint Avy d'Orliens et aux chanoines d'icelle église, en la paroisse duquel Saint Avy il naquit, dix sols par. de rente annuelle et perpétuelle, à avoir et prandre par chascun an et par leur main, à touziours mes, sur la maison de devent la tour de Champhegueron, ès forbours d'Orliens, que tient de pieça à rente jusques à certain temps Girart Lucas, et sur les loiers, proffit d'icelle, après son trespassement, pour chanter et dire, par chacun an à tousioursmes, par lesdiz chanoines et leurs successeurs un anniversaire en ladite église de Saint Avy à tel jour que ledit testateur yra de vie à trespassement, pour le salut et remède de son ame et des ames de ses diz père et mère, et ad ce s'est consentue Guillemette sa fille, femme de Jehan Chiefd[eville], notaire en Chastellet d'Orliens, de l'auctorité et assentement de son dit mari. Item il donna et lessa à Berthelin de Trie, son nepveu, sa hoppelande, c'est assavoir la meilleure, et son meilleur chaperon, et le surplus de ses robes vieult estre données pour Dieu et distribuer à l'ordonnance de sesdiz exécuteurs. Item il donna et lessa à l'église de Sainte Croiz d'Orliens quatre sols parisis, au pont d'Orliens quatre sols par., à la chapelle dudit Martroy aux Corps dix sols parisis, à l'église de N. D. des Barres et de Cléry, et à l'église de Saint Verain de Jargueau, à chascune église deux sols par., et à l'œuvre de Saint-Paul d'Orliens deux sols parisis; item à l'œuvre dudit Saint Avy dix sols parisis. Pour lequel testament et ordonnance de derrenière voulenté, et choses dessus dites toutes et chascunes d'icelles enteriner et acomplir, parfaire et mettre à exécution deü en la forme et manière que cy-dessus est dit et divisé, ledit testateur prist et esleut, nomma et ordonna ses exécuteurs ledit Jehan Chiéfdeville, son gendre, ladicte Guillemete, sa fille, et chascun d'eux pour le tout, auxquelx ledit testateur a mis et met touz ses biens, meubles et conquetz, par son dit testament et ordonnance de derrenière voulanté, et choses dessusdites parfaire, enteriner et acomplir en la manière devant dite, et les fraiz et mises d'icellui ; en revoquant et mettant au néant touz autres testamens et ordonnance de derrenière voulenté, que il aurait faiz et passez avant cestuy présent testament, en quelque manière et soubz quelque forme qui seront faiz et passez, cest présent testament, et ordonnance de derrenière voulanté demourant en sa plaine force, vigueur et vertu. Et quant ad ce présent testament et ordonnance de derrenière voulenté et toutes les choses dessusdites et chascunes d'icelle parfere, enterriner, et acomplir, et mettre à exécution deue, comme devant est dit, ledit testateur a obligé et oblige pardevant nous en droit à ses diz exécuteurs, aux personnes légataoires cy-dessus només, et au porteur de ces lettres, et soubmiz à la juridition de la prévosté d'Orliens et à toutes autres soy, ses hoirs, et touz ses biens meubles et non meubles, présens et avenir, ou qu'il soient. En tesmoing de ce nous avons fait seeller ces présentes lettres du seel de la prévosté d'Orliens. Ce fut fait l'an de Nostre Seigneur mil trois cens quatre-vins-et-dix-sept, le VIIIe jour de septembre.

(Signé) : G. Ascelin.

(Arch. dép., fonds de Saint-Avit.)

CODICILLE DU TESTAMENT DE NICOLAS RAPPIGEON.

15 juin 1538.

... Et le quinziesme jour de juing l'an mil cinq cent trente-huict, vénérable et discrète personne maistre Nicolas Rappigeon, demourant à Orléans, a, en la présence dudit Maynuel, notaire, par manière de codicille en adjoustant à son testament, ordonné ce qui suit : c'est assavoir qu'il donne à son nepveu, maistre Anthoine Pommeret, sa chambre garnye, c'est assavoir son lit garny de chaslit, couverture, lodier, quatre draps, demye douzaine de nappes et une douzaine de serviettes du meilleur linge qu'il aye, un chaslit à pan, là où il a coustume de mectre les joyaulx et relicques de l'église, avecques le buffet qui est au pied dudit chaslit. Item sa table fermant à clef garnye de banc et d'une chaise qui sont à l'entour. Item le grand coffre et le bahu joygnant. Item un ciel garnye de custodes et couverture, sayettes et trois pièces de tapisserye qu'il a acoustume de tendre la rue le jour de la Feste-Dieu, estans avec ledit ciel et custodes en ung coffre en sa salle; et aussi ledit coffre et tous ses livres. Item une passion qu'il testateur a pareillement acoustume faire jouer ledit jour de la Feste-Dieu, à la charge que ledit Pommeret sera tenu de tendre tous les ans ce que dessus comme de coustume en ayant commémoration dudit testateur. En tesmoing de ce nous, au relat dudit notaire juré, avons faict seeler ces présentes du seel aux contraictz de la dicte prévosté d'Orléans. Ce fut faict et passé en présence de maistre Jehan Bruant et Estienne Yve, tesmoings. — Ainsi *signé :* Salomon Maynuel.

(Arch. dép., fonds de Saint-Avit.)

PROCÈS-VERBAL DE LA VISITE DES RUINES DE L'ÉGLISE DE SAINT-AVIT.

16 juin 1567.

L'an mil cinq cens soixante-sept, le lundy seizeiesme jour de juing, nous Jehan Jamet, licencié en lois, advocat au siège présidial d'Orléans, bailly de la justice temporelle de l'évesché d'Orléans, sur la requeste huy à nous faicte et cidevant présentée par les doien, chanoines et chappitre de l'église collégiale Sainct-Avy d'Orléans, par laquelle avec le procureur fiscal de Monsieur le Révérend Evesque d'Orléans ils nous auroient donné à entendre que en l'année mil cinq cens soixante-deux, les troubles et guerres regnans en la ville d'Orléans plus que en aultre ville du royaulme de France, lesdicts doien, chanoines et chappitre de l'église collégiale dudict Sainct-Avy auroient esté spoliez de leurs biens meubles et immeubles, leurs maisons abattues, chassez hors de la dicte ville et contrainctz abandonner leurs dictz biens, ladicte église Sainct-

Avy totallement esté ruinée et sacagée, tellement qu'il n'y a aucune apparance d'église ni d'aulcun hostel, chose toute notoire, les calices, croix, châsses, chappes, linges et aultres ustancilles d'icelles, lettres, tiltres, pappiers censiers et recognoissances des droicts d'icélle raviz et emportez, et encores partie de leur domaine a esté alienée par l'édict du Roy; et pour les causes cy-dessus contenues ont présenté requeste aux doien, chanoines, et chappistre de l'église d'Orléans permettre auxdicts doien, chanoines et chappistre dudict Sainct-Avy faire le service divin en l'une de leurs chappelles, où ilz sont encores à présent, estans spoliez de leur église au moien desdictes ruines; et estans les dictz doien, chanoine et chappistre dudict Sainct-Avy en ce bon voulloir eulx retirer en leur dicte église, et en icelle y faire le service divin qu'ilz avoient à coustume faire, réédiffier et rebastir ladicte église, aussi que la permission à eulx octroyée par lesdicts de l'église d'Orléans n'est perdurable, ains revocable quant bon leur semblera.

A cette cause nous ont lesdictz doien, chanoines et chappistre de l'église collégiale dudict Sainct-Avy d'Orléans, avec ledit procureur fiscal de mon dict Seigneur le Révérend Evesque d'Orléans, requis nous transporter en et sur la scituation de la place où soulloit estre édiffiée et construite ladicte église Sainct-Avy auparavant lesdiz troubles, à présent ruinée, ce que leur aurions accordé faire, appelé avec nous maçons, couvreulx, charpentiers, menuziers, serruziers et victriers, pour faire visitation et arbitrer les fraiz, mises et impenses pour réédiffier et mectre sus icelle église, ensemble nous informer de la perte et enlèvement desdictz tiltres, lectres, pappiers et aultres enseignemens, calices, croix, chappes, châsses, linges et aultres meubles, chose toute notoire, pour, ladicte visitation et information faicte, eulx retirer par devers nosseigneurs de la Court de Parlement ad ce que permission leur soit donnée de vendre et aliéner telles maisons, héritages, rentes et aultres choses qu'ils verront les plus commodes et moings dommaigables, perpétuer les héritages baillez par lesdictz doien et chappistre de Sainct-Avy et leurs prédécesseurs, les rentes néantmoings demourans certaines, places contigues à ladicte église.

Ayant esgard à laquelle requeste et obtempérant à icelle, nous sommes cedict jourd'huy, appelé avecques nous maistre Guillaume Peigné, procureur fiscal de la justice temporelle de l'évesché d'Orléans, et nostre greffier, transportéz en et sur la place où soulloit estre édiffiée ladicte église Sainct-Avy, justice temporelle de mon dict seigneur l'évesque d'Orléans, au dedans de laquelle est située et assise ladicte place en laquelle soulloit estre édiffiée ladicte église Sainct-Avy auparavant lesdicts troubles. Sur laquelle place sont comparuz lesdicts : procureur de Monsieur en personne, maistre Jehan Taillandier, doien et chanoine de ladicte église Sainct-Avy d'Orléans, Pierre Maubailly, chevecier de ladicte église, Mathurin Toullery, chanoine et procureur sindic de ladicte église, Geoffroy de Launoy, chanoine, et Michel Millot, aussi chanoine de ladicte église et docteur théologal en l'église d'Orléans, aussi en personne, garniz de maistre Nicolas Rancins, leur procureur; lesquels dessusdiz, doien, chanoines et chappistre de l'église collégiale dudict Sainct-Avy comparus comme dessus, ont faict comparoir pardevant nous, pour visiter les ruines et démolitions qui ont esté faictes en ladicte église tant en maçonnerie, charpenterie, que couverture de ladicte église, menuizerie, vitrerie et serruzerie, que aultres repparations qu'il y convient faire pour la réédiffier en tel estat qu'elle estoit auparavant lesdictz troubles et démolitions d'icelle, Jean-Loret, aagé de soixante-dix ans, demourant en la paroisse Saint-Vincent-des-Vignes, lès Orléans, Clément Sarra, aagé de quarante ans, demourant à Orléans, paroisse Sainct-Pierre-Lentin, maistres maçons et tailleurs de pierre de ceste ville d'Orléans; Jehan Gédouyn, aagé de soixante ans, demourant en la paroisse Sainct-Pierre-Le-Pullier, Jehan Engellart, aagé de cinquante deux ans, demourant en la paroisse Sainct-Euverte de ceste ville d'Orléans, maistres charpentiers en grosserie; Claude Noçhet, demourant en la paroisse Sainct-Flou, aagé de cinquante deux ans, Michel Petit, aagé de quarante-cinq ans, demourant en la paroisse Sainct-Liphard, maistres menuiziers de ceste ville d'Orléans; Pierre Bigot, aagé de trente ans, demourant en ladicte paroisse Sainct-Vincent, Toussaints Gaultron, aagé de vingt-sept ans, demourant en la paroisse Sainct-Victor, maistres couvreurs; Guy Sollier, demourant en la paroisse Sainct-Eloy, aagé de trente-six ans, Noel Trignoier, demourant en la paroisse Sainct-Pierre-Lentin, aagé de quarente-sept ans, maistres serruziers de ceste ville d'Orléans; Jacques Marchant, aagé de vingt-deux ans, et Germain Mautonchet, aagé de vingt-un ans, maistres verriers, demourans en ladicte paroisse Sainct-Germain de ceste ville d'Orléans; de tous lesquels dessusdictz respectivement avons pris et receu les sermens de dire vérité, et iceulx enjoinct de bien et dëuement voir et visiter ladicte place en laquelle soulloit estre ediffiée et construite ladicte église collégiale de Sainct-Avy, à présent en ruine, avec les démolitions, réparations et réédiffications qu'il convient faire en icelle, et quelles sommes de deniers elles pourront couster à icelles faire faire et réédiffier; ce qu'ils nous ont promis et juré faire. Ce faict, et aians par tous les dessusdiz en nostre présence, et des dessusdiz comparans comme dessus, veu et visitté ladicte place en laquelle soulloit estre édiffiée ladicte église Saint-Avy et les ruines et démolitions qui sont en icelle. Nous ont :

Scavoir est : lesdits maistres maçons rapportent que par le toisage qu'ils ont faict, ils ont trouvé que les deux pans de la nef de ladicte église ont chascun de longueur neuf toises soubz la haulteur de cinq toises trois pieds, qui est en toisage pour lesditz deux pans 99 toises; la pointe dudit pignon a de largeur 3 toises 2 pieds 1/2, sur la hauteur de 5 toises qui est en toisage, ladicte poincte réduite à son carré, 8 toises 3 pieds, 3 poulces. Le ceur de ladicte église a de longueur et sircuit 21 toises 1/2; sur ladicte largeur et sircuit fault lever de maçonnerie une toise 1 pied, le fort portant le faible, qui est en toisage 25 toises 6 poulces. Le pan de la chappelle du cousté du cloistre a de longueur 9 toises; sur icelluy fault maçonner 3 pieds, le fort portant le foible, vault en toisage 4 toises 3 pieds. Le demy pignon de ladicte chappelle a de largeur 2 toises 8 poulces sur la haulteur de 3 toises; la poincte réduite à son carré vault en toisage 6 toises 2 pieds. Le pignon de l'aultre chappelle, ou souloit estre l'hostel de Nostre Dame de Pitié a de longueur 2 toises 3 pieds, sur la haulteur de 3 toises 1 pied, vault en toisage 7 toises 5 pieds 6 poulces. Toute la grosse muraille se monte sept-vingt-unze toises 2 pieds 3 poulces, à la raison de sept livres tournois pour chascune toise de muraille en ce compris la taille des pilliers, arcs-doubleaux, victres et remplissage d'icelles et aussi en prenant la pierre qui est sur le lieu qui sera employée aux dictes vitres et qui y pourra servir, vallent lesdictes sept vingtz unze toises, 2 pieds 3 poulces, audict prix de 7 livres tournois, la somme de 1059 livres 12 sols 6 deniers tournois. Le carelis dudit cœur et [de] la nef a de longueur 17 toises 3 pieds, soubs la largeur de 3 toises 3 pieds, vault en toisage 58 toises. La chappelle du cousté dudit cloistre a de longueur 9 toises, soubz la largeur de 2 toises 8 poulces, vault en toisage 19 toises. Le carrelis de l'autre chappelle a de longueur 9 toises sur la largeur de 2 toises 3 pieds, vault en toisage 22 toises 3 pieds. Tout le carrelis cy-dessus se monte 99 toises au prix de 30 sols tourn. pour chascune toise, vallent la somme de sept vingts-huict livres 10 sols tournois. Les dessusdictes deux sommes se montent ensemble douze cens-sept livres douze sols, six deniers tournois.

Lesdictz charpentiers nous ont rapporté que ladicte église Sainct-Avy a de longueur 18 toises 4 pieds, et de largeur 4 toises 1 pied; la basse aile de devers la rue a de longueur 9 toises 2 pieds, et de largeur deux toises 2 pieds 2 poulces; la basse aile de derrière de pareille longueur, et largeur 2 toises 4 pieds 6 poulces; le tout compris les euvres, à 6 pieds pour toise. Lesquels charpentiers, après avoir regardé et estimé la charpenterie de ladicte église, tant pour comble que pour le clocher que pour les basses ailes, assemblée à sept quartiers comme il estoit le temps passé, il peult valloir, par commune estimation, la somme de dix-huit-cens livres tournois, à cause qu'il a esté abattu beaucoup d'églises et de maisons, et que le bois et les ouvriers en sont plus chers.

Lesdictz menuziers nous ont rapporté que la contre-table du maistre aultel, portant un revers et cloison à deux ais pour fermer derrière ledict aultel, ensemble ung siboire et les deux pilliers, le tout de bois bien faict et assemblé se monte 90 livres tourn.; derrière ledict aultel une fenestre et deux tables à mectre les ornemens, et deux coffres près ledit maistre aultel, 10 livres 10 sols tourn. Deux huis à sortir, l'un au presbitaire et l'autre à sortir au semetiere, 4 livres 10 sols tourn. Une grande scelle depuis le maistre aultel de longueur jusques aux chaises, ayant 2 toises de longueur ou plus, 20 sols torn. Deux rens de chaises garnies de sièges et de pepitre des deux costés, 350 livres tourn. Ung pepitre et ung coffre à mectre les livres et aultres besongnes, 10 livres 5 sols. Une cloison dessoubz le crecifix et une grande pièce au-dessus de ladicte cloison avecques un cheveron brissé et ung ensonnement, le tout enrichi, et monte ladicte cloison et ladicte pièce ayant 3 toises de longueur 90 livres tournois. Deux aultres aultels garnis de contre-tables et deux revers dessus, 100 livres tourn. Une aultre cloison en la chappelle Saint-André, 18 livres tourn. Une aultre cloison portant une esquiare, les deux pans ayans chascun deux toises, 36 livres tourn. Ung huis pour sortir hors de ladicte église, 40 sols tourn. Deux bancs à doulcier et ung contour, 22 livres 10 sols torn. La couverture des fongs *(sic)* de ladicte église, 40 sols tourn. Une grande porte qui est de 10 pieds de haut et de 7 pieds de largeur, et assemblage à paneaulx enrasez par derrière, 70 livres tourn. Toutes lesquelles œuvres susdictes à la somme revient à sept-cens-quatre-vingt-six livres 15 sols tournois.

Lesdicts couvreulx ont rapporté qu'il fault 70 milliers d'ardoises, chascun millier de laquelle vault à présent selon la commune estimation 7 livres tournois; 8 milliers de clou à ardoise, chascun millier duquel clou vault par commune estimation et se vend ordinairement par chascun jour 12 sols torn. En latte large pour l'ardoise, 3 milliers et demy, chascun millier de laquelle vault 30 livres tourn., et aultant se vend par chascun jour; 150 livres de cloux à latte, la livre duquel vault et se vend par chascun jour 3 sols torn. En chanlatte pour le long du doublier, 70 toises, chascune toise vault et se vend ordinairement 18 deniers tournois. Contre la rue .... entre les cheverons 260 toises, chascune toise de laquelle vault 12 livres tournois. Six-vingts enfestaulx plombez pour couvrir le feste de la couverture, chascun enfestaulx vault 5 sols tournois. Six mines de chau et trois arrés *(sic)* de sablon, chascune mine de laquelle vault cinq sols tourn., et le sablon cinq sols tourn. chascune erre; lesquelles œuvres susdictes reviennent à la somme de six-cens-cinquante-six livres 10 sols tourn.

Lesdits serruziers ont treuvé que la grande porte de devant avoi[t] dix-huit ouvertures de victres grandes et petites, dont y en a trois ou quatre portant trillis et barreaulx et chassis à fil de fer, garniz de barreaulx, lectiers et verges pour les victres, cinq ouvertures d'huisseries en pierre garniz de leur ferruzerie, serrure et clefs, le prosne avec une porte double, la ferrure des chaises du ceur, les pilliers de fer du maistre hostel, verges et ferrures de fenestres, la ferrure de trois cloches moiennes avecques huisserie pour entrer au clochet, le tout estant à 550 livres tourn.

Et au regard desdictz victriers, nous ont rapporté que en six victres du ceur fault quatre-vingt pieds de verre blanc, bordé de bordeures pinctes, à dix sols tourn. le pied, qui est quarente livres tourn. En six victres haultes de la nef, fault six vingts pieds de verre peincte à ymages, au prix de vingt sols tournois le pied, est six vingts livres tourn. En trois victres basses, fault quarente-cinq pieds de verre painct, qui sont du cousté de la chapelle Sainct-André, à vingt sols tourn. le pied, 45 livres tourn. En la chapelle Nostre-Dame y avoit une grande victre peincte qui contenoit trente pieds, audict prix de 20 sols tourn. le pied, 30 livres tourn. Une grande victre qui est au-dessus de la porte qui contient soixante-dix pieds de verre blanc, bordé de bordeures pinctes à l'entour, au prix de 10 sols tournois le pied, 35 livres tourn. Une victre qui estoit au chappitre, qui contient six pieds de verre, bordé desdictes bordeures audict prix de 10 sols tourn., est 60 sols tourn.; somme à quoy se monte pour lesdictes victres treize-vingts-treize livres tourn.

Après tous lesquels dessusdictz avoir faict leur dict rapport, selon que dessus, nous ont tous les dessus nommés maçons, charpentiers, couvreulx, menuziers, serruziers et victriers dict et affirmé respectivement que leursdictz rapports, tels qu'ilz sont ci-dessus escripts, sont véritables et contiennent vérité. Auxquelz doien, chanoines et chappitre collégial de Sainct-Avy d'Orléans a esté par nous délivré nostre dict présent procès-verbal que avons signé de nostre main, et faict signer à nostre dict greffier; et auxquelz dessusdiz maçons, charpentiers, couvreulx, menuziers, serruziers et victriers pour leur sallaire d'avoir veu et visité ladicte place en laquelle soulloit estre édiffié ladicte église Sainct-Avy et faict respectivement leursdictz rapports tels qu'ilz sont si-dessus contenus, taxé savoir est auxdictz maçons et charpentiers à chascun 24 sols parisis, et auxdictz couvreulx, menuziers, serruziers et victriers à chascun 8 sols parisis. Faict comme dessus.

(Signé) : Jamet, G. Peigné.

(Arch. dép., fonds de Saint-Avit.)

CONCORDAT ENTRE L'ÉVÊQUE D'ORLÉANS ET LES CHANOINES DE SAINT-AVIT, POUR L'ÉTABLISSEMENT DU SÉMINAIRE.

9 juillet 1668.

Comme ainsy soit que Illustrissime et Révérendissime père en Dieu messire Pierre Ducambout de Coislin, conseiller du Roy en tous ses conseils, Evesque d'Orléans et premier aumosnier de Sa Majesté, eust obtenu des lettres patentes dès le mois de mars de l'année mil six-cens soixante-sept pour l'establissement d'un séminaire pour les ecclésiastiques de son diocèze, dans la ville d'Orléans, en l'église collégiale de Sainct-Avy, par lesquelles entre autres choses le Roy, ayant uny et annexé audict séminaire ladicte église de Sainct-Avy et tout ce qui en deppend, a permis audict seigneur Evesque de traicter avec les doyen, chanoines et chappellains de ladicte église par permuttation, pentions ou aultrement, pour demeurer lesdictes dignittés, prébendes et chappelles extinctes et supprimez, à la charge que les séminaristes y establis seront tenus et obligés de faire le service, comme il a accoustumé d'estre faict et célébré, conformément aux fondations, et que lesdictz doyen, chanoines et chappellains de ladicte église, désirans suivre le louable desseing dudit seigneur Evesque, eussent donné leurs consentemens sur l'enrégistrement desdictes lettres faict en parlement le dixhuict avril de la présente année mil-six-cens-soixante-et-huit, à condition de la récompense à faire aux titulaires desdictz bénéfices, même en ce que la fixion *(sic)* du revenu desdictes prébendes à la somme de cent livres portée par lesdictes lettres est trop modique, et au dessoubz de leur valleur et autres charges et conditions pour l'exécution d'icelles, scavoir faisons qu'aujourdhuy, neufycsme de juillet mil-six-cens-soixante-et-huict avant midy, pardevant Edouard Demeulles, notaire royal au Chastelet, et tesmoings cy-après nommez, sont comparus ledict seigneur Illustrissime et Révérendissime Evesque d'Orléans d'une part, lesdictz chanoines prébendez en ladicte église Sainct-Avy, messires ès personnes de maistres Laurens Guérin, chevecier, Jehan Denison, Jehan Meslier, Estienne Coulombeau, Michel Raoult, Edme-Henry de La Roche, tous presbtres, Maurice Jousse, Pierre Legrand et Estienne Boucher, tous chanoines de ladicte église Sainct-Avy, assemblez en la maison dudit sieur Denison, tenans chappitre extraordinaire, traictans de leurs affaires en la manière accoustumée d'aultre part, lesquelles partyes ont convenu et accordé ce qui ensuit : C'est assavoir que ledict seigneur Evesque, en attendant qu'il ait récompensé d'aultres bénéfices suffisans lesdictz chanoines, ainsy qu'il promet et s'oblige faire au plus tôt qu'il se pourra, a promis et s'est obligé faire fournir et payer à chascun desdictz chanoines, par chascun an de six mois en six mois, par égalle portion, en ladicte ville d'Orléans, par celuy qui sera commis de faire la recepte du revenu temporel de ladicté église, la somme de cent cinquante livres de pention viagère sans aulcun retranchement, ny estre tenus payer aulcuns deniers ordinaires ni extraordinaires, repparations ny aultres charges généralement quelzconques, desquelz ledict seigneur Evesque promet et s'oblige les faire descharger et tenir quittes, pour demeurer lesdictes pensions spécialement et par privillège assignéz sur le revenu temporel de ladicte église de Sainct-Avy, et, où il ne sauroit suffire, ledict seigneur Evesque s'oblige en son propre et privé nom de payer et fournir ce qui en défauldra, pour en jouir par lesdicts chanoines du jour que sera faict l'establissement dudict séminaire, auquel les séminaristes entreront en la possession et jouissance du revenu temporel de ladicte église en l'estat qu'il se trouvera lors, à la charge d'entretenir les baulx faictz par lesdictz du chappistre pour les temps qui restent à expirer, avec subrogation de tous leurs droictz, noms, raisons et actions, et de faire en ladicte église le service divin, comme il a accoustume estre dit et célébré, suivant les fondations, sans que lesdictz chanoines soient tenuz y assister, et auxquelz appartiendra et demeurera réservé ce qui sera escheu du revenu de leurs bénéfices au précédant ledict establissement, duquel ilz se feront payer par préférence auxdictz séminaristes ; sera faict inventaire des tiltres, livres et ornemens de ladicte église, pour estre dellivrez aux séminaristes, lesquelz en donneront descharges ; a esté accordé que, au cas que lesdictz séminaristes pour quelque cause et occasion non preveues, vinssent à lesser et abandonner leur establissement, et que lesdictes pentions ne fussent payées ne acquittées, ou que lesdicts chanoines n'eussent esté pourveuz d'aultres bénéfices, ilz rentreront de plein droit dans leurs tiltres et jouissance du revenu d'iceulx, sans aultre forme de procès, ny restitution d'aulcune chose pour améliorations faictes par lesdictz séminaristes ; sera le concordat homologué en la cour de parlement ; à ceste fin les partyes comparantes ont constitué leur procureur le porteur auxquelz ils donnent pouvoir d'en requerir acte, obligens d'une partye à l'aultre. Renoncans... En tesmoing ce fut faict et passé en l'hostel épiscopal pour la présence de mondit seigneur, en présence de Anthoine Asselineau et Isaac Legendre, praticiens, demeurans audict Orléans, paroisse de Saint-Germain, tesmoings. La minutte des présentes est signée : P. Ducambout de Coislin, évesque d'Orléans, Guérin, Denison, Coulombeau, Meslier, Raoult, Delaroche, Jousse, Legrand, Boucher, dudict notaire et tesmoings.

(Signé) : Demeulles.

(Arch. dép., fonds de Saint-Avit.)

TABLE DES CHARTES

CLASSÉES SUIVANT L'ORDRE CHRONOLOGIQUE[1]

1112.

Ego Ludovicus, Dei gracia Francorum rex. — Qualiter rex concessit Goherio de Brissiaco ut quamdam plateam sitam juxta putheum haberet liberam ab omni exactione; que quidem platea erat in nostro claustro . . . . n° 63

1142.

Ego Ludovicus, Dei gracia rex Francorum et dux Aquitanorum. — Qualiter villa de Esquoboliis fuit ex regia benignitate hospitata . . . . n° 40

1150.

Ego Manasses, Dei gracia Aurelianensis ecclesie, minister humilis. — Statutum qualiter debeantur annualia prebendarum, quocumque modo mutetur persona; item qualiter accipimus III minas panis et III lagenas vini pro anniversario episcopi Manasse et avunculi sui. . . . . n° 89

1158.

Ego Manasses, Dei gracia Aurelianensis ecclesie episcopus. — Qualiter ecclesia de Esqueboliis fuit facta crismalis proprium sacerdotem et cimiterium eidem adjungendo; item qualiter constituta fuit libera et absoluta ab omni archidiaconali exactione. n° 42

1172.

Ego Manasses, Dei gracia Aurelianensis episcopus. — Qualiter Radulphus de Puseolis dedit et remisit nobis unum modium avene quem in granea nostra de Esqueboliis singulis annis de tensamento possidebat . . . . n° 43

1. Les numéros indiqués sont ceux des chartes et non des pages, sauf pour les pièces contenues dans l'Appendice.

1173.

Ego Manasses, Dei gracia Aurelianensis ecclesie minister humilis. — Qualiter concessimus cuidam decano Sancte Crucis hic nominato, quandiu decanus vixerit, quemdam hospitem quem habebamus apud Mansum, et censum, proventum et justiciam, excepta decima nostra, habebat tamen idem decanus singulis annis die sancti Aviti estivalis, XVI denarios censuales nobis solvere; postquam autem suum dimiserit decanatum morte, vel alias, ad nos totum debet reverti. . . . . n° 67

Juillet 1174.

Ego Manasses, Dei gracia Aurelianensis episcopus. — Qualiter Roboam, quondam capicerius noster, dedit nobis domum suam que est supra barram claustri, que vocatur Roboam. . . . . : . . . . n° 65

1174.

Ego Manasses, Dei gracia Aurelianensis episcopus. — Qualiter ecclesia de Avazeio fuit concessa nobis. . . . . n° 36

1175.

Ego Manasses, Dei gracia Aurelianensis episcopus et ecclesie Beati Aviti abbas, et J. decanus. — De vinea Sancti Vincencii . . . . — p. 175

1175.

Ego Manasses, Dei gracia Aurelianensis episcopus et ecclesie Beati Aviti abbas, Johannes quoque decanus et universum capitulum ecclesie Sancti Aviti. — Qualiter Johannes, decanus, pro remedio anime sue et Petri capellani, fratris sui, dedit nobis duas cameras cum toto viridario ad easdem pertinenti, in parrochia Sancti Vincencii, pro anniversario ipsius decani et fratris sui perpetuo faciendo. . . . . n° 68

1176.

Ego Manasses, Dei gracia Aurelianensis episcopus. — De exempcione ecclesie de Cerisio a sinodo, et ab omni archidiaconali et archipresbiteriali exactione . . . n° 8

1176.

Guillermus, Dei gracia archiepiscopus Senonensis. — Qualiter quedam mulier, hic nominata, et ejus heredes decimam nostram de Veneciaco, quam occupaverant, nobis reliquerunt . . . . n° 58

1177.

Ego Manasses, Dei gracia Aurelianensis episcopus et ecclesie Beati Aviti abbas. — Qualiter Paganus Manselli cessit jura, si quid habebat, XII denariorum censualium quos de masura quadam in claustro Sancti Aviti ante conspectum ecclesie asserebat se jure hereditario possidere . . . . n° 66

1179.

Manasses, Dei permissione, Aurelianensis episcopus. — Quale juramentum habeat nobis prestare novus curatus de Avazeio . . . . n° 37

1179.

Ego, Sancte Crucis decanus. — Qualiter decanus et capitulum Sancte Crucis donacionem nobis factam de ecclesia de Avazeio approbaverint . . . . n° 38

1179.

Ego Henricus, Aurelianensis ecclesie archidiaconus. — Qualiter archidiaconus approbavit donacionem nobis factam de cura de Avazeio . . . . n° 39

1180.

Ego Manasses, Dei gracia Aurelianensis episcopus. — Qualiter due camere in vico Episcopi site, vie publice contigue, cum viridario adjacente fuerunt nobis concesse . . . . n° 69

Antérieure au 20 août 1181.

Alexander episcopus, servus servorum Dei. — Qualiter Alexander papa donacionem nobis facta de ecclesia de Esqueboliis per episcopum Aurelianensem confirmavit. n° 48

Entre 1159 et 1181.

Alexander episcopus, servus servorum Dei. — Hoc privilegium a domino papa nobis concessum, loquitur de omnibus terris quas habet ecclesia nostra ubicumque sint . . . . n° 1

1183.

Theobaldus, Blesensis comes, Francie senescallus. — Privilegium . . . . . n° 4

Antérieure à 1185.

Karissimo et naturali domino suo Th., illustri Blesis comiti, Manasses, Dei gracia Aurelianensis ecclesie minister humilis. — Qualiter antecessores Jocelini Boel, prout ex testimonio fide dignorum constat, nichil aliud habebant super hospites Sancti Aviti apud Ceriz nisi unum modium ordei de tensamento pro conservacione et defensione ipsius ville de Ceriz. . . . . n° 26

1187.

Ego Henricus, Dei gracia Aurelianensis episcopus. — Qualiter loco cujusdam sollempnis convivii ad quod annuatim tenebatur decanus noster nobis in festo beati Aviti estivalis dedit nobis novem solidos census, tribus obolis minus, in nostro claustro, et xii denarios apud Sanctum Marchum ex decima Templariorum provenientes, cum vendicionibus et relevacionibus, de quibus nec decanus sine nobis, nec nos sine ipso finem facere poterimus. . . . . n° 72

1197.

Privilegium a Blesensi comite nobis concessum . . . . n° 2

Février 1197 (1198).

Ludovicus, comes Blesensis et Claromontensis. — Qualiter homines de Ceriz fuerunt declarati per Ludovicum, comitem Blesensem, non debere Fulcherio et Philippo Boel, quondam militibus, fenagium et carneragium . . . . n° 3

1199.

Ego C., Beati Aviti decanus, et totum ejusdem capitulum. — Qualiter quedam masura apud Esquebolias fuit vendita per nos majori nostro libera ab omni tallia, retentis nobis omnibus consuetudinibus sicut in aliis masuris ejusdem ville . . . . n° 44

XIII° siècle (?).

Ego C., Beati Aviti decanus, totumque ejusdem ecclesie capitulum. — Fundacio altaris Beate Marie in ecclesia nostra . . . . n° 83

1202.

Qualiter Raginaldus Boelli vendidit oblatam unius arpenti terre apud Cerisiacum Gaufrido Bono Homini; non videtur nos tangere. . . . . n° 30

1202.

Ego G., abbas de Balgenciaco. — Qualiter Petrus de Montelot in presencia abbatis de Balgenciaco confitetur se vendidisse nobis quatuor solidos census cum una oblia, quod habebat apud Ceriz. . . . . n° 9

1203.

Hugo, Dei gracia Aurelianensis episcopus. — Qualiter terra nostra de Sarcotis et per quam formam tenebatur per Odonem de Remis, militem, et post mortem ejus ad nos reversura erat . . . . n° 51

1203.

Ego P. de Teliaco, domini regis ballivus assessor Aurelianensis. — Qualiter Odo de Remis, miles, confessus fuit in conspectu assisie Aurelianensis heredes suos nichil juris habere in terra nostra de Sarcotis, nec habituros in futurum; immo et si male coluerit idem Odo, terra ante ejus obitum ipsa ad nos revertetur. . . . . n° 52

1206.

Ego Katelina, Blesis et Clarimuntis comitissa. — Qualiter comitissa Blesensis in sua custodia et protectione suscepit villam de Ceriz et ejus homines . . . . . n° 12

1207.

Manasses, Dei gracia Aurelianensis episcopus. — Qualiter terra de Sarcotis per sentenciam fuit nobis adjudicata reverti, que antèa per Odonem de Remis, militem, detinebatur . . . . n° 50'

Août 1209.

Ego frater Hugo dictus abbas et conventus Curie Dei. — Qualiter abbas et conventus curie Dei confitentur se debere nobis, racione vinearum quas nunc habent, et terrarum et vinearum quas in futurum acquirere poterunt in territoriis de Suleniaco et Veneciaco, vi den. par. pro quolibet arpento die Sancti Remigii solvendos . . n° 64

Juillet 1210.

Beati Vincencii, Beate Marie de Bello Loco abbates, et prior de Bello Loco Cenomanensi. — Qualiter coram judicibus delegatis hic nominatis, mota controversia super pluribus juribus que petebat Hamelinus Boel ab hominibus de Ceriz hic nominatis, fuit idem Hamelinus in possessionem petitarum sintincialiter missus, propter contumaciam ipsorum hominum, coram eisdem judicibus ad terminos statutos non comparencium. . . . . n° 48

Septembre 1210.

Ego Manasses, Dei gracia Aurelianensis episcopus. — Qualiter per ordinacionem episcopi debemus habere apud Esquebolias decimam agnorum sicut ab antiquo pleno jure percipiebamus; de decima vero de novo acquisita porchorum, lane et aliorum rerum minutarum percipiet presbiter medietatem et nos aliam medietatem . . n° 44

Décembre 1213.

Manasses, Dei gracia Aurelianensis episcopus. — Qualiter domus abbacie fuit nobis concessa . . . . n° 64

1214.

Manasses, Dei gracia Aurelianensis episcopus. — Qualiter capitulum Pithuerense quicquid juris habebat in terra nostra apud Esquebolias et super hospites nobis remisit penitus et quitavit in presencia episcopi Aurelianensis. . . . . n° 45

1214.

Tecelinus, cantor, totumque capitulum Pithuerense. — Qualiter capitulum Pithuerense confitetur se nobis remisisse si quid juris haberet in terra nostra et hospititibus apud Esquebolias. . . . . n° 46

(Vers 1215.)

F., Aurelianensis ecclesie decanus. — De dono obiti Balduini altari vinearum Orgemont. . . . . p. 175

Septembre 1216.

Manasses, Dei gracia Aurelianensis episcopus. — Qualiter fuit nobis vendita decima sita in parrochia de Chingiaco in pluribus territoriis hic nominatis . . . . . n° 71

Mars 1217.

Manasses, Dei gracia Aurelianensis episcopus. — Qualiter per ordinacionem episcopi Manasse quoad hoc electi arbitri, loco plurium jurium et serviciorum que petebat Hamelinus Boel ab hominibus ville de Ceriz habuit idem Hamelinus certas pecuniarum summas et per hoc quictavit totaliter . . . . n° 11

Mai 1217.

Manasses, Dei gracia Aurelianensis episcopus. — Alia aggravacio excommunicationis contra Raginaldum Boel . . . . n° 23

Mai 1217.

Manasses, Dei gracia Aurelianensis episcopus. — Qualiter per ordinacionem episcopi presbiter de Esqueboliis percipit annuatim supra nos in grangia nostra de Esqueboliis III modios bladi ad mensuram de Esqueboliis, verumptamen masura terre et dimidia quam antea idem possidebat ad nos fuit reversa pleno jure . . . . . n° 47

Septembre 1218.

Manasses, Dei gracia Aurelianensis episcopus. — Qualiter fuerunt nobis adjudicati v solidi annuatim super dimidio arpento vinee apud Banlivam sito in censiva Nicholai Lamer . . . . n° 70

18 juillet 1219.

Manasses, Dei gracia Aurelianensis episcopus. — Qualiter sentencia excommunicationis, lata in Raginaldum Boelli pro multis dampnis nobis irrogatis, fuit aggravata. . . . . n° 21

Août 1219.

G., Dei gracia Carnotensis episcopus. — Qualiter sententia excommunicationis contra Raginaldum Boelli ad instanciam nostram fuit aggravata in diocesi Carnotensi . . . . n° 22

Décembre 1219.

Manasses, Dei gracia Aurelianensis episcopus. — Qualiter villa de Manso, alias Luceium, annexa fuit parrochie de Ceriz, licet antea fuisset de parrochia de Avazeio . . . . n° 13

1220.

Manasses, Dei gracia Aurelianensis episcopus. — Qualiter Raginaldus Boelli et Henricus, frater ejus, et Elisabeth eorum mater, omne jus quodcumque fuerit, si quid unquam habuerunt super homines de Ceriz, quittaverunt . . . . n° 7

Novembre 1220.

Manasses, Dei gracia Aurelianensis episcopus. — Qualiter possumus tradere cui volumus et ubi volumus decimam de Trugniaco. . . . . n° 57

Antérieure à 1221.

Manasses, Dei gracia Aurelianensis episcopus. — Qualiter homines de Ceriz tenentur nobis prestare minutas decimas omnium rerum suarum . . . . . . n° 31

Juillet 1221.

Ego Lebertus, decanus, et universum Aurelianensis capitulum. — Qualiter triginta solidi a capicerio Beati Aviti persolvuntur capitulo Aurelianensi, refectionis nomine.. n° 96

Juillet 1222.

Philippus, Dei gracia Aurelianensis episcopus. — Compromissum inter nos, et Raginaldum et Henricum Boelli fratres et matrem ipsorum, super XXI denariis annui redditus quos iidem fratres et mater petebant apud Ceris de tribus hostisiis hic nominatis, et super tribus quarteriis terre site in ingressu ville de Ceriz, et etiam super II arpentis terre site in territorio de Lucoi .... n° 27

Juin 1223.

Philippus, Dei gracia Aurelianensis episcopus. — Qualiter fuit contra Raginaldum Boel adjudicata possessio trium quarteriorum terre in ingressu ville de Ceriz sitorum, et silencium impositum eidem Raginaldo super XXII denariis quos idem petebat super hostisiis tribus hic nominatis................................... n° 28

Décembre 1223.

Philippus, Dei gracia Aurelianensis episcopus. — Qualiter debemus Rambaldo de Trugniaco II modios, unum mistioli, alium avene, ita quod quilibet modius valeat XII minas de Martreio Aurelianensi, quos modios debet apud Trugniacum in granchia nostra percipere singulis annis................................. n° 56

1223.

Philippus, Transligerinus archidiaconus. — Qualiter mota controversia inter nos et Raginaldum Boelli super III quarteriis terre arabilis, sitis in ingressu ville de Ceriz, et super XXII denariis quos petebat idem Raginaldus super hostisiis hic nominatis, fuit nobis totum adjudicatum, et eidem Raginaldo silencium impositum..... n° 19

Avril 1224.

Philippus, Dei gracia Aurelianensis episcopus. — Compromissum super mota controversia inter nos et Petrum de Remis, militem, pro quodam nemore in parrochia de Sarcotis versus Bordas sito .... n° 54

Juin 1224.

Philippus, Dei gracia Aurelianensis episcopus. — Qualiter per composicionem factam inter nos et abbatem et conventum Curie Dei, de XVI arpentis vinee que habent in parrochia de Veneciaco debent nobis solvere VI sol. par. annuatim die Sancti Remigii, et si in futurum plus acquirant in eadem decimacione dicti abbas et conventus, pro quolibet arpento annuatim VI denarios pro medietate decime nobis debite reddent;

verumptamen si in futurum nos acquiramus plus juris in dicta decima ultra medietatem quam nunc habemus, dictus conventus plus eciam solvet quam VI denarios scilicet pro rata. In casu tamen ubi tota decima esset nostra, non solverent ultra XII denarios pro arpento . . . . n° 60

Juin 1224.

Philippus, Dei gracia Aurelianensis episcopus. — Qualiter abbas et conventus Sancti Evurcii confessi fuerunt vineas sitas apud locum qui dicitur Banliva, in censiva Beate Marie inter muros et fossata, que fuerunt quondam defuncti Galteri, capicerii nostri, ad nos pertinere, licet iidem abbas et conventus prius contendissent. . . . . . n° 73

Septembre 1225.

Vulgrinus, Sancti Evurcii Aurelianensis abbas, et ejusdem ecclesie conventus. — Qualiter acquisivimus quamdam domum extra muros Aurelianenses sitam, que fuerat quondam Rogerii Campanarii et Ase ejus uxoris . . . . n° 74

Octobre 1225.

Philippus, Dei gracia Aurelianensis episcopus. — Qualiter Raginaldus et Henricus Boelli, fratres, fecerunt emendam decano nostro pro eo quod, in justicia ipsius decani apud Ceriz, bona seu res aliquas Mathei de Cerisio, hospitis Sancti Aviti, ceperant. n° 24

Octobre 1225.

Philippus, Dei gracia Aurelianensis episcopus, omnibus presentes, etc. — (Double de la charte précédente). . . . . n° 29

Novembre 1225.

Philippus, Dei gracia Aurelianensis episcopus. — Qualiter terra nostra de Sarcotis fuit vendita personis hic nominatis pro certa pecunie summa annuatim reddenda, et pro decima et campipartu annuatim nobis reddendis, alias nisi dictam pecuniam, decimam et campipartum singulis annis nobis reddiderint, et eciam si eandem terram incultam dimiserint, iterato ad nos sine contradictione erat reversura . . . . n° 53

Août 1228.

Philippus, Dei gracia Aurelianensis episcopus. — Qualiter Henricus de Vado totam decimam vini quam habebat in parrochia de Veneciaco nobis vendidit . . . . n° 62

1228.

Odo, archipresbiter Balgenciacensis. — Qualiter Guillermus de Villa Chaumont vendidit Reginaldo Boelli, militi, medietatem septem peciarum terre apud Ceris. n° 10

1229.

Th., decanus, et capitulum Sancti Aviti Aurelianensis. — Qualiter Hugo Guiedon, Guiburgis uxor ejus et Johannes dicte Guiburgis filius de duobus solidis parisiensium quos percipiebant singulis annis nomine census in festo decollacionis beati Johannis Baptiste, in parrochia de Ceris, xii denarios ecclesie nostre elemosinarie dederunt, et postmodum totum jus suum nobis vendiderunt . . . . n° 14

18 octobre 1230.

Philippus, Dei gracia Aurelianensis episcopus. — Qualiter prepositus de Balgenciaco se supposuit voluntati domini Aurelianensis episcopi super eo quod in terra nostra de Ceriz ceperat quadrigam majoris de Cerisio . . . . n° 25

Octobre 1230.

Philippus, Dei gracia Aurelianensis episcopus. — Qualiter compromisimus inter nos et dominum de Balgenciaco super eo quod apud Cerisium furcas levaverimus et in eis fuerat latro suspensus in prejudicium ipsius domini, ut dicebat, et propter hoc easdem furcas idem dominus amoverat . . . . n° 20

Décembre 1230.

Robertus, officialis Aurelianensis. — Qualiter Hugo Guiedon, Guiburgis ejus uxor et Johannes ejus uxoris filius, totam terram cum censu quem habebant apud Cerisium nobis vendiderunt . . . . n° 15

Février 1230 (1231).

Magister Robertus, officialis Aurelianensis. — Qualiter Petrus Aurifaber vendidit nobis quamdam domum sitam apud Sanctum Vincencium in Vineis, in censiva Gaufridi Manselli, militis . . . . n° 77

1231.

Magister Robertus, officialis Aurelianensis. — Qualiter Raginaldus Boelli, miles, et Henricus ejus frater confirmaverunt vendicionem terre et census factam per Hugonem Guiedon et ejus uxorem ecclesie nostre . . . . n° 16

Mars 1234.

Henricus Salerne, decanus, totumque capitulum Sancti Pietri Puellarum. — Qualiter capitulum Sancti Petri Puellarum nobis vendidit quoddam arpentum vinee apud Fossam Theobaldi . . . . n° 75

Juillet 1235.

Magister Robertus, archidiaconus Balgenciacensis. — Qualiter Petrus, filius majoris de Cerisio, quamdam domum quam habebat apud Cerisium in censiva nostra nobis vendidit. . . . . n° 17

1235.

Philippus, Dei gracia Aurelianensis episcopus. — Qualiter Aubertus de Javerciaco, miles, vendidit nobis totam partem suam decime vini quam habebat in parrochia de Veneciaco. . . . . n° 59

Juin 1236.

Philippus, divina permissione Aurelianensis episcopus. — Sententia arbitralis super controversia mota inter nos et P. de Remis, militem, pro quodam nemore sito in parrochia de Sarcotis, versus Bordas . . . . n° 55

16 juin 1238.

Ego G., Beati Aviti decanus, totumque ejusdem ecclesie capitulum. — De majoria de Asqueboliis. . . . . n° 49

Novembre 1238.

Officialis Aurelianensis. — Qualiter Ernaudus, matricularius Sancte Crucis, et Elisabeth ejus uxor nobis vendiderunt domum suam sitam in claustro nostro . . . n° 76

Janvier 1244 (1245) et juillet 1245.

Officialis curie Aurelianensis. — Testamentum magistri Johannis de Sancto Mauricio pro fundacione altaris Sancti Andree in ecclesia nostra. . . . . n° 82

10 novembre 1245.

Officialis curie Aurelianensis. — Qualiter Hugo, filius defuncti Radulphi de Barra, nobis vendidit quatuor partes II arpentorum vinearum, obolata census minus, et quicquid juris habebat in dictis quatuor partibus quas habebat apud Pressorium Chaudeti . . . . n° 79

Décembre 1245.

Officialis Aurelianensis. — Littere de vineis de Pressorio Chaudeti nobis donatis. . . . . p. 176

Décembre 1249.

Officialis curie Aurelianensis. — Qualiter fuit nobis donata domus cum virgulto in vico de Submuro sita . . . . n° 80

Janvier 1249 (1250).

Officialis curie Aurelianensis. — Qualiter fuerunt nobis relicti XII sol. quos annuatim solemus accipere super capitulum Sancti Petri Virorum, in festo Sancte Katherine . . . . n° 78

Mars 1250.

Johannes, comes. — Qualiter comes Blesensis fatetur se in villa de Ceriz habere tantummodo majorem justiciam et taxamentum, et nos minorem justiciam et reliqua . n° 6

Décembre 1250.

Officialis curie Aurelianensis. — Qualiter plures personne hic nominate acceperint a nobis de terris nostris apud Ceriz . . . . n° 32

25 janvier 1250 (1251).

Guillermus, divina miseratione Aurelianensis episcopus. — Qualiter Guillermus, episcopus Aurelianensis, confitetur se vidisse litteras Theobaldi comitis. . . . n° 5

Décembre 1244 et mars 1252.

Officialis curie Aurelianensis. — Testamentum defuncti Gaufridi Gruaut qui nobis legavit domum suam pro anniversario suo, et patre, et matre suis faciendo . . n° 81

19 juin 1252.

Officialis curie Aurelianensis. — Qualiter Theobaldus Manselli, miles, nobis abonavit in sua censiva III domos nostras que erant ad relevaciones ad placitum, videlicet quamlibet ad V solidos, quando eveniunt dicte relevaciones. . . . . n° 84

Janvier 1254 (1255).

Guillermus, miseracione divina Aurelianensis episcopus. — Qualiter canonicus si fecerit residenciam consuetam, si postea decedat vel aliter mutetur, debet habere grossos fructus suos; item qualiter cononicus qui foraneo succedit canonico non habet bursam percipere, donec ipsum contingerit bladum percepisse. . . . . n° 90

10 octobre 1264.

Nicholaus, decanus Beati Aviti Aurelianensis. — Major de Ceriz. . . . . . . n° 33

28 juin 1265.

Officialis curie Aurelianensis. — Littere de domibus novis emptis a Jaqueto Matriculario. . . . . p. 177

18 novembre 1265.

Officialis curie Aurelianensis. — Empcio cujusdam domus, scite ante portam Sancti Vincencii, vendite per Gaufridum Apotecarium. . . . . p. 177

14 décembre 1269.

Decanus ecclesie Sancti Aviti Aurelianensis. — Sententia super decima de Seris . . . . p. 178

27 mars 1283 (1284).

Officialis curie Aurelianensis. — Littera abonacionis relevacionum per Petrum Chenart, racione cujusdam domus site in vico Bonorum Puerorum . . . . . p. 180

1er avril 1291.

Officialis Aurelianensis. — De uno modio avene pro anniversario Johannis Le Sellier, canonico, faciendo. . . . . p. 181

18 avril 1285.

Officialis curie Aurelianensis. — (De novo sigillo curie Aurelianensis quibusdam litteris apposito). . . . . p. 182

14 février 1296 (1297).

Officialis Aurelianensis. — Pro domibus emptis a Jaqueto Matricularii apud Sanctum Vincencium. . . . . p. 182

12 mai 1307.

Sentencia arbitralis inter capitulum et capicerium. . . . . n° 97

7 décembre 1312.

Milo, divina miseracione Aurelianensis episcopus. — Statutum de XL sol. pro pane capituli in principio solvendis . . . . n° 92

16 décembre 1313.

Jehan d'Asnières, garde de la prévosté d'Orliens. — Littera vendicionis cujusdam domus in Sancto Lupo . . . . p. 183

26 et 31 août 1314.

Ordinationes facte inter nos et capitulum Sancti Petri Virorum super pluribus domibus infra scriptis quas habemus in vico Sancti Vincencii, in censiva dicti capituli. . . n° 85

1314 (13 mars 1315).

Officialis Aurelianensis. — Qualiter domus ubi moratur La Drugemende est onerata de xx solidis quolibet anno nobis solvendis . . . . n° 86

28 septembre 1315.

Milo, divina inspiracione Aurelianensis episcopus. — Statutum Milonis contra debitores, et qualiter possumus de grossis fructibus primis accipere usque ad valorem quadraginta solidorum pro capa . . . . n° 91

18 et 20 mai 1338.

Capitulum ecclesie Sancti Aviti Aurelianensis. — (De domo quam habemus in vico Episcopi tradita Stephano Belli et Leodegarie ejus uxori) . . . . n° 87

17 novembre 1339.

Officialis Aurelianensis. — Littere donacionis domus de Sancto Lupo . . . p. 184

29 mai 1343.

Johannes, miseracione divina episcopus Aurelianensis. — Qualiter grossi fructus canonicorum non facientium stagium applicantur in commodum ecclesie, non in bursas singulorum sicut antiquitus . . . . n° 94

29 mai 1343.

Johannes, miseracione divina episcopus Aurelianensis. — Qualiter quilibet canonicus Sancti Aviti potest quolibet tempore inchoare suum stagium sicut in aliis collegiis. . . . . n° 93

1347 (7 janvier 1348).

Capitulum ecclesie Beati Aviti Aurelianensis. — Copia littere vicarii quam tradidimus ultimo pro domo quam tenet a nobis ad pensionem G. de Avallone, advocatus in Castelleto . . . . n° 88

6 août 1367.

Officialis Aurelianensis. — (De redditu octo librarum parisiensium et viginti solidorum turonensium debito a capitulo Sancti Aviti et ab ipso redempto) . . . . . n° 34

12 janvier 1367 (1368).

Le bailli de Blois. — (De eodem.). . . . . n° 35

11 décembre 1378.

Jehan Emeré, garde de la prévosté d'Orliens. — Aveu de la dîme de Vennecy. p. 187

3 mai 1387.

Jehan Beraut, commis à la garde de la prévosté d'Orliens. — Autre aveu de la dîme de Vennecy. . . . . p. 187

8 septembre 1397.

Guillaume Haultbois, garde de la prévosté d'Orliens. — Testament de Pierre Advenel . . . . p. 188

1ᵉʳ avril 1418.

Officialis Aurelianensis. — Ce que doibt le chevecier de Saint-Avy . . . . n° 95

TABLE

DES NOMS DE PERSONNES ET DE LIEUX

A

A., capicerius Aurelianensis, 49.
Aalez, 104.
Aalina, uxor Gaufridi apothecarii, 178.
Acarie (G.), 168, 169.
— (J.), 170.
Acelina, 98, 176.
Acheriis (Petrus de), canonicus Sancti Petri Virorum, xvii, 15, 108.
Acquebouille, Esquobolie, Escobolie, Esquebolie, commune de Faronville, canton d'Outarville (Loiret), xxix, xxxviii, 33, 58, 66 à 73, 135, 136, 147, 150.
Adam, 98, 176, 181.
— (Magister), 141.
Adam Breum, prepositus, 66.
Adè (Domus), 140.
Adelota, uxor Georgii de sub Muro, 99.
Aelina de Guillervilla, 7.
Aeriis (Sanctus Laurencius de). Voy. Sanctus Laurencius.
Agarvilla (Arnulfus de), clericus, 107, 109.
Agnes, uxor Petri Le Mignot, 177.
— La Formière. Voy. ce mot.
Aguietardi (Magister Guillelmus), archidiaconus Belsic, 16, 28.
Aigneau, 1.
Albericus, de Forisvillari, de Otrigne. Voy. ces mots.
Albipedis, 165.

Alexander [III], papa, xxiv, xxx, 33, 73.
— Le Meignen. Voy. ce mot.
Alexandris, uxor Johannis Binet, 30.
Algrinus, archidiaconus, xxx, 69.
— Cancellarius, 69.
Alipdes, uxor Arnulphi Noqueti cirurgici, 1.
Alneto (Gaufridus de), capicerius de Jargolio, 109.
Alona (Jodoinus de), 78.
Alsona (Robertus de), canonicus Aurelianensis, 2.
Amelina, 22, 99.
— uxor Petri, 46.
Andreas, cantor Aurelianensis, 7, 25, 29, 63, 64, 66, 88.
—, decanus Sancti Aviti, 33, 93.
—, clericus, 91.
— Fromentin, de Bellis Viis. Voy. ces mots.
Anglicus, Anglici, 139.
— (Galterus), 157.
— (Guillelmus), 29, 90.
— (Johannes), 24, 26.
— (Robinus), 137.
Annes, uxor Fulcherii Boelli, 41.
Ansellus, Beati Aviti canonicus, 70, 90.
— de Avazeio, xxix, 63.
Anselli (Guillermus), clericus, 90, 153.
Antoginaco (Fromondus de), canonicus Sancti Aviti, 20.
Antoine Pommeret, Asselineau. Voy. ces mots.

Apothecarius (Gaufridus), 177, 178.
Aquario (Radulphus de), 29.
Archembaldus, Beati Aviti canonicus, 70, 88, 90.
Archambaudus, 19.
Ardana (Stephanus de), capellanus altaris Beati Nicolay, 164.
Armavilla (Johannes de), canonicus Sancti Aviti (cf. Ermevilla), 29.
Arnulphus, 22.
—, cantor Aurelianensis, 30.
Arnulphus Noquetus, de Agarvilla. Voy. ces mots.
Asa, uxor Rogeri Campanarii, 95, 160.
Ascelin (G.), 189.
Ascelma Goaude, 47.
Ase (Domus —), 7, 8, 23, 25, 26, 157, 162.
Asnières (Jehan d'), garde de la prévosté d'Orliens, 183.
Asselineau (Antoine), praticien, 196.
Asquetus, 152.
Astrepetum, Le Trépoix, commune de Mareau-aux-Prés, canton de Cléry (Loiret), 105.
Atrebatensis (Guillelmus de Yssiaco episcopus), 24.
— (Johannes Bouchier canonicus), 5.
Aubericus, 26.
Aubertus de Fossatis, de Javerciaco. Voy. ces mots.
Aubine (Nicholaus), 17.
Auboicier, 178.
Aucherius, 69.
Augustinus (Stephanus), capicerius Sancti Aviti, 15.
Auneium, Aunay, canton de Mer (Loir-et-Cher), 150.
Aurelianis. Voy. Orléans.
Aurifaber (Petrus dictus), 96.
Avalone (G. de), 12.
— (Guillermus de), advocatus in castelleto, 115.
— (Theobaldus de), presbiter, 16.
Avaray, Avazeium, Avaziacum, canton de Mer (Loir-et-Cher), XXVIII, XXIX, XL, 9, 14, 33, 43, 63 à 65, 149, 167, 168.

Avenelle, Advenel (Petrus), 10, 188.
Avis (Benedictus), 30.

B

B., officialis Aurelianensis, 161.
B. (Robinus de), 13.
Baatel (Hugo), 7.
Bacheler, Bachelier (Odo), 150, 152.
— (Radulphus), 57, 148, 152.
— (Raginaldus), 150.
Baderan (Radulphus), 166.
Bafer (Johannes), curatus de Avazeio, 167.
Baldiunus (Magister), sacerdos Sancti Petri et Sancti Lete, 176.
— de Tyenvilla. Voy. ce mot.
Balgenciaco (Simon de), 54.
— [S. de] XXVII, 49.
Balgentiacum. Voy. Baugency.
Balier, Baller (Johannes), capicerius Sancti Aviti, 28, 167, 168.
— (Petrus), capellanus Sancti Andree, 168.
Balliveus (Odo), 47.
Banliva, 94.
Bar... (Johannes), 140.
Barbeachou, canonicus Sancti Aviti, 171.
Barberius (Johannes), 143.
Barbier, Berbier (Johannes Le), 147.
— (Robin Le), XXXIX, 147, 151.
— (Stephanus), 147, 151.
Barbot (Colinus), 30.
Barille, XXXIX, 147.
Baron, Baro, Barum (Johannes), 7, 8, 22, 139, 156.
Barra (Alid de), 25.
— (Guido de), 4, 25, 27, 105, 108.
— (Radulphus de), 98, 176.
— (Sanctius, Sencius de), 3, 12, 25, 137, 141.
Barra Sancti Aviti, 18, 19, 108, 110, 111.
Barræ, 136.
— de Tigny, 153.
Barres (Les), commune de Boigny, can-

ton d'Orléans (Loiret), xxxviii, 187, 189.

Bartholomeus, de Plesseto, de Monciaco, Lachacier, Guignart, Mellon. Voy. ces mots.

Bauclat (Georgius), canonicus Sancti Aviti, xli, 172.

Bau Cochart (Robertus), xxxix, 150.

Baudoire, 150.

Baugency, Balgentiacum (Loiret), xxvi, xxvii, 40, 41, 42, 46, 47, 49, 50, 53, 54, 57.

Baumarier, 142.

Beatus, Beata. Voy. Sanctus, Sancta.

Beata-Maria inter muros et fossata, ancienne église à Orléans, 8, 94, 138, 141, 156.

Beate-Marie altare, chapelle de Notre-Dame, dans l'église de Saint-Avit, xxi, 104, 109, 170, 171.

— de Balgenciaco abbatia, abbaye de Notre-Dame de Baugency, 57.

— Magdalene altare, in ecclesia Aurelianensi, chapelle de l'Eglise de Sainte-Croix, 141.

Beausse (Radulphus de), 143.

Bechet (Michael), xxxix, 149.

Beligneix (Petrus de), 162.

Belineti, 168.

Belli (Johannes), Stephani filius, clericus, 113.

— (Stephanus), cordubanarius, 113.

Belli generis (Nicolaus), 102.

Belli Loci prioratus, prieuré de Beaulieu, diocèse du Mans, xxvi, 42, 46.

Bellis Viis (Andreas de), 136.

Bello Villari (Herbertus de), 39.

Belna (Stephanus de Jargolio dictus de), 182.

Belnis (Clausus de), 30.

Belsia, la Beauce, 5, 25, 28, 143, 152.

Belute (Domus), 157.

— (Gaufridus), 141.

— (Johannes), 110, 111, 112.

Benedicta (Thomas), 55.

Benedictus, 10.

Benedictus (Magister), 13.

— matricola Sancte Crucis, 91.

— Benedicta, Avis, Boufaut, Coperuc. Voy. ces mots.

Beneventa, filia Petri Paris, 152.

Benis (Stephanus de), 57.

Beraut (Johannes), capellanus altaris Sancti Andree, 166.

— (Jehan), 187.

Bergoinz (Johannes Li), 25.

Bernardeau (Johannes), 148.

Bernardus sacerdos, 7, 156.

Bernardi (Drocc), presbiter, 29.

— (Guillermus), clericus, 123, 127, 131.

Bernart Le Suerre. Voy. ce mot.

Berri (Johannes de), 28, 138, 140.

Bertaudus de Verrinis. Voy. ce mot.

Berte (Ameline), 148.

Berterius, 154.

Berthelin de Trie, 189.

Bertherus, Pance. Voy. ce mot.

Bertran (Petrus dictus), 156.

Bertrandus (Magister), 140.

Beyo (Yvo de), canonicus Sancti Petri Virorum, 106.

Bigot (Pierre), 192.

Binas, Bines, canton d'Ouzouer-le-Marché (Loir-et-Cher), xxxix, 151.

Bines (Stephanus de), cf. Binas, 151.

Binet (Johannes), 30.

Blanchet, 47.

Blanvilain (Theobaldus), 96.

Blavet (Guido de Ponte Monachorum alias), 108.

Blenot, Blanot (Johannes), capellanus Sancti Nicholay, 165.

Blois, Blesis (Loir-et-Cher), xxv, 34, 35, 36, 37, 43, 54, 56, 60, 61, 62, 175.

Boart (Stephanus), 166.

Bocher, canonicus Sancti Aviti, 25.

— (Johannes), capellanus, 4.

Bociu (Petrus), xxxix, 148.

Boel (Fulcherius), xxvi, 35, 39, 41, 42, 56, 57.

Boel (Hamelinus), Cenomanensis canonicus, XXVI, 42, 47.
— (Philippus), XXVI, 35.
Boelli, Boel (Henricus), XXVII, 38, 45, 48, 52, 55, 56.
— (Jocelinus), XXV, 42, 54.
— (Raginaldus, Rainaldus), XXVI, 38, 39, 41, 45, 48, 50, 51, 52, 53, 55, 56, 57, 59.
Boello (Matheus de), 101.
Boeria (Vinea de), cf. La Borrée, La Bourie, quartier à Orléans, 19.
Boigny, canton d'Orléans (Loiret), XXXIX, 156, 183, 185.
Boissier (M.), canonicus Sancti Aviti, 171.
Boisson (Johannes du), canonicus Aurelianensis, 11.
Boleim (Guillelmus), canonicus Aurelianensis, 4.
Bona Femina, filia Petri Paris, 152.
— Uva (Jocelinus), 41.
— Valle (Ivode), canonicus Sancti Aviti, 6, 20, 178, 179.
Boni Amici (Jacobus), XI, 3, 23, 30.
— (Richardus), 3, 23.
Bonorum Puerorum (Vicus), rue des Bons-Enfants, à Orléans, XXXVII, 6, 109, 180.
Bonus Homo (Gaufridus), 56, 89.
Bordæ, in parrochia de Sarchotis, XXX, 78.
Bordes-Jolet (Les), 143.
Bordes-de-Sougy (Les), 145, 146.
Bordis (Robinus de), 152.
Borgondiæ (Porta), Porte-Bourgogne, à Orléans, 143.
Borrée (Clausus de La), clos près Orléans, aujourd'hui La Bourie, cf. Boeria, 30.
Botet (Raginaldus), 149.
Boucher (Estienne), chanoine de Saint-Avit, 195.
Bouchier (Dictus), 2.
— (Johannes) canonicus Atrebasensis, capellanus Margarete, regine, et Robertide Curtiniaco, XII, XIII, 5, 9, 10, 24.

Boufaut (Benedictus), 85.
— (Johannes), 85.
Boulain, Bolain (Johannes), canonicus Sancti Aviti, 2, 7, 15, 17, 20, 23, 24, 25, 27, 29, 30, 107, 112, 161.
Bourdineau (Charite), veuve d'Aignan de Saint-Mesmin, XXXVI.
Boutet (Johannes), 109.
Boves (Stephanus de), 149.
Bovier (Jaquelinus), canonicus Sancti Aviti, 5.
Boyau. Voy. Boel, Boelli.
Brau-la-Balle (Johannes), 135.
Breons (Matheus), succentor Aurelianensis, 26.
Breum (Adam), prepositus, 66.
Bria (G. de), 161.
Bricius, 8.
Bricy, Brissiacum, canton de Patay (Loiret), 3, 86.
— (Gohier de), XXXVI, 86.
Brito, Britonis (Daniel), 10, 182.
— (Robertus), 150.
Brossart (Jehan), écuyer, 187, 188.
Bruant (Jehan), 190.
Buchardus, Aurelianensis episcopi cancellarius, 66.
Bucie (La), 8.
— (Ysavia La), 12, 22, 160.
Bucy (Guillaume de), évêque d'Orléans, cf. Buxis, XIII, XVII, 21.
Bufetarius, Le Bufetier (Reginaldus), 26.
Bulie (Burcheta La —), 28.
Burcheta La Bulie, 28.
Bureau (Nicolaus), 30.
Buret (Johannes), 149.
Burgeta, custuraria, 108.
— uxor Jaqueti Matricularii, 182.
Burgo Novo (Vicus de —), rue du Bourgneuf, à Orléans, 12, 16, 17, 18, 25, 26, 138, 140, 141, 142, 156, 162.
Buss... (Garinus de), notarius, 12.
Bussy, 142.
Buxis (Guillermus de), episcopus Aurelianensis, cf. Bucy, 21.

C

C., Beati Aviti decanus, 68, 76, 104.
Cadulcus, 14, 16.
Cadurcus, cancellarius, 68.
Caillart, 7, 8.
Caillardus (Petrus), 115.
Caldea. Voy. Chaldea.
Calva, uxor Radulphi de Puseolis, 69.
Cambout de Coislin (Pierre du), évêque d'Orléans, I, XXIII, 195.
— (Henri-Charles), évêque de Metz, II.
Campanarius (Rogerius), 95.
Campobono (Curatus de —), Sennonensis diocesis. Chambon, canton de Beaune-la-Rolande (Loiret), 165.
— (Johannes de), presbiter, vicarius in ecclesia Sancti Petri Virorum, 109.
Camus (Johannes Le), XXXIX, 147, 151.
Camuse (Johanna La), 108, 110.
Canabariis (Raginaldus de), canonicus Aurelianensis, 178.
Capella (Robertus de), miles, 95.
Capre (Thomas), presbiter, 167.
Carnifex (Stephanus), 179.
Carnotensis (Ecclesia, diœcesis), 21, 51 162.
— (Sanctus Petrus —), 154.
Carnoto (Laurentius de), 12.
— (Via de), 144, 145.
Carœcin (Jacobus le), 154.
Carolus, rex Francorum, Charles le Bel, XII, 16, 17.
— Meslant. Voy. ce mot.
Carpentarius (Christianus), 148.
Castro Novo (Petrus de), canonicus Sancti Aviti, 160.
Castrodunum. Voy. Châteaudun.
Catalaunensis (Hugo —), Sancte Crucis Aurelianensis canonicus, 88.
Cathalano, Catalano (Colonus de), 23.
— (Robertus de), canonicus Sancti Aviti, 14, 23, 109.
Catherine, Katelina, comtesse de Blois, 43.

Cecilie. Voy. Sicilie.
Cellarius. Voy. Sellarius.
Cenomanensis. Voy. Le Mans.
Cercottes, Sarchotes, Sarchotæ, canton d'Artenay (Loiret), XXX, 74, 105, 136.
Cerdona (Johannes de Gariophilis de), canonicus Aurelianensis, 1.
Ceres. Voy. Seris.
Cerf (Robinus Le), 19, 25.
Ceriz, Ceres, Cerisiacum, Cerisium. Voy. Seris.
Chaingy, Chingiacum, canton d'Orléans (Loiret), XXXIV, 11, 92.
Chaldea lingua, 14.
Chalenile, in parrochia de Terminier, 3, 146.
Champ-Egron (Turris du —), ancienne tour des murs de la ville d'Orléans, 10, 189.
Champs (Guillaume des), 187.
Changuionis (Guillermus), decanus Sancti Aviti, 167, 168.
Charretum, Carnotensis diocesis, Charray, canton de Cloyes (Eure-et-Loir), 162.
Chateaudun, Castrodunum (Eure-et-Loir), 36.
Chaudet (Pressorium —), 7, 25, 99, 140.
Chaumont (Guillermus de villa —), 41.
Chauviau (Robertus), 143, 144, 145.
Chauvii (Laurencius), 150.
Checiaco (Robertus de), capicerius Sancti Petri Virorum, 8, 23.
Chécy (Loiret), 8, 23, 187.
Chenardus, 138.
Chenart (Petrus dictus —), armiger, 180.
Chenu (Guillelmus), notarius in curia ecclesiastica, 18.
Cherite (Nicolas), canonicus Sancti Petri Virorum, 106.
Chesniau (Matheus), 155.
Chevalier (Johannes), 150.
— (P.), 47.
Chiefdeville (Jehan), notaire au Chastellet d'Orliens, 189.
Childebert, roi de Paris, XIV.

— 218 —

Chingiacum. Voy. Chaingy.
Chivart (Johannes), miles, 136.
Cholet, 16.
Chotard (Johannes), 57.
Chotarde (Benedicta La), 148, 151.
Chotardus (Guillermus), 47.
Christianisatus (Huetus), 155.
Christianus Carpentarius. Voy. ce mot.
Christophorus, 150.
— Motiau. Voy. ce mot.
Churrainne (Johanna La), 16, 108.
Churrene (Hugo de), 135.
— (Johannes), 135.
Cimazo (Nicolaus de), 31.
Cimiterium Sancte Crucis, xxxvii, 8, 14, 109.
Citoleur (Rogerius dictus Le —), xxxix, 8, 156.
Claromontensis comes, comitissa, 35, 43.
Claudi (Domus —), 156.
Clément V, pape, 106.
Clermont (Oise), 35, 43.
Cléry (Loiret), 189.
Cobolie. Voy. Acquebouille.
Cochart (Johannes), xxxix, 147.
— (Robertus), 147.
— (Robertus Bau —), 150.
Coelart (Habertus), 149.
Cogneriis (Girardus de), Aurelianensis curie notarius, 128.
Coigneret, 166.
Coillart, Coullart (Petrus), de Brissiaco 3, 146, 181.
Coillebure (Dictus), 4.
Coislin (Pierre du Cambout de), évêque d'Orléans, 195.
Coleta, uxor Robini de B., 13.
Colin, Colinus, Le Vigneron, de Solio, Normandus. Voy. ces mots.
Conada (Stephanus de), capicerius Sancti Aviti, 17.
Concret, Concré (Loree de), xxxix, 149.
— (Raginaldus de), 149. Voy. Concriers.

Concriers, Concret, Concré, canton de Marchenoir (Loir-et-Cher), 149.
Constantinus, Beati Aviti decanus (cf. C. decanus Beati Aviti), 72, 74, 80.
Coperuc... (Benedicta), 155.
Cordigeri, 4.
Corn..lla (R. de), 57.
Cornival, advocatus in curia laïcali, 171.
Corrianus, Manasse Aurelianensis episcopi serviens, 70.
Corsi (?), 28.
Cortigniaco (Magister Guillermus de), canonicus Aurelianensis, 14.
Corveio (Ebrardus de), 136.
Costa dura (Gervasius), 92.
Cotent (Odo), 150.
Coulombeau (Estienne), chanoine de Saint-Avit, 195.
Couniau (dictus —), 19.
Courte-Heuse (Guillermus), 146.
Coutaut (Vincencius), 155.
Couteus (Guerinus), canonicus Sancti Petri Virorum, 20.
Crenellos (Domus ad —), 10, 14.
— (Magna domus ad —) in vico Sancti Vincencii, xxxvii, 108.
—, ante cimiterium Sancte Crucis, xxxvii, 109.
— (Domus ad Parvos —), 172.
Croiz (Oudin de la), 183.
Croso (Petrus de), canonicus Aurelianensis, 115.
Croto (Odo de), 154.
Cruce (Morellus de), 47.
—, de La Croix (Odinus, Oudin), 183, 185.
Cruchet (Stephanus), 148.
Cruisiaco (Galterius de), 135.
Crux Sancti Michaelis, 141, 157.
Cruxifixi et Beate Marie (Altare —), cf. Beate Marie altare, 12.
Cuechart (Guillermus), 149.
Cuneo Regis (Guillelmus de), 14.
Curciacum, Courcy, canton de Pithiviers (Loiret), 67.

Curia Dei, la Cour-Dieu, ancienne abbaye de l'ordre de Citeaux (Loiret), xxxii, 83, 84.

Curteneyo (Jacquetus Matricularii dictus de —), 182.

Curtiniaco (Robertus de), episcopus Aurelianensis, xiii, 5, 19.

Custurarius, Costurarius (Richardus), 177, 178.

Custuraria (Burgeta), 109.

D

Dalibom, Daulibon, 151.
— (Ernulfus), 148.
Daniel (Stephanus), 177.
— Brito. Voy. ce mot.
Darete (Johannes), 146.
Davangelier, Valengelier (Via —), 143.
David (Magister), 27.
Delaunay, de Launoy (Geoffroy), canonicus Sancti Aviti, 171, 191.
Deloynes (Gentien), xxxvi.
Demeulles (Edouard), notaire, 195.
Denison (Jehan), chanoine de Saint-Avit, 195.
Devalle (Magister), 166.
Dinan (J. de), decanus Sancti Aviti, 171.
— (Jean de), xxxv.
Dionisius de Mongiaco. Voy. ce mot.
Docet (Stephanus), cf. Doucet, xxxix, 149, 151.
Domeci (Bartholomeus de), 144.
— (Nicholaus de), 144.
— (Territorium de), Domecy, commune d'Huêtre (Loiret), 146.
Domibus (Johannes de), capicerius Sancti Aviti, 129.
Domus Dei Aurelianensis, Hôtel-Dieu d'Orléans, xxxix, 156.
Domus Novæ, 24.
— Roboam. Voy. Roboam.
Doucet, Docet (Stephanus), 57, 149, 151.
Drocensis (Archidiaconus —), 21.
Droco (Johannes), 109.
— Bernardus. Voy. ce mot.

Drugemande, Drugemende (Milsande La), 18, 19, 110.
Drugemende (La), 110.
Druguement (Guillermus dictus —), 110, 111, 112, 113.
Durandi (Johannes), canonicus Sancti Aviti, 161.
Duratus (P.), 155.
Dux (Odo), 149.

E

Ebrardus, cordubanarius, 99.
— Evrardus, de Martreio, de Corveio, Matricularius, Panne. Voy. ces mots.
Ebrea (Lingua —). Voy. Hebrea.
Edme de la Roche. Voy. ce mot.
Édouard Demeulles. Voy. ce mot.
Egidius, Aurelianensis episcopus, 22.
— canonicus Sancti Aviti, 162.
Egreti, Egret (Johannes), canonicus Sancti Aviti et archidiaconus Drocensis in ecclesia Carnotensi, 21.
— (P.), 23.
— Petrus, 128.
Elemosina (Guillermus de), 149.
Elisabeth, Helisabeth, mater Raginaldi et Henricii Boelli, xvii, 38, 48, 52, 53, 56.
— filia Auberti de Javerciaco, 82.
— uxor Benedicti matricole Sancte Crucis, 91.
— uxor Ernaudi matricularii Sancte Crucis, 95.
Eleusus, xiv.
Emeré (Jehan), garde de la prévosté d'Orliens, 187.
Engellart (Jean), 192.
Engorrandus, xxxii, 82.
Episcopi (Vicus —), vicus episcopalis, la rue de l'Evêché, à Orléans, xxxvii, 8, 10, 15, 23, 91, 114, 162.
Erardus, pater Gaufridi Lami, 97.
Ermevilla (Johannes de), cf. Armavilla, 138, 152.
Ernaudus, matricularius Sancte Crucis, 95.

Ernoy, Ernou, filius Thibaut Le Mere, 147, 151.

Ernulfus, 148.

Eschacerat (Odo), 47.

Escobolie, Esquobolie, Esquebolie. Voy. Acquebouille.

Espesses (Hernaudus de), 85.

Est... (Johannes), capellanus altaris Sanctorum Petri et Pauli, 165.

Estatis (Johannes), canonicus Sancti Aviti, 5, 12, 167, 168.

Épinay (Garnier de l'), cf. Spineto, xxxiv.

Estive (Robertus de), miles, xxxiii, 82.

— (Fontaine de —), fontaine de l'Étuvée, à Saint-Marc, près Orléans, 13.

Étampes, Stampæ (Seine-et-Oise), 15, 29, 67.

Étienne. Voy. Stephanus.

Evra (Johannes de), presbiter, 135.

— Castro (Guillermus de), capicerius Sancti Petri Virorum, 106, 107, 108.

F

Faber (Robinus), major, 135, 136.

— (Stephanus), 73.

Farineau (Jehan), clerc notaire juré du roy, 187, 188.

Fauconnerie (Justice de La —), appartenant à l'évêque d'Orléans, xxxv.

Faucum, 19.

Fautier (Martinus), xxxix, 153.

Ferreriis (Guillermus de), canonicus Sancti Petri Virorum, 106.

Ferretus (Magister Guillelmus), canonicus Aurelianensis, xxxv, 11.

Flacourt (Guillaume de), xxxv.

— (Henri de), dit Bizet, xxxv.

— (Françoise de), xxxv.

— (Hercule de), xxxv, xxxvi.

— (Étiennette de), xxxvi.

Floria, uxor Radulphi de Ulmis, 6, 185.

Floriacensis (Sanctus Benedictus —), abbaye de Saint-Benoît-sur-Loire, 98.

Foioche (Radulphus de), 154.

Fontaine de Estive (La). Voy. Estive.

Forisvillari (Albericus de), 47.

Fornière (Agnès La), 7, 27.

Fossa-Theobaldi, La Fosse-Thibault, xxxvii, 22, 95, 138, 140, 157.

Fossatis (Aubertus de), 18.

— (Raginaldus de), 155.

— (Symon de), 20.

Fosse-Aubert (Vinea de —), 25.

Fosse-le-Fevre, 143.

Fossés (Jaquette des), 143, 144, 145, 146.

Frabri (Tibaut), 154.

Franciscus Tigneil. Voy. ce mot.

Fratrum Minorum Aurelianensium (Vicus —), 8, 18, 21, 115, 139.

— Les Frères Mineurs ou Cordeliers, xxxviii, 102.

Fromentin (Andréas), 13.

Fromondus de Antoginaco, canonicus Sancti Aviti, 20.

Fulcherius, Boel. Voy. ce mot.

Fulco, decanus Aurelianensis, 175.

— de Ligniaco. Voy. ce mot.

Furnerii (Johannes), canonicus Sancti Aviti, 21.

G

Gace (Johannes), 147, 151.

Gacot, 147.

Gal...ne (Johannes), canonicus Sancti Aviti, 17.

Galafre, Galafra (Gaufridus), xxxix, 47.

— (Maria La), 148, 151.

— (Martinus), 149.

— (Odim), 151.

— (Odo), 148.

— (Petrus), 148, 155.

— (Stephanus), 148.

Gallanda (Stephanus de), avunculus episcopi Manesse, 13, 14.

Gallier (Johannes), 12.

Galterus, Galtherus, Galterius, Gualterus, Gauterus, canonicus Sancti Aviti, 70, 87, 88, 175.

— Capicerius Sancti Aviti, 24, 94.

Galterus, Carnotensis episcopus, xxvi, 51.
— matricularius Sancte Crucis, 27.
— pater Gaufridi Gruaut, 101.
Galterius, Gualterius, Guidonis, de Cruisiaco. Voy. ces mots.
Gandeart ou Gaudeart (Johannes), 11.
— (Nicolas), 11.
Gandelart (Nicolas), 30.
Garinus, Guarinus, 47, 183.
— (Magister —), Beati Aviti canonicus, 70, 88.
— capellanus Sancti Aviti, 18, 21.
Garinus, Guarinus de Buss., de Jargolio. Voy. ces mots.
Gariophilis de Cerdona (Johannes de), canonicus Aurelianensis, 1.
Gariule (Guillermus), xxxix, 147.
Garnerius de Spineto, 92.
Gatiau (Johannes), 154.
Gaufridus, Goffridus, abbas Beate Marie de Balgenciaco, 40, 57.
— abbas Sancti Aviti, 41.
— (Magister —), Beati Aviti canonicus, 70, 88.
— capellanus Sancti Michaelis, 31.
— Sancti Michaelis presbiter, 175.
— sacerdos, 153.
— Apothecarius, 177, 178.
— filius Barille, 147.
— filius Johannis Gallete, 92.
— filius Goaude, 47.
— filius Sedile, 151.
— Nicholai frater, xxxi, 76, 77.
— Sancti Aviti hospes, 78, 79.
Gaufridus, Geoffroy, Galafre, Bonus homo, Lamberti, de Graciaco, Manselli, dictus Lami, Gruaut, de Alneto, Belute, Le Maine, Pauderat, Moton, de Grigneville, Le Moine, de Launoy. Voy. ces mots.
Gaultron (Toussaint), 192.
Gautier (Jacques Le), xxxix, 147.
— (Thibaut Le), 147, 151.
— (Vincent Le), 147, 151.

Gazier (Petrus), canonicus Sancti Petri Virorum, 107.
Gazot, 150.
Gedouyn (Jean), 192.
Gentianus Raqueti, 171.
Genveri (Letitia de), 25.
Georgius de Sub Muro, Bauclat. Voy. ces mots.
Germain Mautonchet. Voy. ce mot.
Geraumet (Michael), 155.
Gervasius, canonicus Sancte Crucis, 19.
— Costa dura. Voy. ce mot.
Gibelli (Matheus), canonicus Sancti Aviti, 167, 168.
Gibbosus (Radulphus), capellanus in ecclesia Sancte Crucis, 26.
Gila, uxor Bertheri Pance, 96.
Gileta, 162.
Giletus, 165.
— dou Soussi, 6.
Gilbon (Johannes), 135.
Gilo, 25, 137, 139.
— canonicus Sancti Aviti, 27.
— (Magister —), 140.
Gilo de Solio. Voy. ce mot.
Girardus Blesensis, 175.
—, cantor Aurelianensis, 118.
—, Mathei, de Cogneriis, Ramier, Sevin, Gohiau, Magnus, Petite. Voy. ces mots.
Girart (Lucas), 189.
Goaude (Ascenlma), 47.
Godefroy (Nicole), femme de Guillaume de Flacourt, xxxv.
Goffridus. Voy. Gaufridus.
Goge, 152.
Goherius de Brissiaco, xxxvi, 86.
Gohiau (Girardus), 150.
— (Odo), 150.
Goige (Johannes Le), 22.
— (Gaufridus), 28.
Goion (G.), 181.
Goise (Robin), 151.
— (Stephanus), 151.

29

Gomet, Gometum. Voy. Goumat.
Gontran, roi d'Orléans, xv.
Gosse (Robertus), 148.
Gotier (Stephanus), 149.
Goucin (Robinus), 6.
Goumat, Gometum, Gomet, ferme commune de Chaingy, xxxiv, xxxv, 10, 92.
Gousse (Stephanus), 147.
Goutaut Cincencincius (?), 154.
Graciaco (Gaufridus de), Magister, 88.
Grandi Montis (Fratres —), 152.
Graneavilla (Odo de), 85.
Grangia Regis, 142.
Grasse-Oreille (Stevenot), xxxix, 151.
Grassim (Stephanus), 147.
Grégoire de Tours, xv.
Grigneville (Gaufridus de), 150.
Grime (Guillelmus dictus), xxxix, 156.
Grivaude (Maria La). 3.
Grosparmi (Thomas), canonicus Sancti Aviti, 7.
Grosse (Robinus), 57, 148.
Grossin (Johannes), 153.
Grossini, canonicus Sancti Petri Virorum, 106.
— (Thomas), subdiaconus Aurelianensis, 10.
Grossiu, xxxix, 151.
Gruaut (Gaufridus), capellanus Sancti Aviti, xxxvii, 100, 105, 139, 140.
— (G.), 26, 27.
Guarinus. Voy. Garinus.
Guarnaldus, Sancte Crucis succentor, 88.
Guérin (Laurens), chevecier de Saint-Avit, 195.
Gué (Henri du), xxxiii, 85.
Gui de Prunelé. Voy. ce mot.
Guiburgis, uxor Hugonis Guiedon, 44, 45.
Guichardus, 162.
Guicheus (G.), 164.
Guido, laicus, 141.
— de Burra, de Joiaco. Voy. ces mots.

Guidonis (Gualterius), 88.
Guiedon, Guidon (Hugo), 44, 45.
— (Robertus), 45.
Guignart (Bartholomeus), 154.
— (Martin), 153.
— (Radulphus), 153.
Guillelmus, Guillermus, 179.
— (Dominus —), 152.
— Aurelianensis episcopus, 36, 118.
— buticularius, 68.
— cantor Aurelianensis, 69, 70.
— presbiter de Trigano, 9.
— Senonensis archiepiscopus, xxxii, 81.
— filius Auberti de Javerciaco, 82.
— nepos Leodegari de Seravilla, 27.
— Guillermus, Herdoini, Boleim, Muto, de Molendinis, Ferretus, Acarie, Morini, Chenu, Richardus, de Yssiaco, de Joi, de Villa Chaumont, Mahot, Chotardus, Anselli, Anglicus, de Marches, de Ferreriis, de Vercia, de Milliaco, dictus Drugement, de Avallone, Bernardi, de Karahez, Picanon, Courte Heuse, de Machau, Midais, Gariule, Pilart, Cuechart, Ozenne, de Elemosina, Vindois, dictus Grime, Ligerii, Changuionis, de Vendac, Housse, des Champs, de Evra Castro. Voy. ces mots.
Guillemette, femme de Jehan Chiefdeville, 189.
Guillermi (Petrus), decanus Sancti Aviti, 9.
Guillervilla (Ælina de), 7.
Guilot, filius Marie, 153.
— Le Taisier. Voy. ce mot.
Guillotus, filius Osanne, 57.
Guiraldus, frater Odonis Eschacerat, 47.
Guitardi (Petrus), uxor Aceline, 176.
Guy Sollier. Voy. ce mot.

H

Habertus Coelart. Voy. ce mot.
Halois La Pasemere, 153.
Hamelinus Boel. Voy. ce mot.
Hamericus, sacerdos, 10, 159.

Hamericus, de Martreio. Voy. ce mot.
Hardoin (B.), 184.
Hardoinus, Hardoins, canonicus Sancti Aviti (cf. Herdoini) 4, 5, 6, 97, 99, 137, 138, 140.
Haultbois (Guillaume), garde de la Prévosté d'Orliens, 188.
Hebertus, 19.
Hebrea lingua, 14.
Helisabeth. Voy. Élisabeth.
Hemere de Burgo Novo (Domus —), 141.
Hemericus, 152.
Henricus, Aurelianensis episcopus, 93.
—, Aurelianensis ecclesie archidiaconus, 65, 66.
— de Balgenciaco, 49, 50.
—, frater Petri, 96.
—, Henry, Boel, de Vado, Salerne, Peigné, Moriau, Dousolier, de Solario, de La Roche. Voy. ces mots.
Herar (Johannes), 157.
Herbertus de Bello Villari. Voy. ce mot.
Herdoini ou Hardoini (Guillermus), (cf. Hardoinus), 3, 22, 27, 28.
Hernaudus de Espesses. Voy. ce mot.
Herveus, presbiter, 4.
— (Magister J. —), 28.
— le fils, Thibaut Le Mere, 150.
— Morini, de Sancto Privato. Voy. ces mots.
Hervey (Johannes), Sancti Aniani et Sancti Aviti canonicus, 3, 167, 168.
Hervieu, canonicus Sancti Aviti, 171.
Hildricus, Blesensis comitis cancellarius, 36.
Hodoinus, 154.
Holier (Jehan), prestre, 187.
Hongre (Stephanus Lo), 139.
Houdre (Johannes), 146.
Housse (Guillermus), presbiter, capellanus Sancti Andree, 170.
Huêtre, Wuetre, canton d'Artenay (Loiret), XXXI, 144.
Huetus Christianisatus. Voy. ce mot.
Hugo, Aurelianensis episcopus, 74, 75.

Hugo, capicerius Aurelianensis, 69.
— decanus Aurelianensis, XXXVI, 63, 64, 70, 89.
— succentor Aurelianensis, 25.
— canonicus Sancti Aniani, 175.
— dictus abbas Curie Dei, 84.
— camerarius, 86.
— constabularius, 86.
— Barbitonsor, 9, 139, 157.
— Radulphi de Barra filius, 98, 176.
— Radulphi de Puseolis heres, 69.
— de Monasteriis, Barbitonsor, Guiedon, de Churrene. Voy. ces mots.
— Catalaunensis, canonicus Sancte Crucis Aurelianensis, 88.
Hutin (dictus), 143, 144.
— (Petrus), 144, 145.
Humbaut (Stephanus), 141.
Hure (Petrus), 99.
Hymbaudus, 4.
Hysabella. Voy. Isabella.

I

I. capicerius, 59.
Ierusalem (Margareta regina —), 9.
Iherosolimitana via, 54.
Imbaudi, Ymbauti (Stephanus), canonicus Sancti Aviti, 27, 50, 138.
Ingretum, Ingré (Loiret), 137.
Isaac Legendre, Michin. Voy. ces mots.
Isabella, uxor Theobaldi Blanvillain, 96.
Isabellis de Sancto Lupo, La Picarde. Voy. ces mots.
Issy (Guillaume d'), évêque d'Arras, XIII, 24.
Ivo, capicerius Sancti Aviti, 9, 10, 12, 17, 20, 25, 26, 28, 140, 152, 159.
— canonicus Sancti Aviti, 55.
— capellanus, 11.
— 135.
—, Yvo, de Bonavalle, de Beyo. Voy. ces mots.

J

J. capicerius, 50.

Jacat (Stephanus), 149.

Jacobins (Les), 102.

Jacobus, Jacques, Boni Amici, de Ulmis, de Stempis, Le Carœcin, Laumosnier, Le Gautier, Marchant. Voy. ces mots.

Jacobus, 139, 140, 178.

Jacquetus, Barbitonsor, Barberius, 15, 114.

Jamet (Jehan), bailli de la justice de l'Evêché, 190, 195.

Jaquetus, Jaqueti (Stephanus), 57, 152.

— Matricularii, clericus, 177, 182.

Jardine, 147.

Jargolio (Garinus de), dictus de Belna, clericus, 182.

— (Stephanus de), canonicus Sancti Aviti, 23, 26, 29, 139, 140, 160.

Jargolium, Jargeau (Loiret), 109, 189.

Javerciaco (Aubertus de), miles, xxxiii, 82.

Jocelinus, Bona Uva, Boelli. Voy. ces mots.

Jodoinus de Alona, de Librefaut. Voy. ces mots.

Johanna, Jehanne, Johanne, Jannette, femme de Michel Saussain, 62.

— femme d'Oudin de La Croiz, 183, 185.

— filia Radulphi de Ulmis, 6.

— mater Hugonis, 98, 176.

— relicta Karoli Francorum regis, xii, 17.

— soror Roberti de Ulmis, 185.

— uxor Richardi Boni Amici, 3, 23.

Johanna La Churrainne, 16.

Johannes (III), Aurelianensis episcopus, 121, 122.

— (V), Aurelianensis episcopus, xi, 169.

— Aurelianensis episcopi camerarius, 70.

— Blesensis comes, xxv, 37.

— canonicus Sancti Aviti, 26.

— decanus Aurelianensis, 69.

— decanus Sancti Aviti, xix, 28, 66, 87, 88, 89, 117.

— magister scolarum, 74.

Johannes, clericus, cognatus Johannis de Sancto Mauricio, 102.

— clericus, 176.

— filius Guiburgis, 44, 45.

— filius Garini, 47.

— liber Guichardi, 162.

— Jehan, Sellarius, Hervey, de Sancto Verano, Bocher, Boucher, de Porta, Estatis, de Misoys, Bolain, Baron, Olearii, du Boisson, Gaudeart, Gallier, de Sancto Avito, de Sancto Mauricio, Gal...ne, de Vico Novo, Olearii, Furnerii, Egreti, Le Goige, Anglicus, dictus Luze, de Armavilla, Binet, Chotard, de Remis, Boufaut, de Sancto Evurcio, Gallete, Belute, Molart, Gilbon, Brau-la-Balle, de Ermevilla, Chivart, de Berri, Baro, de Ligniaco, Bar., Prepositus, Barberius, Sale, Sade, Houdre, Darete, Gace, Louvrai, Le Camus, Le Berbier, Bernardeau, Panthou, Moriau, Moturenche, Le Vachier, Pautonnier, de Pennis, Buret, Chevalier, Miles, Vivant, Tardiff, de Marolio, Seinto, Herar, Pelliparius, Durandi, Rafinier, Est., Blenot, Beraut, Bafer, d'Asnières, Emeré, Brossart, Beraut, Holier, Farineau, Bruant, Jamet, Gedouyn, Denison, Meslier. Voy. ces mots.

Joi (Guillermus de), 41.

Joiaco (Guido de), canonicus Aurelianensis, 8.

Josbertus, capellanus, 63.

Jousse (Maurice), chanoine de Saint-Avit, 195.

Judicellus, presbiter, 90.

Jupeau, Jupiau, bois près Cercottes, 79, 136.

K

Karahez (Guillermus de), capicerius Sancti Aviti, 123, 131.

Katelina, Blesis et Clarimuntis comitissa, 43.

L

L., decanus Aurelianensis, 49.

Labatis (Stephanus), 3.

Lachacier (Bartholomeus), 149.

Lacherelle, in parrochia de Trigano, 142.
Lambert (Thibaut), chevecier de Saint-Avit, xxxv.
Lamberti, Lenbert (Gaufridus), 57, 150, 152.
Lambertus, 47.
Lamer (Nicholaus), 91.
Lami (Gaufridus dictus —), presbiter, 97.
Lancelini (Matheus), prepositus de Balgenciaco, 53.
Lancelinus, dominus Balgenciaci, 54.
Lancournie (Territorium de), l'Encornes (?), commune de Sougy, 145.
Landrevilla (Egidius de), canonicus Sancti Aviti, 164, 165.
Langralart, 149.
Launoy (Geoffroy de), chanoine de Saint-Avit (cf. Delaunay), 191.
Lanternière (La), vinea in parrochia sancti Johannis de Rulla, 1.
Lathomus, Lathoinus (?) (Stephanus), 108.
Laucournie. Voy. Lancournie.
Laumosnier (Jacobus), canonicus Sancti Aviti, 171.
Laurencius, canonicus Aurelianensis, 49.
— Manasse Aurelianensis episcopi serviens, 70.
—, major, 152.
— de Concreto, Chauvii de Sancto Maximino, de Villa Nova, Guerin. Voy. ces mots.
Le Bel (Gilles), supérieur du séminaire d'Orléans, xxviii.
Lebertus, decanus Aurelianensis, 127.
Lebrefaut, Librefaut, (Jodoinus de), miles, 78, 79.
Lebougre (dictus), 156.
Leduc (Odo), 57.
Leetez, in parrochia de Saranno. Voy. Les Toits.
Lefaure (Simon), capicerius Sancti Aviti, 125, 126.
Legendre (Isaac), praticien, 196.
Legrand (Pierre), chanoine de Saint-Avit, 195.

Lemovicensis diœcesis, 165.
Leodegaria, uxor Stephani Belli, 113.
Leodegarius, 154.
— cantor et sacerdos Sancte Crucis, 19.
— de Seravilla. Voy. ce mot.
Letitia de Genveri, 25.
Letoldus, subdecanus Aurelianensis, 63, 64, 66, 70, 88.
Levite (Philippus), canonicus Sancti Aviti, 28.
Liger, la Loire, fleuve, 102, 138, 142.
— (Petrus), 154, 155.
Ligerii (Petrus), canonicus Sancti Aviti, 164.
Liger, Ligerius, Pilaveile, Pierre, de Serarvilla. Voy. ces mots.
Ligniaco (Fulco de), canonicus Sancti Aviti, 13.
— (Johannes de), 139.
Liiardis, uxor Ebrardi cordubanarii, 99.
Limoiges (Sedicus de), 11.
Loge (Forêt du —), forêt d'Orléans, xxxii.
Longuevau, commune de Chaingy, xxxiv, xxxv.
Lorée de Concret. Voy. ce mot.
Loret (Jean), 192.
Louis XIV, roi de France, xxiii.
Lourai (Johannes), 147.
Loury, canton de Neuville (Loiret), xxxii.
Lucas (Girart), 189.
Luce (Oliverius), capellanus Beate Marie, 170.
Luceium, Lucoi. Voy. Lussay.
Lucrator (S.), 47.
Ludovicus, Francorum rex (Louis VI), xxxvi, 85.
— Francorum rex (Louis VII), xxii, xxix, xxx, xxxvi, 23, 24, 66, 71, 72.
— rex (Louis IX), xii, 21.
— comes Blesensis et Claromontensis, xxvi, 34, 43.
— buticularius, 86.
Lussay, Luceium, Lucoi, commune de

Seris, canton de Marchenoir (Loir-et-Cher), xxix, 43, 55.

Luze (Johannes dictus —), clericus, 28, 178.

M

Machau (Guillermus de), canonicus Aurelianensis, 146.

Macie (Theobaldus), 148.

Magduno (Petrus Ratelli de), 12, 110.

Magnulis (Hugo de), canonicus Sancti Petri Virorum, 106.

Magnus (Girardus), 151.

— vicus, Grande-Rue, à Orléans, 139.

Mahaut, relicta Maurat, 148.

Maine (Gaufridus Le), 147.

Maiorissa, 3.

Maire, Mere (Thibaut Le), 147, 150, 151.

Malleirait (Clausus de), 142.

Malrat (Guillermus), 47.

Manasses major (I), episcopus Aurelianensis, abbas Sancti Aviti, xiii, xvi, xix, xxv, xxvi, xxix, xxx, 13, 19, 26, 40, 54, 57, 63, 64, 65, 68, 70, 73, 87, 88, 89, 91, 117, 175.

— (II), Aurelianensis episcopus, xiii, xxix, xxx, xxxi, xxxvii, 24, 38, 42, 43, 50, 51, 52, 59, 70, 71, 72, 74, 80, 86, 91, 92, 128.

— capicerius Aurelianensis, 63, 64, 70.

— decanus Aurelianensis, 100.

— de Porta Renardi. Voy. ce mot.

Mans (Le) (Sarthe), 42, 46, 47, 48.

Manselli, 137, 138.

— (Gaufridus), miles, 96.

— (Paganus), 88.

— (Theobaldus), miles, 104, 140, 157.

Mansum, alias Luceium, (cf. Lussay), 43, 89.

Marau, curatus de Campobono, 165.

Marchant (Jacques), 192.

Marches (Guillermus de), 96.

Marcilliaco (Robertus de), archidiaconus in ecclesia Sancte-Crucis, 2.

Mardeyum, Mardié, canton de Chécy (Loiret), 142.

Margareta, regina Jerusalem et Cecilie, Marguerite de Provence, xii, xiii, 9.

Margota, filia defuncti Robini de la Varenne, 9.

Maria, 98, 153, 178.

— mater Gaufridi Gruault, 100.

— mater Guillelmi de Villa Chaumont, 41.

— neptis Hamerici de Martreio, 91.

— uxor defuncti Johannis Gallete, 92.

— soror Ernaudi, 96.

— uxor Petri, 96.

— La Grivaude, La Galafre. Voy. ces mots.

Marienville, 25.

Marieta (R.), 16.

Marigny, canton d'Orléans (Loiret), xxxii.

Mariolo (Petrus de), archidiaconus de Soliaco, 26.

Mariona, uxor Guillelmi Acarie, 17.

Marolio (Johannes de), 155.

Martinus Sarreborse, Galafra, Fautier. Voy. ces mots.

Martreio (Ebrardus de), 15.

— (Hamericus de), 91.

Martreium Aurelianense, place du Martroi à Orléans, 18, 80.

Martroy-aux-Corps (Le), ancien grand cimetière d'Orléans, 3, 108, 188, 189.

Masconnel (dictus —), 57.

Mathea, uxor Robini de Ulmis, 6.

—, uxor Roberti de Ulmis, 184, 185, 186.

Mathei (Girardus), 47, 55.

Matheus (Magister —), 12, 14.

— camerarius, 68.

— (Magister —), cantor Sancti Petri Puellarum et canonicus Sancti Aviti, 109.

— filius Morelli, 150.

— de Placentia, Breons, Lancelini, de Boello, de Mer, Chesniau, Gibelli, Rogerii, Morelli. Voy. ces mots.

Mathurin Toullery. Voy. ce mot.

Matricularii (Jaquetus), dictus de Curteneyo, clericus, 182.

Matricularius (Ebrardus), 152.
— (Jaquetus), 177.
Maubailly (Petrus), capicerius Sancti Aviti, 170, 171, 191.
Maurice Jousse. Voy. ce mot.
Maurous, 149.
Mautonchet (Germain), 192.
Maynuel (Salomon), notaire, 190.
Meignein (Alexander Le), 154.
Mellon (Bartholomeus), capellanus Sanctorum Petri et Pauli, 171.
Mer (Matheus de), xxxix, 149.
Mercerii (Jacobus), doctor legum de Aurelianis, 144.
Mere (Le). Voy. Maire.
Meslant (Carolus), capellanus Sanctorum Petri et Pauli, 171.
— (Petrus), archipresbiter, canonicus Aurelianensis, 171.
— 172.
Meslier (Jehan), chanoine de Saint-Avit, 195.
Messare (Isabellis La), 15.
Miaco (Robertus de), matricularius Aurelianensis, 162.
Michael (Magister —), 12, 14.
— Sauzson (ou Saussain), bourgeois de Blois, 60, 61, 62.
— Michel, Bechet, Geromet, Millot, Raoult. Voy. ces mots.
Michin (Ysaac), chevecier de Saint-Avit, 127, 131.
Midais (Guillermus), 147.
Micy, ancienne abbaye près d'Orléans, xiv, xli, 92.
Miet, 15.
Mignon (Jodoinus), canonicus Sancti Petri Virorum, 106, 107.
Mignot (Petrus Le), 177.
Miles (Johannes), 151.
Milliaco (Guillermus de), canonicus Sancti Aviti, 107, 110, 161.
— (Jacquetus de), 109.
Millot (Michel), chanoine de Saint-Avit, 191.

Milo, Aurelianensis episcopus, xviii, 119, 120, 132.
Milsande (La), Drugemande, 18.
Misouis (Magister Johannes de), 31.
Misoys (Johannes de), canonicus Sancti Aviti, 6.
Moine (Gaufridus Le), 150.
Molart (Johannes), canonicus Sancti Aviti, 126.
Molendinis (Magister Guillermus de), 9.
Molinet (Du), xv.
Momus, diaconus, 90.
Monasteriis (Hugo de), canonicus Aurelianensis et Sancti Aviti, 2, 8, 139.
Monciaco (Bartholomeus de), canonicus Aurelianensis, xxxiii, 83.
Moncio (Petrus de), 149.
Mongiaco, Mogiaco (Dionisius de), canonicus Sancti Aviti, 164, 166.
Monnerroy, in parrochia de Mardeyo, 142.
Montelot (Petrus de), 40, 41.
Montpipeau, ancien château, commune d'Huisseau, xxxv.
Morelli, 150.
— (Matheus), 179.
— (Odo), 57.
Morellus de Cruce, 47.
— de Mores, xxxix, 149.
Mores, Morée, commune de Talcy, canton de Marchenoir (Loir-et-Cher), xxxix, 149.
Moriau (Henricus), 150.
— (Johannes), 148.
— (Odo), 149.
Morice (La Poterne —), à Orléans, 5.
Morini (Guillermus), elemosinarius Karoli regis, xii, 17.
— (Hervous), 88.
Mota Capicerii. Voy. La Motte.
Motel (Philippus), canonicus Sancti Aviti, 20.
Mote-Saint-Avy (La), La Motte, commune de Chaingy, canton d'Orléans (Loiret), xxxiv, 11, 159.
Motiau (Christophorus), 147.

Moton. Voy. Mouton.

Moturenche, Mouterenche (Johannes), 148, 150, 178, 179.

Mouton, Moton, Muto, xxxix, 155.

— (Gaufridus), 148, 150.

— (Guillermus), capellanus Sancti Aviti, 9, 12, 16, 28.

Muto. Voy. Mouton.

N

Nangeville (Petrus de), canonicus Sancte Crucis, 24.

Natalis Polin, clericus, 106.

Nicholaus, Beati Aviti decanus, 58.

— diaconus, Beati Aviti canonicus, 70, 88, 90.

— Gaufridi frater, xxxi, 76, 77.

Nicolas, Gaudeart, Aubine, de Cimazo, Lamer, Belli Generis, Cherite, Pas de Lo, Rappigeon, Rancins. Voy. ces mots.

Nicot (Jean), évêque d'Orléans, xl, 169.

Niger (Guillelmus), archidiaconus Sigalonie, 4.

Nochet (Claude), 192.

Noe (Raginaldus), 150.

Noel, 47.

— Trignoier. Voy. ce mot.

Noquetus, cirurgicus, 1.

Normannus (Petrus), 167.

— (Robertus), 138, 141, 157.

Normandus (Colin), 154.

Notre-Dame-des-Champs, prieuré à Paris, xxiv.

O

Odinus, Oudin de la Croiz. Voy. ce mot.

Odo, 154.

— archipresbiter Balgenciacensis, 41.

— filius Mathei Girardi, 47.

— sacerdos Sancti Laurencii de Aeriis, 88.

— de Cerisio, filius defuncti G., 48, 55.

— Eschacerat, Balliveus, Morelli, Leduc, de Remis, de Veneciaco, de Graneavilla, Tueterre, Sauvaget, Dux, Gohiau, Bachelier, Cotent, de Croto. Voy. ces mots.

Ogerus, 47.

Olearii (Johannes), curatus Sancti Stephani et canonicus Aurelianensis, 9, 19.

Oliverius Luce. Voy. ce mot.

Oliverus, 155.

Orgemont, vinea, 176.

Orléans, Aurelianis, 40, 64, 66, 67, 69, 70, 75, 76, 77, 80, 82, 86, 88, 95, 119 et pass.

Ormes (Petrus d'), 147.

— (Robin des), 183.

Osanna, 57.

Otrigne (Albericus de), 47.

Oussiau (Dictus —), 26.

Ozenne (Guillermus), 149.

P

Paganus Manselli, de Villaribus. Voy. ces mots.

Pance (Bertherus), 96.

Panne (Evrardus), 155.

Panthou (Johannes), 148.

— (Stephanus), 148.

Paris, 15.

— (Petrus), 152.

Parvos Crenellos (Domus ad —), in vico Sancti Vincencii, 172.

Pascharius, Beati Aviti canonicus, 90.

Pasemere (Halois La), 153.

Passus Lupi, Pas de Lo (Nicolaus), xxxix, 149.

— (Petrus), 149.

— (S.), 47.

Patay (Gilles de), évêque d'Orléans, xiii, 22.

Patoy, Patay (Loiret), 146.

Pau de Lo (Stephanus), xxxix, 150.

— de Rat (Gaufridus), xxxix, 148.

Paumier (Stephanus), clericus, capellanus Sancti Andree, curatus de Avazeio, xl, 168.

Pautonnier (Johannes), xxxix, 148.
Payne, 167.
Pechier, 142.
Peigné (Guillaume), procureur, 191, 195.
— (Henri), notaire au Châtelet d'Orléans, 2, 127, 131.
Pelliparius (Johannes), 109.
— (Raginaldus), 47.
Pennis (Domina de), 149.
— (Johannes de), 149, 150.
— (Petrus de), 41.
— (Robertus de), 149.
— (Robinus de), 149.
Perpirola (Petrus de), curatus ecclesie de Veneciaco, xxxiv, xl, 165.
Petite (Girardus), 48, 55.
Petrus, abbas Sancti Aviti, Ludovici regis capellanus, xxix, 66.
— canonicus Sancti Aviti, diaconus, 176.
— capellanus, frater Johannis decani Sancti Aviti, 89, 90.
— filius majoris de Cerisio, 46.
— filius Vaslini, 70.
— (Magister —), 176.
— maritus Aceline, 98.
— miles, 56.
— sacerdos, 10, 12, 159.
— Pierre, Caillart, Ratelli, Guillermi, Avenelle, Philippeau, de Acheriis, de Tranquevilla, de Mariolo, de Montelot, de Pennis, Raber, de Tiliaco, de Remis, dictus Aurifaber, de Perpirola, Meslant, de Ponte Monachorum, de Croso, Hutin, d'Ormes, Le Torteus, Bociu, Galafre, Prudomme, de Moncio, do Voier, Le Roier, Liger, Yterii, Le Saine, dictus Bertran, de Castro Novo, de Beligneix, Guitardi, Le Mignot, dictus Chenart, de Valle, Maubailly, Bigot, du Cambout, Legrand. Voy. ces mots.
Philippa, Garnerii de Spineto uxor, 92.
Philippus, Aurelianensis episcopus, (Philippe I de Jouy), xxxii, 48, 49, 52, 53, 54, 55, 76, 78, 80, 82, 83, 85, 93.
— (Philippe II Berruyer), 78.

Philipus, archidiaconus Transligerinus in ecclesia Turonensi, 48, 55.
— barberius, barbitonsor, 10, 108, 141.
— notarius, 152, 153.
Philipeau (Petrus), canonicus Sancti Aviti, 13.
Philippus, Motel, Boel, de Solio. Voy. ces mots.
Picanon (Guillaume), chevecier de Saint-Avit, 131.
Picarde (Isabellis La), 150.
Picas (Domus ad —), 4.
Pichon (Renaut), 147, 151.
Pichot (Symon), cantor Sancti Petri Virorum, 27.
Piciacum, Poissy-lès-Châteaudun, xiv.
Pilart (Guillermus), xxxix, 147.
Pilaveile (Liger), 155.
Pinetus, 47.
Pion... (Richardus de La), 168.
Piro (Vinea de —), 156.
Pissau (Benoît), 151.
Piveris, Pithuerense capitulum, Pithiviers (Loiret), 67, 71.
Placentia (Matheus de), canonicus Sancti Aviti, 3, 107, 112, 161.
Plesseto (Bartholomeus de), 39.
Poitevin (Le), 142, 143.
Polin, Polem (Natalis), clericus, 106, 108, 162.
Pommeret (Antoine), xliii, 190.
Poncet, 13.
Ponte (Domina de —), 103.
— Monachorum (Guido de), alias Blavet, 108.
— (Monachi de —), Pont-aux-Moines, ancien prieuré, commune de Mardié (Loiret), 142.
Porta (Johannes de), archidiaconus Belsie, 5, 25.
— (Petrus de), xxxiv, 79, 92.
— Burgundiæ, la Porte-Bourgogne, à Orléans, 143.
— Renardi (Manasses de), 41.
— La Porte-Renard, à Orléans, 30, 156.

Portas (Domus ad —), 24, 108.
Porte (Johannes), 179.
Porterello (Ada de), 16.
Poston (Raginaldus), 47.
Poterne-Morice (La), à Orléans, 5, 12.
Prepositus, 47.
— (Johannes), 143, 144, 145.
Pressorium Chaudeti, xxxvii, 98, 176.
Prudomme (Petrus), 149.
Prunelé (Gui de), évêque d'Orléans, xli.
Puseolis (Radulphus de), xxx, 69.
Puteo (Radulphus de), 154.
— Lodo (Johannes de), 22.
Puteus Rolandi, 3, 12, 21, 22, 26, 162.

Q

Quiniau (Reginaldus), canonicus Sancti Petri Virorum, 11.

R

R., archidiaconus Soliacensis, 50.
— capicerius Sancti Aviti, 159, 175.
— decanus Sancti Aviti, 77.
Raber, Rabier (Petrus), 57, 149, 152.
Radulphus, 98, 176.
— Aurelianensis episcopus, Raoul Grosparmi, xiii, 23.
— Aurelianensis ecclesie capicerius, 115.
— Aurelianensis succentor, 66.
— dapifer, Viromandorum comes, 68.
— dominus Balgenciaci, 54.
— filius Petri Paris, 152.
— sacerdos, 8.
— de Reffugio, Gibbosus, de Aquario, Bacheler, de Beausse, de Puseolis, de Barra, de Puteo, de Foioche, Baderan. Voy. ces mots.
Rafinier (Johannes), 162.
Raginaldus, Reginaldus, capicerius Sancti Aviti, 11, 139, 140, 160.
— Reginaldus, Renaut, Quiniau, Bufetarius, Poston, Pelliparius, Pichon,

Rufus, de Concret, Botet, Bachelier, Noe, de Valle, de Fossatis, de Canabariis. Voy. ces mots.
Rai (Stephanus Le), 147.
Rainaldus, hospes, filius Boni Hominis, 89.
— Sancte Crucis Aurelianensis canonicus, 175.
Rambaldus de Trugniaco, xxxi, 80, 81.
Ramier (Girardus), 143, 144, 145, 146.
Rancins (Nicolas), 191.
Raoult (Michel), chanoine de Saint-Avit, 195.
Rappigeon (Nicolas), xliii, 190.
Raqueti (Gentianus), 171.
Ratelli de Magduno, Retelli (Petrus), magister, 8, 12, 19, 20, 110.
Rebréchien, canton de Neuville (Loiret), xxxii.
Reffugio (Radulphus de), utriusque juris doctor, xiii, 17.
Regina, 47.
Remis (Johannes de), 78.
— (Odo de), miles, xxx, 74, 75, 76.
— (Petrus de), miles, xxxi, 78, 79, 136.
Richardus, 110.
— cordubenarius, 114.
— (Magister Guillelmus), canonicus Aurelianensis, 18.
— Boni Amici, de La Pion., Custurarius. Voy. ces mots.
Richerius, prepositus, 41.
Richodes, 102.
Richodus (Clausus —), 138.
Roable (Domus du —), 18.
Robertus, 152.
— archidiaconus Balgenciacensis, 46.
— archidiaconus de Soliaco, 2.
— capicerius, 55.
— decanus Sancti Aviti, 53.
— filius Georgii de Sub Muro, 99.
— filius Servientis, 47.
— officialis Aurelianensis, 45, 96.
— presbiter Sancti Lazari, 27.
— presbiter Sancti Petri Lactantium, 17.

Robertus, presbiter de Tigi, 96.

— de Alsona, de Marcilliaco, de Curtiniaco, de Checiaco, de Cathalano, de Sancio, de Estive, de Telei, Normannus, Chauvio, de Pennis, Britonis, Bau Cochart, de Ulmis. Voy. ces mots.

Robinus, Robin, de Ulmis, Goucin, de La Varenne, de B., Le Cerf, Grosse, Faber, Anglicus, Le Berbier, de Pennis, Goise, Sedile, des Ormes. Voy. ces mots.

Roboam, 19.

— Beati Aviti capicerius, 70, 87, 90, 175.

— (Domus —), xxxvii, 3, 6, 17, 20.

Roche (Edme-Henry de La), chanoine de Saint-Avit, 195.

Rogerius, dictus Le Citoleur, 8.

Rogerii (Matheus), curatus de Avazeio, xl, 167.

Roier (Petrus Le), 151.

Rolandi (Puteus). Voy. Puteus Rolandi.

Rouaut (Thevotus), 146.

Rouselle (Johannes), capellanus altaris sanctorum Petri et Pauli, 165.

Rouvreium Sancte Crucis, Rovreium, Rouvray-Sainte-Croix, canton de Patay (Loiret), 136, 146.

Rueis (Thomas de), canonicus Sancti Aviti, 15.

Ruella (Aubertus de), matricularius Aurelianensis, 26.

— (Hebertus de), matricularius, 19.

— Voy. Sanctus Johannes de Ruella.

Rufus (Raginaldus), 148.

S

S., decanus Aurelianensis, 49.

— Lucrator, 47.

— Passus Lupi, 47.

Sade (Johannes), 145, 146.

Saine (Petrus Le), 155.

Saint-Donatien, paroisse à Orléans, 188.

— Georges (Rue —), ancienne rue à Orléans, xxiii.

Saint-Jehan de Braies, canton d'Orléans (Loiret), 187.

— Mesmin (Aignan de), xxxvi.

— Victor, ancienne paroisse à Orléans, 192.

Sale (Johannes), 144.

Salerne (Henricus), 95.

Salvati (G.), xiii, 14.

Sancio (Robertus de), 18.

Sancta Agatha, virgo, 3.

— Agnes, virgo, 1.

— Catharina, virgo, 28.

— chapelle dans l'église de Saint-Avit. Voy. Sancti Andree altare.

— Cecilia, virgo, 28.

— Crux, Sainte-Croix, chapitre et église cathédrale d'Orléans, 33, 90, 91, 95, 102 et pass.

— Katarina, virgo. Voy. Catharina.

— Lucia, virgo, 31.

— Maria. Voy. Beata Maria.

Sancte Crucis (Magna domus —), 109.

— Katerine altare, cf. Sancti Andree altare, 102.

Sancti Andree, Sancti Johannis et Sancte Katerine altare, chapelle dans l'église de Saint-Avit, xxi, xxxvii, 2, 7, 15, 17, 20, 23, 29, 30, 102, 103, 167, 168, 170.

— Fabianus et Sebastianus, 1.

— Innocentes, 32.

— Johannis Baptiste altare, cf. Sancti Andree altare, 102.

— Liphardi (Domus —), 109.

— Nicholay altare, chapelle dans l'église de Saint-Avit, 102, 164, 165, 166.

— Petri Avi parrochia, Saint-Péravy-la-Colombe, canton de Patay (Loiret), 136.

— Philippus et Jacobus, 10.

— Vincencii abbatia, abbaye de Saint-Vincent-du-Mans, 42, 46.

— Vincencii (Vicus —), rue à Orléans, 4, 16, 28, 29, 108, 139, 140, 160, 172, 182.

Sancto Avito (Johannes de), 12, 115.

— Dyonisio (de), 168.

Sancto Desiderio (Magister de), 4.
— Evurcio (Johannes de), 90.
— Lupo (Isabellis de), 154.
— Mauricio (Magister Johannes de —), xxxvii, 15, 101.
— Maximino (Laurencius de), 156.
— (Stephanus de), 155.
— Paterno (Petrus de), 154.
— Paulo (Domus de —), 22.
— Privato (Herveus de), 96.
— Verano (Johannes de), archidiaconus Sigalonie, 4.
— Vincencio (Domus de —), 30.
Sanctorum Petri et Pauli altare in ecclesia Sancti Aviti, chapelle dans l'église de Saint-Avit, xxi, 165, 170, 171, 172.
Sanctus Agilus, domus episcopi Aurelianensis, Saint-Ay, canton de Meung (Loiret), xxxv, 120, 121.
— Ambrosius, episcopus, 8.
— Andreas, 29, 30.
— Anianus, episcopus et confessor, 14, 28.
— Anianus, Saint-Aignan, église et ancien chapitre à Orléans, 175, 184, 185.
— Augustinus, 21.
— Barnabas, apostolus, 14.
— Bartholomeus, apostolus, 21.
— Benedictus, abbas, 6, 16.
— Benedictus Floriacensis, abbaye de Saint-Benoît-sur-Loire, 98, 176.
— Benedictus de Returno, Saint-Benoît-du-Retour, ancienne église à Orléans, 183, 184.
— Bricius, episcopus et confessor, 28.
— Clemens, papa, 28.
— Dyonisius, 25.
— Egidius, abbas, 22.
— Eleutherius, 25.
— Eligius, 29.
— Eligius, Saint-Eloy, ancienne paroisse à Orléans, 192.
— Evurtius, episcopus, 22.
— Evurtius, Aurelianensis, Saint-Euverte, ancienne abbaye à Orléans, xxxix, 91, 94, 103, 156, 192.
Sanctus Flosculus, Saint-Flou, ancienne église à Orléans, 28, 90, 135, 192.
— Georgius, martyr, 9.
— Saint-Georges, paroisse réunie à Saint-Michel, xxi.
— Germanus (évêque de Paris), 12.
— (évêque d'Auxerre?) 24.
— Germanus, Saint-Germain, ancienne paroisse à Orléans, 192.
— Gregorius, papa, 6.
— Jacobus, 10.
— Johannes, evangelista, 15, 21, 31.
— Johannes de Ruella, de Rulla, Saint-Jean-de-la-Ruelle, près d'Orléans (Loiret), 1, 25.
— Karaunus, martyr, 12.
— Laurentius de Aeriis, Saint-Laurent-des-Eaux, canton de Bracieux (Loir-et-Cher), 88.
— Lazarus, Layarus, 27, 102, 152.
— de Martreio, 3, 108.
— Liffardus, Liphardus, confessor, 13.
— Liphardus, Saint-Liphard, ancienne paroisse à Orléans, 11, 16, 180, 192.
— Lomerius, Saint-Laumer, ancienne abbaye à Blois, 149.
— Lucas, 26.
— Lupus, confessor, 22.
— Lupus, Saint-Lou-sur-Loire, Saint-Loup, près d'Orléans, xxxix, 6, 138, 153, 156, 157, 183, 185.
— Maclutus, Saint-Maclou, ancienne église à Orléans, 154, 155.
— Mamertus episcopus, 25.
— Marcus, evangelista, 9.
— Marcus, Saint-Marc, paroisse à Orléans, 25, 93, 156.
— Martinus, episcopus, 16, 27.
— Matheus, 24.
— Mathias, apostolus, 4.
— Mauricius, Saint-Maurice, ancienne église à Orléans, 5, 12, 102, 103.
— Maximinus, abbas, 31.
— Maximinus, Saint-Mesmin, ancienne

abbaye près d'Orléans, cf. Micy, xiv, 92.

Sanctus Michael, 24.

— Michael, Saint-Michel, ancienne église à Orléans, xxi, 176.

— Nicholaus, episcopus, 30.

— Saint-Nicolas, chapelle dans l'église de Saint-Avit, xxi.

— Paternus, 20.

— Paternus, Saint-Paterne, église à Orléans, xxxviii, 154, 155.

— Paulus, 2.

— Paulus, Saint-Paul, paroisse à Orléans, 17, 24, 156, 189.

— Petrus, 4.

— Petrus ad Vincula, 18.

— Petrus Carnotensis, 154.

— Petrus Lactantium, Saint-Pierre-Lentin, ancienne paroisse à Orléans, 17, 192.

— Petrus Puellarum, Saint-Pierre-le-Puellier, église à Orléans, xvi, xxiv, 3, 5, 95, 102, 109, 126, 152, 157, 192.

— Petrus Virorum, Saint-Pierre-Empont, ancienne église à Orléans, xvi, 4, 8, 11, 20, 23, 25, 27, 28, 106, 107, 108, 109, 126, 135, 187.

— Petrus et Sancta Leta, Saint-Pierre-Ensentelée, ancienne église à Orléans, 176.

— Remigius, 24.

— Rusticus, 25.

— Sanson, episcopus, 18.

— Saint-Samson, ancien prieuré à Orléans, 139.

— Sebastianus, 1.

— Silvester, papa, 32.

— Stephanus, 19, 31.

— Stephanus Aurelianensis, Saint-Etienne, ancienne église à Orléans, 171.

— Sulpicius, episcopus, 1.

— Symon, apostolus, 26.

— Thomas, apostolus, 31.

— Veranus, episcopus et confessor, 26, 27.

— église à Jargeau. Voy. ce mot.

Sanctus Vincentius, martyr, 2.

— Vincentius in vineis, Saint-Vincent-des-Vignes, église à Orléans, xxxvii, 87, 90, 96, 97, 109, 135, 156, 160, 175, 177, 178, 192.

Sante (Le), 19.

— (Vinea dou), 156.

Sarannum, Saran, canton d'Orléans (Loiret), 9.

Sarchotæ. Voy. Cercottes.

Sarra (Clément), 192.

Sarreborse (Martinus), 148.

Sauvaget (Morellus Morau), xxxix, 149, 151.

— (Odo), 149.

Sauzsan, Saussain (Michel, Micho), bourgeois de Blois, xxvii, 60, 61, 62.

Sedicus de Limoiges, 11.

Sedille, 151.

— (Robinus), 155.

Séguier, chancelier, i.

Sellarius, Cellarius, Sellarii, Le Sellier (Johannes), 3, 5, 7, 14, 26, 29, 31, 109, 138, 139, 141, 156, 181.

Sembleci, 135.

Seinto (Johannes), 156.

Sencius de Barra. Voy. Barra.

Sennonensis diocesis, 165.

Serarvilla (Ligerius de), canonicus Aurelianensis et Sancti Aviti, 111.

— (Guillelmus), clericus, 112.

Seravilla (Leodegarius de), 27.

Seris, Ceres, Ceriz, Cerisiacum, Cerisium, canton de Marchenoir (Loir-et-Cher), xxv, 3, 19, 33 à 62, 136, 138, 142, 149, 151, 155, 178.

Serpentis vicus, la rue Serpente, à Orléans, xxiii, 152.

Serviens, 47.

Sevin (Girardus), 144, 145, 146.

— 148.

— Sicilie (Margareta regina —), 9.

Sigalonia, La Sologne, 4.

Simon, Symon, 154.

— Aurelianensis decanus, 118.

— Balgenciaci dominus, 49, 54.

Simon, vicarius, 160.
— de Fossatis, de Villaribus, Pichot, de Balgenciaco. Voy. ces mots.
Sine Capite (Ruella —), 8.
Sistelli (Johannes), decanus Sancti Aviti, 166.
Sogiacum. Voy. Sougy.
Solario (Henricus de), 185.
Soliacensis, de Soliaco, archidiaconus, 2, 26, 50.
Soliacum, Sully-sur-Loire (Loiret), 2, 26, 50.
Solier (Henri dou), 184.
Solio (Colinus de), 153.
— (Gilo de), canonicus Sancti Aviti, 6, 7, 29.
— (Philippus de), xxxviii, 31, 153, 154.
Sollier (Guy), 192.
Sougy, canton d'Artenay (Loiret), 80, 145, 146.
— (Les Bordes de —), commune de Sougy, 145.
Spineto (Garnerius de), 92.
Stampæ. Voy. Etampes.
Stampis, Stenpis (Jacobus de), 15, 29.
Stephanus, avunculus Manasse episcopi Aurelianensis, 69, 117.
— canonicus Sancti Aviti, 55, 90.
— Nicholai filius, 77.
— pastillarius, 108.
— presbiter, 94, 138.
— uxor Marie, 176.
— Étienne, Labatis, de Gallanda, Augustinus, de Conada, de Jargolio, de Tremonte, Imbaudi, de Benis, Doucet, Jaqueti, Faber, Lathomus, Belli, Lo Hongre, Boart, Tueterre, Gracim, Gousse, Le Rai, Berbier, Panthou, Cruchet, de Boves, Gotier, Jacat, Pau de Lo, Goise, de Bines, de Sancto Mauricio, de Ardana. Voy. ces mots.
Stevenot Grasse-Oreille. Voy. ce mot.
Sub Muro (Domus de), xxxvii, 4, 12.
— (Georgius de), 99.
Suerre (Benoît Le), xxxix, 151.
— (Bernart Le), 147.

Suleniacum, Soligny, commune de Vennecy, xxxii, 84.

T

Taisier (Guilot Le), xxxix, 147.
Tardiff (Johannes), 155.
Taillandier (Jehan), doyen de Saint-Avit, 191.
Tayllendarii (Guillelmus), magister, 166.
Tecelinus, Pithuerensis ecclesie cantor, 71.
Telei (Robertus de). Cf. Tiliacum, 92.
Templarii, 93.
Terminiers, canton d'Orgères (Eure-et-Loir), 3.
Th., decanus Sancti Aviti, 44.
Thecelinus, cantor Sancti Petri Virorum, 25.
Theobaldus, Teobaldus, Blesensis comes, Francie Senescallus, xxv, 35, 36, 37, 43, 54.
— Blesensis comitis cancellarius, 34, 35.
— filius defuncti Galterii, 47.
— Thibaut, de Avalone, Blanvilain, Manselli, Le Gautier, Le Mere, Macie, de Villa Augon, Frabri. Voy. ces mots.
Theophania, 8.
Thomas, decanus, 22.
— canonicus Sancti Aviti, 138.
— de Truigny, 58.
— Grossini, de Rueis, Li Verriers, Capre. Voy. ces mots.
Tigi, Tigy, canton de Jargeau (Loiret), 96.
Tiliaco, Teliaco (Petrus de), ballivus assessor Aurelianensis, xxxi, 74, 75, 76.
Toits (Les), Leetez (sans doute Les Tez), commune de Saran (Loiret), 9.
Torteus (Petrus Le), 147.
Toullery (Mathurin), chanoine de Saint-Avit, 191.
Tournay (Etienne de), xv.
Toussaint Gaultron. Voy. ce mot.

Tranquevilla (Petrus de), canonicus Sancti Aviti, 19.
— (Reginaldus de), miles, 19.
Transligerinus archidiaconus, 48, 55.
Tremonte, Trememonte (Stephanus de), 24, 160.
Trezein (Ebr.), 161.
— (Symon), clericus, 184, 186.
Trie (Berthelin de), 189.
Triganum, Trainou, canton de Neuville (Loiret), XXXII, 9, 142.
Trigneil (Franciscus), presbiter, capellanus Beate Marie, 171.
Trignoier (Noel), 192.
Troigny, Truigny, Trugniacum, commune d'Huêtre (Loiret), XXX, XXXVIII, 58, 74, 80, 81, 142, 143, 144, 145, 146.
Tueterre, Tue Tre (Odo), 147, 150.
— (Stephanus), 147, 150.
Turonensis ecclesia, 55.
Turpin (Philippe), XXXV.
Tyenvilla (Balduinus de), 166.

U

Ugon, Radulphi de Puscolis heres, 69.
Ulmis (Jacobus de), canonicus Sancti Aviti, 6, 164.
— (Radulphus de), 6, 185.
— (Robertus de), 184, 185, 186.
— (Robinus de), 6.
Ulmus Rotondus, l'Orme-Rond, près Orléans, XXXVIII, 137, 140, 153, 156.
Ulmus Trosseti, 136.

V

Vachère, Vachière (Domus La), 5.
— (Isabellis La), 160.
Vacher, Vachier, Vacharius (Michael Le), XXXIX, 18, 21, 22, 141, 157.
— (Raginaldus Le), 22.
— (Johannes Le), 148.
Vado (Henricus de), XXXIII, 85.
Valengelier (Via de —), cf. Davangelier, 143.

Valle (Petrus de), miles, 180, 181.
— (Raginaldus de), 154.
Vallot (Johannes), XXXVI, 86.
Varenne (Robinus de La), 9.
Vaslinus, Manasse Aurelianensis episcopi serviens, 70.
Velleyani beneficium, bénéfice Velleyen, 183, 184, 186.
Vendac, Vandac (Guillermus de), capellanus Sancti Andree, 167, 168.
Veneciaco (Odo de), miles, XXXIII, 82, 85.
Vennecy, Veneciacum, Venetiacum, canton de Neuville (Loiret), XXXII, XL, 33, 81 à 85, 136, 137, 142, 165, 187, 188.
Vennete (La Loi —), 184.
Vercia (Guillermus de), canonicus Sancti Petri Virorum, 106.
Verriers (Thomas Li), 28.
Verrinis (Bertaudus de), officialis Aurelianensis, canonicus Sancti Petri Virorum et Sancti Aviti, 106, 107, 108, 161.
Vico Novo (Johannes de), miles, 18.
Vicus Novus, 28.
Vigneron, Vigeron (Colin Le), XXXIX, 147, 151.
Vilerciaus (Robinus de), 92.
Villa Augon (Theobaldus), 148.
— Chaumont (Guillermus de), 41.
— Nova (Laurentius de), canonicus Sancti Aviti, 161.
Villaribus (Paganus de), 102.
— (Symon de), decanus Sancti Aviti, 21, 22.
Villemocon, Villemousson, commune de Chaingy (Loiret), XXXIV, 92.
Villermain, canton d'Ouzouer-le-Marché (Loir-et-Cher), 9.
Villers, 25.
Vincentius, 15.
— sacerdos, 7.
— scolasticus, 9.
— Le Gautier, Coutaut. Voy. ces mots.
Vindois (Guillelmus), 151.
Viromandorum comes, 68.

Vitalis, 48, 55.
— de Avazeio, 149.
Vivant (Johannes), 154.
Voier (Petrus de), 150.
Voisins, ancienne abbaye de l'ordre de Cîteaux, commune de Saint-Avy (Loiret), XXXII, XXXV.
Voveria, nemus in parrochia de Sarchotis, 78, 79.
Vulgrinus, Sancti Evurcii abbas, 94.

W

Wado, XIV.
Wetre. Voy. Huêtre.

Y

Ylarius, maritus Ysavie La Bucie, 12.
Ymbaut, Imbaudi (Stephanus), canonicus Sancti Aviti, 27, 50, 138.
Ysabellis La Vachière, 160.
Ysiaco (Guillelmus de), episcopus Atrebatensis. Cf. Issy, 24.
Yterii (Petrus), 155.
Yve (Estienne), 190.
— Voy. Ivo.

Z

Zacharia, Aurelianensis subdiaconus, 69, 118.

TABLE GÉNÉRALE

DES MATIÈRES

	Pages.
Introduction	I
Chartularium : Necrologium	1
— Privilegia	33
— Statuta	117
— Redditus	135
— Annotata passim in codice	159
Appendix	175
Table des chartes	197
Table des noms de personnes et de lieux	213

EN VENTE A LA MÊME LIBRAIRIE

COLLECTION

DES

CARTULAIRES DU LOIRET

I. — Cartulaire de Notre-Dame de Baugency (Ordre de Saint-Augustin), publié par *G. Vignat*.

<small>(Extrait des Mémoires de la Société archéologique et historique de l'Orléanais.)</small>

II. — Cartulaire du chapitre de Saint-Avit d'Orléans, publié par *G. Vignat*.

III. — Cartulaire de Notre-Dame de Voisins (Ordre de Citeaux), publié par *Jules Doinel*, Archiviste du Loiret, officier de l'Instruction publique.

<small>(Extrait des Mémoires de la Société archéologique et historique de l'Orléanais.)</small>

FONTAINEBLEAU. — E. Bourges, imp. breveté.

www.ingramcontent.com/pod-product-compliance
Lightning Source LLC
Chambersburg PA
CBHW050629170426
43200CB00008B/937